U0128608

国家社会科学基金重大项目"欧亚视野下的早期中国文明化进程研究"（18ZDA172）阶段性成果

韩建业

著

彩陶之路

——考古所见早期东西文化交流和亚欧世界体系

中国社会科学出版社

审图号:GS 京(2023)2142 号

图书在版编目(CIP)数据

彩陶之路:考古所见早期东西文化交流和亚欧世界体系/韩建业著.
—北京:中国社会科学出版社,2024.1 (2024.4 重印)
ISBN 978-7-5227-2637-3

Ⅰ.①彩… Ⅱ.①韩… Ⅲ.①彩陶—陶器(考古)—研究—世界
Ⅳ.①K866.3

中国国家版本馆 CIP 数据核字(2023)第 181903 号

出 版 人	赵剑英
责任编辑	李金涛
责任校对	臧志晗
责任印制	李寡寡

出 版	中国社会科学出版社
社 址	北京鼓楼西大街甲 158 号
邮 编	100720
网 址	http://www.csspw.cn
发 行 部	010-84083685
门 市 部	010-84029450
经 销	新华书店及其他书店

印 刷	北京明恒达印务有限公司
装 订	廊坊市广阳区广增装订厂
版 次	2024 年 1 月第 1 版
印 次	2024 年 4 月第 2 次印刷

开 本	710×1000 1/16
印 张	19.75
字 数	256 千字
定 价	108.00 元

凡购买中国社会科学出版社图书,如有质量问题请与本社营销中心联系调换
电话:010-84083683
版权所有 侵权必究

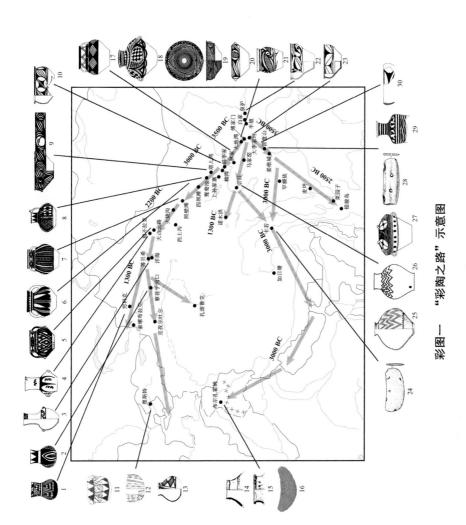

彩图一 "彩陶之路"示意图

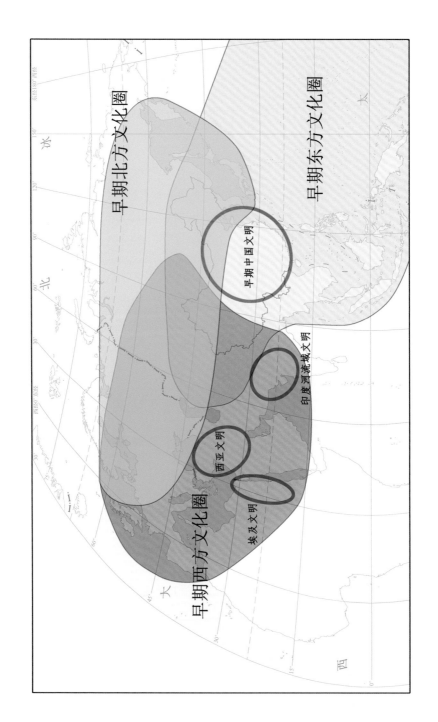

早期北方文化圈

早期东方文化圈

早期中国文明

印度河流域文明

西亚文明

埃及文明

早期西方文化圈

彩图二 全新世亚欧大陆三大文化圈示意图

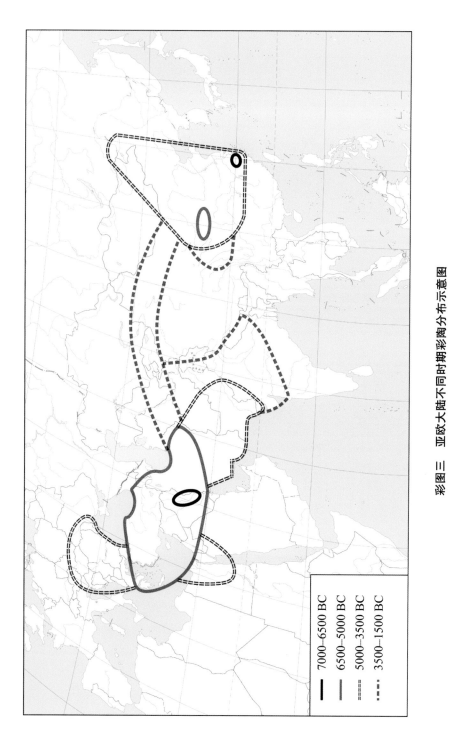

彩图三　亚欧大陆不同时期彩陶分布示意图

7000—6500 BC
6500—5000 BC
5000—3500 BC
3500—1500 BC

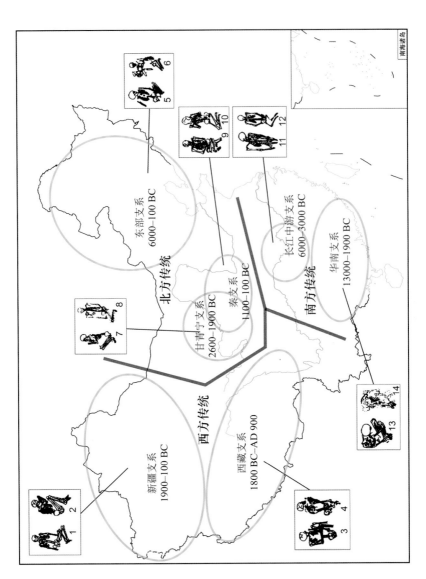

彩图四 中国古代屈肢葬谱系

目　录

目　录

彩陶时代与亚欧世界

西风东渐与文化变革

自　序

我关注和研究中西文化交流的时间不长，2004 年算是一个起点。那年我因做国家社科基金项目"中国西北地区先秦时期的自然环境与文化发展"的需要，第一次去新疆考察，在陶醉于西域大美风光的同时，也体悟到新疆史前文化面貌多样、来源复杂，特别是和欧亚草原、中亚等地关系密切。在 2005 年发表的论文和 2007 年出版的专著（《新疆的青铜时代和早期铁器时代文化》，文物出版社）的结语中，我说过这么一段话：

　　东西方文化的交流当然不止于新疆，而是通过新疆这个纽带向两端极力延伸。大约从公元前第 3 千纪开始，西方的麦、羊甚至青铜冶炼技术就可能已传至甘青东部地区，东方的粟、彩陶可能已到达东疆。进入公元前第 2 千纪初期，西方以马、马车和刀、牌、泡、镜等铜器为代表的有浓厚畜牧特色的文化因素通过新疆向东流播，对河西走廊四坝文化的产生，对稍后辛店文化、卡约文化甚至朱开沟文化等半农半牧特点的形成，甚至对二里头文化所代表的中原青铜文明的兴起，可能都起到直接或间接的作用；反之东方以彩陶为代表的因素也继续西移。公元前第 2 千纪末期以后，西方以马具（骑马）和铁器为代表的游牧文化因素渗透至甘青和鄂尔多斯甚至内蒙古东部地区，东方的彩陶传统则西进至中亚伊犁河下游。尽管偏早时期西方的影响更大，但偏晚时期东方的势力却更强；尽管东西方文化间的交流伴有碰撞和战争，但总趋势则是融合与和平；总体绝非"西风压倒东风"或"东风压倒西风"的状况。以前所谓"中国文化西来说"、"彩陶文化西来说"固然充满偏见和错误，现在也不存在提出"中亚文化东去说"或"中亚彩陶东去说"的必要。这条早就存在的东西文化通道，或许可称之为"铜铁之路"，或"羊马之路"，或"彩陶之路"，无论叫什么，都应当是汉代以后丝绸之路的前身，而且曾对东西方文明的发展产生过更为深远的影响。

之所以把这么长一段话摘抄在这里，是因为这当中不但提出了"彩陶之路"的概念，还强调了东西方文化交流的相互性原则，许多基本认识现在还没有改变，几乎可以说是我这方面研究的一个纲领。

受新疆考察的启发，我注意到中国古代的屈肢葬和洞室墓都各有谱系，而且都需放在亚欧视野下才能看得清楚，就写成了《中国古代屈肢葬谱系》《中国先秦洞室墓谱系》二文。稍后我还发现中西方文化交流对二里头青铜文明的兴起有过促进作用，特别是晚期齐家文化是连通东西文化的重要桥梁，于是就有了《二里头青铜文明的兴起》一文。在2008年出版的《中国西北地区先秦时期的自然环境与文化发展》一书中，我进一步对齐家文化的桥梁作用做了论述，但可惜书太厚，愿意去看的人很少，我后来才又在此基础上写了《亚欧背景下的齐家文化：文化互动与欧亚背景》一文。

2010年的四五月份，我随我所在学院党委书记孔繁敏教授出访希腊和埃及，对于没有见过世面的我来说，那些高大建筑和精美艺术品给了我很大震撼，也引我思考这样一个问题：为什么文化高度统一的古埃及文明和城邦制的希腊文明，都没能像中华文明这样延续至今？为进一步寻求答案，我一边做国家社科基金项目"早期中国文化圈的形成和发展研究"，一边继续探索早期东西方之间的文化交流，写成《"彩陶之路"与早期中西文化交流》一文。这篇论文在一次会议上被一位外国学者看见后，推荐发表在一个我至今都不太了解的刊物上面（"The Painted Pottery Road" and Early Sino-Western Cultural Exchanges，*ANABSASIS-Studia Classica et Orientalia* 3，2012，pp. 25 – 42.），2013 年则发表了中文版。同时期发表的相关论文还有《5000 年前的早期中西文化交流南道》《略论中国的"青铜时代革命"》，前者讨论了"彩陶之路"的南道，后者论述了距今 4000 年左右西方青铜文化对中国文化格局、经济形态、社会变革的重要影响。

2012 年开始，我有幸参与李水城教授主持的国家社科基金重大项目"史前时期中西文化交流研究"，并作为子课题"史前时期中国西北地区与中西亚地区的文化交流"的负责人。这当然又是深入研究中西文化交流的好契机。2012 至 2015 年期间我还有机会多次出访欧美各国，参观考察了欧洲不少博物馆和考古遗址，对西方文化有了更多感性认识，尤其以在德、美做访问学者的两次经历收获最大。2014 年暑期我应王睦（Mayke Wagner）教授邀请，在德国柏林的考古研究院（Deutsches Archäologisches Institut）访学，就住在研究院里面，可以很方便地在任何时间进出图书馆。这里除了德语英语的书籍，还有大量俄语的考古报告，使我得以了解到亚欧大陆西部新石器时代至早期铁器时代考古的概况，并且有了将亚欧大陆全新世大部分时段文化分为三大文化圈的初步想法，当然我也特别注意寻找早期东西文化交流的线索。2015 年春季我在美国洛杉矶的盖蒂研究所（Getty Research Institute）做客座学者，进一步研究早期东西文化交流，并

自 序

应罗泰教授（Lothar von Falkenhausen）邀请到洛杉矶加州大学，和研究生们交流了我关于"三大文化圈"的想法。

2016年我开始在新疆做田野考古，带领学生发掘了博尔塔拉河流域双河市泉水沟遗址和博乐市都木都厄布得格遗址，发现了距今3500年左右的青铜冶铸遗存和墓葬等。2018年以来，连续5年与新疆文物考古研究所合作发掘伊犁河流域的尼勒克吉仁台沟口遗址，发现了新疆史前最成体系的青铜冶铸遗存、世界上最早大规模使用燃煤的遗存、面积约15000平方米的高台大墓，年代都在距今3500年左右，也发现了来自中国内地的大量碳化黍，和较多源自西方及欧亚草原的羊、牛、马骨骼。可以说西天山地区集中体现了东西方文化的交流汇聚。

2016年我还花了快一年的时间备课，准备《西方文明的起源》课程的课件，印象中以前从来没有为上一门课程花这么多精力，课程内容从旧石器时代晚期一直到波斯帝国建立前，涉及古西亚文明、古埃及文明、印度河文明、早期中亚文明、希腊文明等等。从2017年至今这门课一直在开设，因为内容太多又陌生，似乎不太受学生们欢迎，但在讲课过程中我自己倒是收获不少，得以一遍遍地思考中西文明的异同。2018年以来我开始主持做国家社科基金重大项目"欧亚视野下的早期中国文明化进程研究"，除继续关注中西文化交流外，将重点放在了早期东西文明比较方面。

这期间我撰写了10余篇相关论文。

在中西文化交流的细节方面，我注意到马家窑文化半山期的锯齿纹、公元前3至前1千纪中国西北地区的尖顶冠形符号、新疆古墓沟墓地的人形雕像等，都可能是从中亚南部绿洲地区传入。还讨论了新疆地区4000年前的萨满式人物形象，发现类似形象分布于阿尔泰山、天山、贺兰山、阴山等地，当时这些地区之间存在广泛的文化交流。梳理了公元前2千纪中后叶亚洲中部地区的圜底陶罐谱系，指出其源头可能在新疆阿勒泰等地。而先秦时期阿尔泰及以西地区陶壶的来源可能在阴山—天山沿线地区。在此基础上我再次讨论了"彩陶之路",将通过"彩陶之路"开展的早期中西文化交流划分为五个阶段,强调了不但有彩陶的"东风西渐",也有"西风东渐"。综述性的《早期东西文化交流的三个阶段》一文,认为早期东西文化交流大约发端于公元前 3500 年左右,正好历经铜石并用时代、青铜时代和早期铁器时代三大阶段,形成草原北道、绿洲中道和高原南道三大通道。

对亚欧世界体系的整体观察方面,我发表了《全新世亚欧大陆的三大文化圈》一文,将丝绸之路出现前全新世大部时段的亚欧大陆划分为三大文化圈,即以中国黄河和长江"大两河流域"为中心的"早期东方文化圈",以底格里斯河和幼发拉底河"小两河流域"为中心的"早期西方文化圈",以及东、西两大文化圈以北以亚欧草原为主体的"早期北方文化圈"。在《彩陶时代与前文明社会》《彩陶风格与聚落形态》二文中,提出"彩陶时代"的概念,认为亚欧大陆的彩陶时代与前文明社会之间、彩陶风格和聚落形态之间,都存在大致的对应关系。

在中西文化交流引起的中国文化、经济和社会的变革方面,我特别关注了中国铜石并用时代、青铜时代和早期铁器时代的时代划分问题,认为中国之所以和亚欧大陆西部一样存在这样三个考古学上的时代,主要是由于中西方之间很早就存在的包括冶金技术在内的文化交流所致,而新疆则是早期中西文化交流的关键地区。讨论这些考古学时代绝不能不关注新疆。而根据中国新疆和内地的考古新发现,约公元前 3000—前 2500 年为铜石并用时代,约公元前 2500—前 1000 年为青铜时代,约公元前 1000 年以后进入早期铁器时代。

本书收集的从 2006 年到 2022 年期间发表的 20 篇论文,大致就是按照上述三大部分编排,发表时几乎未做修改,基本能够反映我近

自　序

年来在早期东西文化交流和亚欧世界体系方面的探索历程。其中距今5000 年左右中亚南部绿洲彩陶等因素传入中国的观点，实际上还没有得到学界的普遍认可，还需要在南疆等地寻找可靠证据。只能寄希望于田野考古。

感谢恩师、北京大学考古文博学院资深教授严文明先生对我一直以来的指导和支持，他在为我《新疆的青铜时代和早期铁器时代文化》一书所写的序言中，说"这是第一部研究汉代以前新疆历史的考古学著作"，鼓励我继续研究新疆，探索中西交流，给了我前行的动力。

感谢北京大学考古文博学院李水城教授给了我参与相关重大项目研究的机会，感谢"史前时期中西文化交流研究""欧亚视野下的早期中国文明化进程研究"两个项目组的同仁，和大家在一起学习到不少。

感谢德国考古研究院、美国盖蒂研究所、洛杉矶加州大学等对我访学提供的帮助，特别感谢德国考古研究院欧亚研究所副所长王睦教授和洛杉矶加州大学罗泰教授。

感谢合作发掘单位新疆文物考古研究所的领导同仁，特别是一起做吉仁台沟口遗址发掘的阮秋荣和王永强研究员。感谢北京联合大学应用文理学院和中国人民大学历史学院的师生，尤其是一起做新疆考古发掘研究的同学们。

感谢中国社会科学出版社惠允出版拙著，感谢责任编辑李金涛副编审。

2023 年 1 月 1 日

于融域嘉园

彩陶之路与中西交流

"彩陶之路"与早期中西文化交流

　　"彩陶之路"这个概念最早是 1960 年由李济提出①，用来概括安特生"仰韶文化西来说"或者"彩陶文化西来说"②。实际李济一直怀疑这样一条从西而东的"彩陶之路"的存在③。裴文中早在 1942 年就指出新疆彩陶较黄河流域彩陶晚，同样怀疑"彩陶文化西来说"④，但却提出存在史前时期"丝绸之路"的观点⑤。1965 年，苏秉琦明确指出仰韶文化、马家窑文化等包含彩陶的文化在甘肃境内的移动方向是自东向西而非相反⑥。1978 年，严文明发表《甘肃彩陶的源流》一文，理清了甘肃彩陶文化的起源、发展和流变，清楚地展现了彩陶文化自东向西渐次拓展的生动图景，澄清了仰韶文化西来说的谬误⑦。1982 年，陈戈指出新疆彩陶东多西少、东早西晚的现象，

　　① 李济：《古代中国文明》，《考古》1996 年第 8 期。

　　② 安特生：《中华远古之文化》，袁复礼译，《地质汇报》第五号第 1 册，北京京华印书局 1923 年版；安特生：《甘肃考古记》，乐森璕译，《地质专报》甲种第五号，1925 年版。

　　③ 李济：《西阴村史前的遗存》，清华学校研究院丛书第三种 1927 年版。

　　④ 裴文中：《新疆之史前考古》，《中央亚细亚》1942 年第 1 卷第 1 期。

　　⑤ 裴文中：《中国西北甘肃走廊和青海地区的考古调查》，《裴文中史前考古学论文集》，文物出版社 1987 年版，第 256—273 页。

　　⑥ 苏秉琦：《关于仰韶文化的若干问题》，《考古学报》1965 年第 1 期。

　　⑦ 严文明：《甘肃彩陶的源流》，《文物》1978 年第 10 期。

显见彩陶流播主导方向是"西去"而非"西来"①。至于近些年我们所用"彩陶之路"一词，已经变为主要指以彩陶为代表的早期中国文化向西拓展渗透之路，也包括顺此通道西方文化的反向流播②。

本文所谓"早期中西文化交流"，指文化上的"早期中国"或者"早期中国文化圈"与西方文化的交流，时间上限大致在公元前6000年"早期中国文化圈"雏形形成以后③，此前旧石器时代或稍晚的人类迁徙暂不包括在内，下限止于公元前后丝绸之路的正式开启。高峻的青藏高原，使得早期的中西交流一般情况下只能绕道南北，其南为南道，其北则为北道，当然这个广义的南道和北道本身又分许多支线（图一，彩图一）。本文拟以年代为序，对中国彩陶以陕甘地区为根基自东向西的拓展传播路线做进一步梳理，兼论早期中西文化交流问题。

一　彩陶文化的起源和早期发展

旧石器时代人类的远距离迁徙是早期人类发展史上最扣人心弦的篇章，这个过程奠定了现代人类及其文化分布的基本格局。新石器时代以后，大范围的人类迁徙和文化交流继续存在，而以彩陶为代表的早期中国文化以陕甘地区为根基自东向西的拓展渗透，以及西方文化顺此通道的反向流播，成为其中最重要的内容之一。

陕甘地区最早的彩陶文化，就是分布于渭河和汉水上游的白家文化④，绝对年代大致在公元前5800—前5000年之间，西缘达甘肃中部⑤；

---

① 陈戈：《略论新疆的彩陶》，《新疆社会科学》1982年第2期。

② 韩建业：《新疆青铜时代——早期铁器时代文化的分期和谱系》，《新疆文物》2005年第3期。

③ 韩建业：《论早期中国文化周期性的"分""合"现象》，《史林》2005年增刊。

④ 中国社会科学院考古研究所：《临潼白家村》，巴蜀书社1994年版。

⑤ 甘肃省文物考古研究所：《秦安大地湾——新石器时代遗址发掘报告》，文物出版社2006年版。

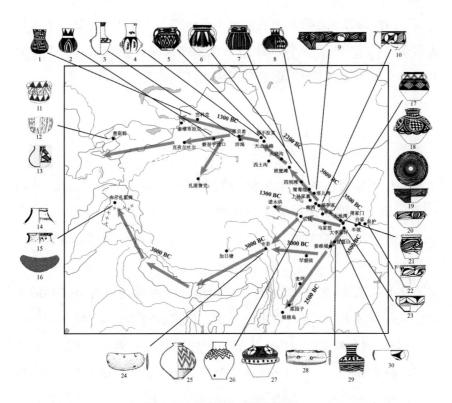

图一　"彩陶之路"示意图

1—4、8、11、13、29. 陶壶（穷科克 M46A：1、察吾呼沟口四号墓地 M156：16、洋海二号墓地 M242：2、焉不拉克 M2：3、鸳鸯池 M72：2、昆盖墓地、楚斯特、营盘山 H12：5）
5—7、14、15、17、18、21、25—27. 陶罐（瓮）（天山北路、干骨崖 M84：1、砖沙窝 JZH－A003、布尔扎霍姆、下海石 M10：5、土谷台 M66：1、大地湾 F401：2、卡若 F9：126、宗日 M43：2、M222：1）　9、10、19、22、23. 陶盆（塔儿湾 F10：22、胡李家 H14：2、雁儿湾 H1：36、泉护 H224：501、大李家坪 H16：1）　12、20、30. 陶钵（昆盖墓地、大地湾大地湾 T703②：95、波西 G1：4）　16、24、28. 石刀（布尔扎霍姆、卡若 F8：69、营盘山 T11①：3）

其陶器有的饰较为简单的红彩，是中国最早的彩陶文化之一，也是陕甘地区最早的以农业为主体的文化。继之发展起来的仰韶文化零口类型和半坡类型早期，年代约在公元前 5000—前 4200 年之间，流行直线几何纹和鱼纹黑彩，分布范围局限在陕西，西缘向东略有退缩。至约公元前 4200 年进入仰韶文化半坡类型晚期，即所谓史家类型阶段，彩陶出现圆点勾叶三角纹、豆荚纹等新元素，其西缘又西进至甘肃中南部，西南部已至甘陕川交界的陇南一带[①]，西北可能已延伸至河西走廊东缘[②]。约公元前4000年进入仰韶文化泉护类型之后的大部分时间里，其西缘仍主要局限在甘肃中南部[③]。

二 彩陶文化第一波西向扩展

以彩陶为代表的农业文化的第一波西向扩展，始于约公元前3500年稍前的仰韶文化泉护类型晚期，盛于约公元前3500年马家窑文化石岭下类型形成以后，且从一开始就表现出南北分道扬镳的趋势。

北道：泉护类型晚期和石岭下类型遗存西北向抵青海东部的民和、互助、循化，以及甘肃古浪一带，以民和胡李家遗存[④]、阳洼坡遗存[⑤]为代表。彩陶除占据主体的黑彩外还出现个别红或赭彩，有的施红色或橙黄色陶衣；图案除弧边三角、圆点勾叶、弧线外，还多见网格纹和成组线条，以带锯齿或不带锯齿的大"X"形图案颇具特色；基本题材、构图方式与前虽未大变，但趋于繁复细致，同石岭下类型已很接近（图二，1—4）。

南道：泉护类型晚期和石岭下类型遗存西南向达白龙江和岷江上游地区，见于四川西北部茂县波西[⑥]、营盘山[⑦]和汶川姜维城[⑧]等遗

---

① 北京大学考古学系、甘肃省文物考古研究所：《甘肃武都县大李家坪新石器时代遗址发掘报告》，《考古学集刊》第13集，中国大百科全书出版社2000年版，第1—36页。

② 甘肃省文物考古研究所、北京大学考古文博学院：《河西走廊史前考古调查报告》（图三五，1），文物出版社2011年版，第65页。

③ 韩建业：《中国西北地区先秦时期的自然环境与文化发展》，文物出版社2008年版。

④ 中国社会科学院考古研究所甘青工作队、青海省文物考古研究所：《青海民和县胡李家遗址的发掘》，《考古》2001年第1期。

⑤ 青海省文物考古队：《青海民和阳洼坡遗址试掘简报》，《考古》1984年第1期。

⑥ 成都文物考古研究所等：《四川茂县波西遗址2002年的试掘》，《成都考古发现（2004）》，科学出版社2006年版，第1—12页。

⑦ 成都市文物考古研究所等：《四川茂县营盘山遗址试掘报告》，《成都考古发现（转下页）

址。彩陶主要为弧线三角纹、平行线纹等黑彩（图二，5）。

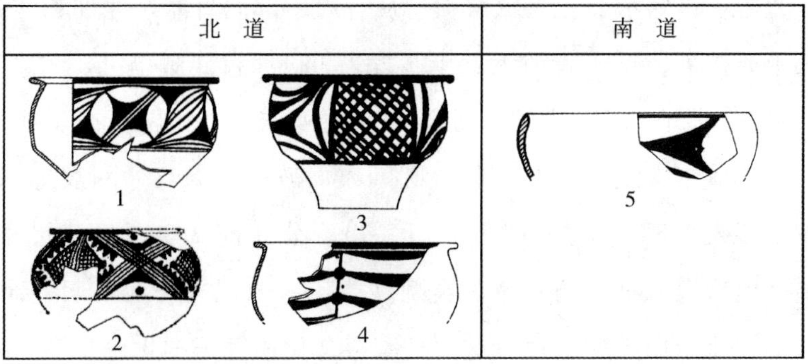

图二 彩陶第一波西向扩展

1、3、4. 胡李家（H14：2、T1②：1、采：4） 2. 阳洼坡 5. 波西（G1：4）

无论是北道还是南道，这时的彩陶风格都已经与关中出现一定差异，其繁缛趋势和关中东部的简化衰落形成鲜明对照。原因大致有三，一是此时中原核心区（晋南豫西）仰韶文化庙底沟类型正趋于没落，已经难以向周围施加强力影响，仰韶文化的统一性大为削弱；二是青海、四川与中原相距遥远，难以保持持续性交流；三是当地可能存在从事狩猎、采集经济的"中石器时代"文化，这些土著文化因素会部分融合于彩陶文化中，促使其发生变异[①]。

三 彩陶文化第二波西向扩展

以彩陶为代表的农业文化的第二波西向扩展，开始于约公元前3000年马家窑文化马家窑类型形成以后。大体仍分南北道，其中南

（接上页）（2000）》，科学出版社2002年版，第1—77页。

⑧ 四川省文物考古研究所等：《四川汶川县姜维城新石器时代遗址发掘简报》，《考古》2006年第11期。

① 严文明：《甘肃彩陶的源流》，《文物》1978年第10期。

道又可分两条支线。

北道：马家窑文化马家窑类型从甘肃中部向青海东北部和河西走廊长距离扩展，见于青海大通上孙家寨①和甘肃武威塔儿湾②、酒泉照壁滩③等遗址。彩陶基本都是黑彩，内外兼施、构图复杂、线条流畅，流行成组弧线或直线、同心圆圈纹、波纹、涡纹、网纹等图案，还发现多人舞蹈纹彩陶（图三，1、2）。公元前2500年以后，在这些地区出现以乐都柳湾"半山类型墓葬"④、永昌鸳鸯池早期墓地⑤等马家窑文化半山类型遗存。这些马家窑文化遗存——无论是马家窑类型还是半山类型，都只是在甘肃中部同类遗存基础上稍有变异。

南道北支线：马家窑文化马家窑类型拓展至青海东部的共和盆地，可能与当地无陶土著文化融合形成马家窑文化宗日类型，以同德宗日一期遗存为代表⑥。陶器主要可分为两大类，第一类为质地细腻的泥质红陶，饰精美纯熟黑彩，器类、彩陶图案和风格基本同于甘肃中部马家窑类型；还发现饰有多人舞蹈纹、二人抬物纹彩的盆（图三，3—8）。第二类为质地粗糙的夹粗砂褐陶，有的施紫红色彩，有鸟纹、折尖三角纹、折线纹图案，线条生硬，当为土著因素。半山类型形成后，共和盆地仍为马家窑文化宗日类型，陶器仍明显分为两大类。

---

① 青海省文物管理处考古队：《青海大通上孙家寨出土的舞蹈纹彩陶盆》，《文物》1978年第3期。

② 甘肃省文物考古研究所：《武威塔儿湾新石器时代遗址及五坝山墓葬发掘简报》，《考古与文物》2004年第3期。

③ 李水城：《河西地区新见马家窑文化遗存及相关问题》，《苏秉琦与当代中国考古学》，科学出版社2001年版，第121—135页。

④ 青海省文物管理处考古队、中国社会科学院考古研究所：《青海柳湾——乐都柳湾原始社会墓地》，文物出版社1984年版。

⑤ 甘肃省博物馆文物工作队等：《甘肃永昌鸳鸯池新石器时代墓地》，《考古学报》1982年第2期。

⑥ 青海省文物管理处、海南州民族博物馆：《青海同德县宗日遗址发掘简报》，《考古》1998年第5期；格桑本、陈洪海主编：《宗日遗址文物精粹论述选集》，四川科学技术出版社1999年版。

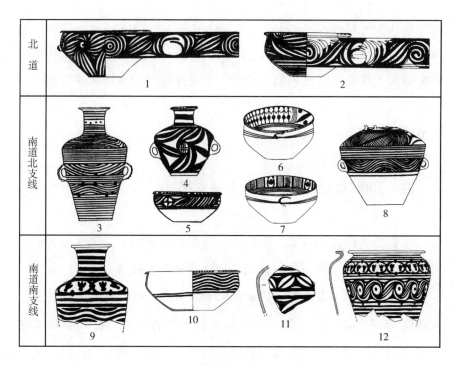

图三 彩陶第二波西向扩展

1、2. 塔儿湾（F10：22、F102：1） 3—8. 宗日（M295：1、M198：15、M198：10、M157：1、M192：2、M159：12） 9—12. 营盘山（H12：5、H8：2、H8：4、H8：1）

南道南支线：在四川西北部的茂县波西、营盘山和汶川姜维城等遗址，分布着较为丰富的有一定地方特点的马家窑文化马家窑类型遗存（图三，9—12），这当是在前一个时期当地马家窑文化石岭下类型基础上的继续发展，但必定离不开与甘肃中南部地区的密切交流。约公元前2500年以后，在甘肃中部文化发展为半山类型并向西偏北方向扩展的同时，川西北地区马家窑类型及其后继者继续向西南方向渗透，沿着四川盆地西缘渗透到云南北中部。四川汉源麦坪①和云南永仁菜园子②、大

---

① 四川省文物考古研究院等：《四川汉源县麦坪新石器时代遗址2007年的发掘》，《考古》2008年第7期。

② 云南省文物考古研究所等：《云南永仁菜园子、磨盘地遗址2001年发掘报告》，《考古学报》2003年第2期。

理银梭岛一期遗存等①，其罐、瓶、钵等器类，绳纹、花边特征，以及带孔石刀（有的双孔凹背）、长体锛凿等，都与马家窑文化马家窑类型有若干联系，当然刻划、戳印、篦点几何纹的流行又体现出鲜明的地方特点。由于云南等地这类遗存中已经基本不包含彩陶，因此只能算彩陶文化影响之余绪。

四 5000 年前的中西文化交流南道

以彩陶为代表的农业文化第二波西向扩展进程中最可注意者，是其通过南道向西藏乃至于克什米尔地区的长距离渗透。

以西藏昌都卡若遗存为代表的卡若文化②，年代上限大致在公元前 3000 年③。其早期的高领罐和敞口盆等主要器类，与马家窑文化宗日类型早期的宗日式陶器形态较为接近，如同样流行假圈足，见少量黑彩，常见与后者彩陶图案类似的折线纹、网格纹、附加堆纹等；其他如有孔刀（有的凹背）和长体锛、凿等磨制石器，半地穴式房屋，以及家猪和农作物粟等，也彼此近似。而以上文化特征同样与川西北马家窑文化马家窑类型存在关联，这种关联当为通过川西来实现：在四川丹巴罕额依一期见有绳纹平底瓶、黑彩彩陶、穿孔石刀、石锛等，与马家窑文化马家窑类型晚期时代相当或稍晚④。或者卡若文化就是青海东部和川西北地区马家窑文化共同西向推进并与当地无陶传统融合的结果；如果马家窑文化属较早的氐羌族系，则卡若文化

---

① 云南省文物考古研究所等：《云南大理市海东银梭岛遗址发掘简报》，《考古》2009 年第 8 期。

② 西藏自治区文物管理委员会、四川大学历史系：《昌都卡若》，文物出版社 1985 年版。

③ 中国社会科学院考古研究所：《中国考古学中碳十四年代数据集（1965—1991）》，文物出版社 1991 年版，第 243—250 页。

④ 四川省文物考古研究所等：《丹巴县中路乡罕额依遗址发掘简报》，《四川考古报告集》，文物出版社 1998 年版，第 59—77 页。

就是一种"吸收了西北氐羌系统文化而发展起来的土著文化"①。需要指出的是，卡若文化或类似遗存可能已经分布至以拉萨为中心的西藏东南部甚至锡金。西藏当雄加日塘出土的饰刻划、戳印几何纹和附加堆纹的陶片②，林芝和墨脱发现的石刀、长体石锛、凿，以及陶片等③，都与卡若文化接近。再向南，在锡金北部也见有包含刀、锛、凿等磨制石器的遗存④。

令人称奇的是，克什米尔地区的布尔扎霍姆（Burzahom，也译作布尔扎洪）一期乙段遗存竟然也与卡若文化有许多近似之处。1972年，穆加尔和哈利姆根据克什米尔地区布尔扎霍姆文化与中国黄河流域文化的相似性，提出其为仰韶文化传统西向传播的结果⑤。1982年，迪克希特提出这种相似性是由于龙山文化的南传，而传播路线可能是将吉尔吉特河流与新疆联系起来的一系列山口⑥。霍巍则认为其与卡若文化更为相近⑦。仔细观察，布尔扎霍姆一期乙段遗存和卡若文化均以泥条筑成法制作的粗灰陶器为主，褐陶其次；器类都是小口高领罐壶类和平底盆钵类；口沿外贴边、领身部箍附加堆纹、假圈足、底部见编织纹印痕等特征也都彼此类似；都流行形态近似的双孔或单孔石刀（爪镰），磨制的长体石斧、锛、凿等，尤其凹背石刀更

① 西藏自治区文物管理委员会、四川大学历史系：《昌都卡若》，文物出版社1985年版，第153—156页。
② 西藏自治区文物局、四川大学考古系、陕西省考古研究所：《青藏铁路西藏段田野考古报告》，科学出版社2005年版。
③ 王恒杰：《西藏自治区林芝县发现的新石器时代遗址》，《考古》1975年第5期；尚坚、江华、兆林：《西藏墨脱县又发现一批新石器时代遗物》，《考古》1978年第2期。
④ ［巴基斯坦］A. H. 丹尼、［俄］V. M. 马松主编：《中亚文明史》第一卷，芮传明译，中国对外翻译出版公司2002年版，第104页。
⑤ Mughal, M. R., Halim, M. A., "The Pottery", *Pakistan Archaeology*, 1972（8），pp. 33 - 110.
⑥ Dikshit, K. N., "The Neolithic Cultural Frontiers of Kashmir", *Man and Environment*, 1982（6），p. 30.
⑦ 霍巍：《喜马拉雅山南麓与澜沧江流域的新石器时代农业村落——兼论克什米尔布鲁扎霍姆遗址与我国西南地区新石器时代农业文化的联系》，《农业考古》1990年第2期。

是神似；都居住在木柱撑顶的半地穴式房屋当中。如此多的共性，只能用相互间存在关联来解释。由于这些因素在布尔扎霍姆一期中都是突然出现，且其绝对年代不早于卡若文化（布尔扎霍姆遗址第一期甲、乙、丙3段的绝对年代，分别约为公元前3000—前2850、公元前2850—前2550、公元前2550—前1700年）①，因此推测其与卡若文化传统沿着喜马拉雅山南缘的长距离西向渗透有关。当然二者间也还存在很多差别，如布尔扎霍姆一期乙段陶器素面为主，房屋地穴较深，家畜作物为羊、麦；而卡若文化陶器流行较复杂的刻划、戳印几何纹，房屋浅穴并多以石块为原料，家畜作物为猪、粟。可见卡若文化只是影响到布尔扎霍姆文化的某些方面，并且当有其他中间环节。

虽然上述早期文化交流南道的主导方向是西向，但也不是没有文化因素顺此通道东向传播的可能。比如马家窑类型和宗日类型的舞蹈纹类题材就广见于公元前9000—前6000年的近东和东南欧地区②，而甘肃东乡林家马家窑类型的青铜刀③，石岭下类型、马家窑类型的家羊等（曾在属于马家窑文化石岭下类型的甘肃武山傅家门遗址发现多件羊卜骨，在天水师赵村五期墓葬中有以羊肩胛骨随葬习俗，说明5000多年前甘肃中南部地区不但养羊，而且已经深入宗教领域）④，或许也都与西方存在关联，而东传的可能路线之一就是早期中西文化交流南道。

---

① ［巴基斯坦］A. H. 丹尼、［俄］V. M. 马松主编：《中亚文明史》第一卷，芮传明译，中国对外翻译出版公司2002年版，第86—106页。

② ［以色列］约瑟夫·加芬克尔：《试析近东和东南欧地区史前彩陶上的舞蹈纹饰》，《考古与文物》2004年第1期。

③ 甘肃省文物工作队、临夏回族自治州文化局、东乡自治县文化馆：《甘肃东乡林家遗址发掘报告》，《考古学集刊》第4集，中国社会科学出版社1984年版，第111—161页。

④ 中国社会科学院考古研究所甘青工作队：《甘肃武山傅家门史前文化遗址发掘简报》，《考古》1995年第4期；中国社会科学院考古研究所：《师赵村与西山坪》，中国大百科全书出版社1999年版，第50—71页。

五　彩陶文化第三波西向扩展

以彩陶为代表的农业文化第三波西向扩展，开始于约公元前 2200 年马家窑文化马厂类型形成以后，主要是沿着北道河西走廊继续西进。至于河西走廊以东的齐家文化，其少量彩陶主要承袭自马厂类型。

马家窑文化半山类型的西端抵达酒泉，至马厂类型时已推进至敦煌。河西走廊最西端的马厂类型遗存年代总体比东部遗存晚，又可分为两个阶段。偏早以酒泉照壁滩和敦煌西土沟遗存[①]为代表的马厂类型晚期遗存，彩陶较少且构图简约，多见直线网格纹，不见内彩。偏晚为酒泉干骨崖、西河滩[②]，金塔二道梁、砖沙窝[③]等遗址所见"过渡类型"[④]，实属马厂类型末期；彩陶在颈部绘菱格纹、倒三角网格纹，腹部多绘垂带纹、成组折线纹（图四，1—4）。这两期遗存地方特色浓厚，应为在当地半山类型基础上，继续接受河湟地区大量影响而形成。值得注意者，是这时马厂类型可能已经抵达新疆东部，因为在新疆哈密天山北路遗存中包含双耳菱格纹彩陶罐等马厂类型式彩陶[⑤]。

约公元前 1900 年以后，在河西走廊中西部和新疆东部差不多同时出现面貌近似的四坝文化和哈密天山北路文化。四坝文化以甘肃山

---

① 西北大学考古系等：《甘肃敦煌西土沟遗址调查试掘简报》，《考古与文物》2004 年第 3 期。

② 《酒泉西河滩新石器晚期——青铜时代遗址》，《2004 中国重要考古发现》，文物出版社 2005 年版，第 44—48 页。

③ 甘肃省文物考古研究所、北京大学考古文博学院：《河西走廊史前考古调查报告》，文物出版社 2011 年版，第 277—282 页。

④ 李水城：《河西地区新见马家窑文化遗存及相关问题》，《苏秉琦与当代中国考古学》，科学出版社 2001 年版，第 121—135 页。

⑤ 水涛：《新疆青铜时代诸文化的比较研究——附论早期中西文化交流的历史进程》，《国学研究》第一卷，北京大学出版社 1993 年版，第 447—490 页。

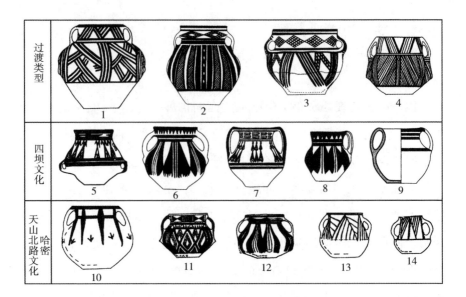

图四　彩陶第三波西向扩展

1、4. 二道梁（87JE－044、87JE－046）　2. 砖沙窝（JZH－A003）　3. 金塔县文化馆藏品（JZH－A002）　5—9. 干骨崖（M85：2、M84：1、M40：2、M32：1、M93：1、）　10—14. 天山北路

丹四坝滩遗存为代表[①]，包括玉门火烧沟[②]、酒泉干骨崖遗存[③]等。彩陶多为彩绘（出窑后绘制），一般为紫红陶衣上绘浓黑彩，纹样有平行横带纹、折线纹、菱格纹、棋盘格纹、三角纹、网格纹、垂带纹、卷云纹、回形纹、连弧纹、圆点纹、变体蜥蜴纹、手印纹等，还有倒三角形上身的人形图像，主体来源于马厂类型（图四，5—9）[④]。哈密天山北路文化以哈密天山北路墓地为代表[⑤]，彩陶发达，主要为黑彩，有网格纹、菱格纹、垂带纹、"Z"形纹、手形纹、叶脉纹等图

① 安志敏：《甘肃山丹四坝滩新石器时代遗址》，《考古学报》1959 年第 3 期。

② 甘肃省博物馆：《甘肃省文物考古工作三十年》，《文物考古工作三十年（1949—1979）》，文物出版社 1979 年版，第 139—153 页。

③ 李水城：《四坝文化研究》，《考古学文化论集》（三），文物出版社 1993 年版，第 80—121 页。

④ 严文明：《甘肃彩陶的源流》，《文物》1978 年第 10 期。

⑤ 吕恩国、常喜恩、王炳华：《新疆青铜时代考古文化浅论》，《苏秉琦与当代中国考古学》，科学出版社 2001 年版，第 179—184 页。

案，特别是也有男、女人像图案。作为主体的单耳罐、双耳罐类陶器，流行垂带纹、网格纹、菱格纹、手形纹等图案的黑彩，特征与四坝文化陶器接近，其祖源在河西走廊（图四，10—14）①。

在这一波彩陶文化西进的同时，明确有大量西方文化因素顺此通道东渐。上述四坝文化和哈密天山北路文化中的弧背刀、剑、矛、有銎斧、锛、凿、锥、镰、镞、镜、耳环、手镯、鍑、铃、牌、泡、扣、珠、管、别针等大量青铜器，以及哈密天山北路文化中的饰横向折线纹或竖列折线纹彩的双贯耳筒形罐，都主要源自西方文化。西方文化的影响还不止于此，而是继续向东渗透，对大体同时的晚期齐家文化、朱开沟文化、夏家店下层文化等当中同类青铜器出现和半农半牧特点的形成，甚至对二里头文化青铜文明的兴起，都起到直接或间接的作用②，从而促成中国大部地区进入青铜时代。

六　彩陶文化第四波西向扩展

彩陶文化第四波西向扩展，开始于约公元前 1300 年焉不拉克文化形成之后，主要通过北道长距离西传。至于甘青等地的辛店文化、卡约文化、寺洼文化、沙井文化、诺木洪文化等，包含彩陶已少，且基本都是在马家窑文化和齐家文化彩陶传统上发展而来；除诺木洪文化扩展至柴达木盆地外③，其主要分布区域并无显著扩大。

---

① 李水城：《从考古发现看公元前二千年东西文化的碰撞和交流》，《新疆文物》1999 年第 1 期。

② Louisa G. Fitsgerald-Huber, "Qijia and Erlitou: The Question of Contacts with Distant Cultures", *Early China*, 20, 1995, pp. 17-67；李水城：《西北与中原早期冶铜业的区域特征及交互作用》，《考古学报》2005 年第 3 期；韩建业：《论二里头青铜文明的兴起》，《中国历史文物》2009 年第 1 期。

③ 青海省文管会等：《青海都兰县诺木洪搭里他里哈遗址调查与试掘》，《考古学报》1963 年第 1 期。

　　焉不拉克文化分布在新疆东部哈密盆地和巴里坤草原，以哈密焉不拉克遗存为代表①。流行红衣黑彩彩陶，多波纹、垂带纹、多重鳞纹、"S"形和"C"形纹等弧线纹饰。该文化是在哈密天山北路文化的基础上接受其他文化影响发展而成。焉不拉克文化出现以后，对当时天山南北"高颈壶文化系统"的形成起到了直接的推动作用，其高颈壶、弧腹杯、弧腹钵、豆、直腹杯、直腹筒形罐等彩陶因素渐次西传，导致新疆中部自东而西形成苏贝希文化②、察吾呼沟口文化③、伊犁河流域文化④等一系列彩陶文化，察吾呼沟口文化晚期向南已经扩展到塔里木盆地南缘⑤。这些文化总体特征近似，但也存在小的差异，如苏贝希文化和焉不拉克文化一样流行红衣黑彩彩陶，察吾呼沟口文化彩陶多为白地红彩，而伊犁河流域文化黑彩和红彩平分秋色（图五）。

　　最值得注意的是察吾呼沟口文化与楚斯特文化的关系。楚斯特文化于公元前 2 千纪末期和第 1 千纪初期分布在费尔干纳盆地⑥，该文化一定数量的红衣红彩陶器及其网格纹、菱形纹、菱形棋盘格纹、三角纹等图案，与察吾呼沟口文化相似。由于前者的彩陶与早先的纳马

---

① 新疆维吾尔自治区文化厅文物处等：《新疆哈密焉不拉克古墓地》，《考古学报》1989 年第 3 期。

② 新疆文物考古研究所等：《新疆鄯善县苏贝希遗址及墓地》，《考古》2002 年第 6 期；新疆吐鲁番学研究院、新疆文物考古研究所：《新疆鄯善洋海墓地发掘报告》，《考古学报》2011 年第 1 期。

③ 新疆文物考古研究所：《新疆察吾呼——大型氏族墓地发掘报告》，东方出版社 1999 年版；新疆文物考古研究所：《新疆拜城县克孜尔吐尔墓地第一次发掘》，《考古》2002 年第 6 期。

④ 新疆文物考古研究所：《新疆察布查尔县索墩布拉克古墓群》，《考古》1999 年第 8 期；新疆文物考古研究所：《尼勒克县穷科克一号墓地考古发掘报告》，《新疆文物》2002 年第 3、4 期。

⑤ 新疆维吾尔自治区博物馆等：《新疆且末扎滚鲁克一号墓地发掘报告》，《考古学报》2003 年第 1 期。

⑥ ［苏］卢立·A. 札德纳普罗伍斯基：《费尔干纳的彩陶文化》，刘文锁译，《新疆文物》1998 年第 1 期；［巴基斯坦］A. H. 丹尼、［俄］V. M. 马松主编：《中亚文明史》第一卷，芮传明译，中国对外翻译出版公司 2002 年版，第 342—345 页。

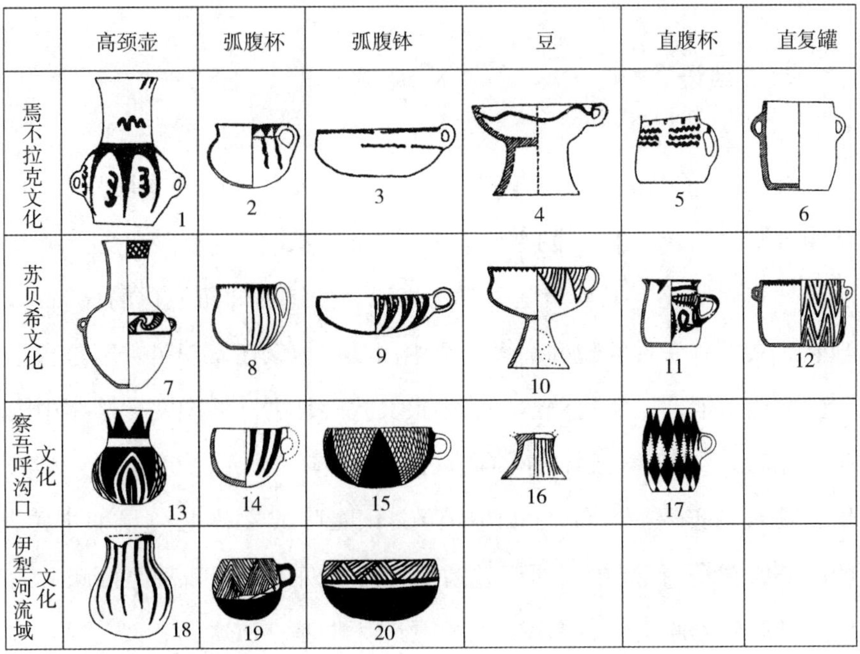

	高颈壶	弧腹杯	弧腹钵	豆	直腹杯	直复罐
焉不拉克文化	1	2	3	4	5	6
苏贝希文化	7	8	9	10	11	12
察吾呼沟口文化	13	14	15	16	17	
伊犁河流域文化	18	19	20			

图五 彩陶第四波西向扩展——"高颈壶文化系统"典型陶器

1—6. 焉不拉克（M2∶3、M40∶4、M75∶14、M75∶16、M75∶20、M4∶1） 7、8、11. 洋海二号墓地（M242∶2、M220∶2、M2205∶5） 9. 艾丁湖（M48∶1） 10、12. 洋海一号墓地（M43∶2、M105∶2） 13、15—17. 察吾呼沟口四号墓地（M156∶16、M237∶2、M185∶3、M20∶15） 14. 察吾呼沟口二号墓地（M223∶24） 18. 奇仁托海（M97∶2） 19、20. 穷科克（M4∶1、M9∶1）

兹加文化 II-IV 期彩陶存在缺环，而后者的彩陶则上承甘青文化系统，有着完整的演变序列，故推测察吾呼沟口文化曾对楚斯特文化产生过强烈影响。

随着此时彩陶文化的进一步西渐，更多种类的工具、武器、马器、装饰品等青铜器，甚至少量刀、剑、镞、锥等铁器，顺此通道反向传入新疆，并进一步渗透到青海、甘肃等中国西部地区，使得中国西部在公元前 1000 年前就进入早期铁器时代[①]。

---

① 韩建业：《新疆的青铜时代和早期铁器时代文化》，文物出版社 2007 年版。

七 结语

自 90 年前仰韶文化发现以后，人们就为其美丽的彩陶所吸引，从而有了"彩陶文化"的名称。换一句话说，中国考古学史上早年所说"彩陶文化"其实就是以黄土高原为摇篮的仰韶文化的代名词。当然后来随着考古发现的增多，在中国其他地区还发现了若干包含彩陶的文化，但仰韶文化仍然是其中最具代表性者。仰韶文化雄踞中国腹心地区，彩陶盛行的仰韶前期长达 1500 年（公元前 5000—前 3500 年）之久，实际是当时"早期中国文化圈"或文化上"早期中国"的核心所在①。何况中国西部甘肃、青海、四川、新疆甚至西藏此后绵长延续的彩陶文化，都以仰韶文化作为根基。从这个意义上说，彩陶的西传实际就是早期中国文化的西传。

仰韶文化等彩陶文化，以黄土高原为基础，本质上是"黄土的儿女"② 所创造的一种旱作农业文化。也只有定居程度较高的农业社会，才能满足彩陶创作所需要的优裕时间，才能提供彩陶使用和储藏所需的稳定条件。在彩陶向西扩展的过程中，虽然会随着时地变化而程度不同地增加畜牧狩猎甚至游牧成分，但却始终保持较多农业成分。从这个意义上说，彩陶的西传实际就是早期中国旱作农业文化的西传，反映的似乎是一些眷恋黄土的早期农民接力赛式西行而寻找新家园的景象。如果陕甘地区彩陶文化总体上属于羌人文化，则羌人在早期中西文化交流中就具有非常重要的地位。

概括起来说，"彩陶之路"就是以彩陶为代表的早期中国文化以

---

① 韩建业：《论新石器时代中原文化的历史地位》，《江汉考古》2004 年第 1 期。

② J. G. Andersson, *Children of the yellow earth——Studies in prehistoric China*, Kegan Paul, Trench, Trubner, London, 1934.

陕甘地区为根基自东向西拓展传播之路，也包括顺此通道西方文化的反向渗透。"彩陶之路"从公元前4千纪一直延续至前1千纪，其中又以大约公元前3500、公元前3000年、公元前2200年和公元前1300年四波彩陶文化的西渐最为明显。具体路线虽有许多，但大致可概括为以青藏高原为界的北道和南道。通过这些路线，源自中国腹地的彩陶等旱作农业文化因素渐次西播，西方的麦、羊、马、车以及青铜器和铁器冶炼技术等逐渐渗入中国广大地区，由此还可能引发早期中西方思想观念方面更深层次的交流。总之，"彩陶之路"是早期中西文化交流的首要通道，是"丝绸之路"的前身，对中西方文明的形成和发展都产生过重要影响。

再论丝绸之路前的彩陶之路

　　20 世纪 70 年代末期以来，以《甘肃彩陶的源流》一文的发表为标志，中国彩陶文化自东向西渐次拓展的面貌已很清晰①，加上中原地区裴李岗文化和磁山文化的发现为仰韶文化找到了本土根基，这就明确否定了中国彩陶文化或仰韶文化西来说，当然，这并非说中西方彩陶文化之间不存在交流的可能性。2005 年，根据彩陶文化从陕甘地区向河西走廊、新疆乃至中亚等地传播的现象，我曾提出过史前"彩陶之路"的概念②。后来，我不但系统论述了彩陶通过"北道"向新疆、中亚的传播，还讨论了彩陶文化通过青藏高原"南道"向克什米尔地区的渗透，并划分出彩陶东风西渐的四个阶段③。刘学堂也有过类似讨论④。近年来，我发现中亚南部彩陶

　　① 严文明：《甘肃彩陶的源流》，《文物》1978 年第 10 期。

　　② "这条早就存在的东西文化通道，或许可称之为'铜铁之路'，或'羊马之路'，或'彩陶之路'，无论叫什么，都应当是汉代以后丝绸之路的前身，而且曾对东西文明的发展产生过更为深远的影响。"见韩建业《新疆青铜时代—早期铁器时代文化的分期和谱系》，《新疆文物》2005 年第 3 期。

　　③ Han Jianye, "'The Painted Pottery Road' and Early Sino-Western Cultural Exchanges", *ANABSASIS-Studia Classica et Orientalia* 3，2012，pp. 25 – 42.

　　④ 刘学堂：《史前彩陶之路："中国文化西来说"之终结》，《中国社会科学报》2012 年 11 月 21 日第 5 版。

文化可能更早就对中国甘青等地产生影响，真正意义上的彩陶之路自然应包括彩陶的西风东渐在内。本文拟对丝绸之路前的彩陶之路再次进行讨论，将中西彩陶文化相互交流过程调整为五个阶段（图一）。

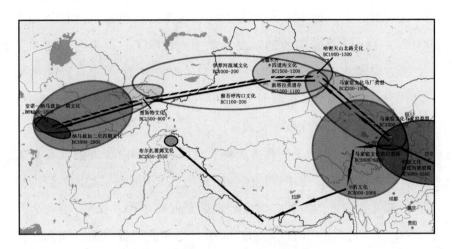

图一　丝绸之路前的彩陶之路示意

一

约公元前3500—前3000年，中国陕甘地区彩陶西扩至青海和河西走廊东部，同时中亚南部彩陶可能东向影响到甘青地区，是为彩陶之路的第一阶段。

中国最早的彩陶，至少诞生于新石器时代中期的公元前6000年左右。江浙跨湖桥文化的彩陶复杂繁缛①，而陕甘白家文化的彩陶简单随意②，表明从八千年前就形成东西二元的图像艺术传统。如果把长江下游上山文化那种披着鲜艳红色陶衣的陶器算作最原初的彩

① 浙江省文物考古研究所、萧山博物馆：《跨湖桥》，文物出版社2004年版。
② 中国社会科学院考古研究所：《临潼白家村》，巴蜀书社1994年版；甘肃省文物考古研究所：《秦安大地湾——新石器时代遗址发掘报告》，文物出版社2006年版。

陶①，那中国彩陶的起源就有大约一万年历史了！中国最早的陶器距今约 2 万年，一万年左右出现彩陶，并不奇怪。西亚哈苏纳（Hassuna）文化、萨马拉（Samarra）文化、哈拉夫（Halaf）文化等彩陶文化，上限都在公元前 6000 年以前，异彩纷呈②，发达程度在同时期的中国彩陶之上。如果考虑到西亚最早陶器的出现才不过在公元前 6900 年左右，则其彩陶的迅猛发展就令人惊叹了。进入公元前 6 千纪，西方彩陶文化已经扩展至中亚南部，形成哲通（Jeitun）文化③。不过，七八千年前的中国陕甘地区和西亚、中亚彩陶文化之间相隔遥远，没有证据表明存在彼此交流。

公元前 4000 左右，中西方彩陶文化在格局和内容方面都有重大变化。就中国来说，受中原地区仰韶文化东庄—庙底沟类型的强力推压，仰韶文化庙底沟时代彩陶已经扩展至河西走廊东缘④，至约公元前 3500 年的铜石并用时代之初，仰韶文化泉护类型末期彩陶到达青海东部⑤。与此同时，东欧地区进入特里波列—库库泰尼（Tripolje-

① 浙江省文物考古研究所、浦江博物馆：《浦江上山》，文物出版社 2016 年版；浙江省文物考古研究所：《上山文化：发现与记述》，文物出版社 2016 年版。

② Chris Scarre, *The Human Past: World Prehistory and the Development of Human Societies* (Third Edition), Thames & Hudson, 2013, pp. 212 – 233.

③ A. H. Dani, V. M. Masson eds., *History of Civilizations of Central Asia*, Volume I: The Dawn of Civilization: Earliest Times to 700 B. C., UNESCO Publishing, Paris, 1992; Philip L. Kohl, "The Namazga Civilization: An Overview", in *The Bronze Age Civilization of Central Asia*, M. E. Sharpe Inc., Armonk, New York, 1981, pp. vii – xl; L. B. Kircho, G. F. Korobkova, V. M. Masson, *The Technical and Technological Potential of the Eneolithic population of Altyn-Depe as the Basis of the Rise of an early Urban Civilization*, European House, St. -Petersburg, 2008, p. 71; Christoph Baumer, *The History of Central Asia: The Age of the Steppe Warriors*, I. B. Tauris, London, 2012, pp. 60 – 62.

④ 在甘肃古浪三角城遗址曾采集到 1 件史家类型或泉护类型阶段的细颈彩带圜底钵。见甘肃省文物考古研究所、北京大学考古文博学院《河西走廊史前考古调查报告》（图三五，1），文物出版社 2011 年版，第 65 页。

⑤ 中国社会科学院考古研究所甘青工作队、青海省文物考古研究所：《青海民和县胡李家遗址的发掘》，《考古》2001 年第 1 期；青海省文物考古队：《青海民和阳洼坡遗址试掘简报》，《考古》1984 年第 1 期。

Cucuteni）文化的兴盛期①，中亚南部发展为安诺—纳马兹加一期（Anau-Namzga I）文化②，这都是与西亚传统相关，且彩陶发达的文化。早在近百年前，安特生就注意到仰韶文化彩陶与安诺、特里波列彩陶的相似性③。现在看来，它们的圆点、勾叶、三角纹彩陶不但彼此类似，而且还大体同时，我们不得不佩服安特生的远见卓识！但至今仍然没有发现它们彼此存在联系的直接证据。不过，如果考虑到陕西临潼姜寨房屋（F29）房基面上发现的黄铜性状的铜片属于第一期④，绝对年代在公元前 4200 年稍前，比西亚铜器的出现晚四千多年⑤，比西亚和欧洲人工冶炼铜器的出现晚上千年⑥，也就不能完全排除中西方之间存在文化交流的可能性。

中国和西方彩陶文化的最早交流，很可能始于公元前 3500 年左

① Vladimir G. Zbennovič, *Siedlungen der frühen Tripol'e-Kultur zwischen Dnestr und Südlichem Bug*, Verlag Marie Leidorf GmbH, Espelkamp, 1996; Cornelia-Magda Lazarovici, Gheorghe-Corneliu Lazarovici, Senica Ţurcanu, *Cucuteni: A Great Civilization of the Prehistoric World*, Palatul Culturii Publishing House, Iaşi, 2009; Francesco Menotti ed., Aleksey G., Korvin-Piotrovskiy eds., *The Tripolye Culture giant-settlements in Ukraine: Formation, development and decline*, Oxbow Books, Oxford, UK, 2012.

② H. Schmidt, "Archaeological Excavations in Anau and old Merv", in *Explorations in Turkestan: Expedition of 1904* (Pumpelly, R., ed.), Washington, DC.: Carnegie Institution of Washington, 1908; Philip L. Kohl, "The Namazga Civilization: An Overview", in *The Bronze Age Civilization of Central Asia*, M. E. Sharpe Inc., Armonk, New York, 1981, pp. vii – xl; V. M. Masson, *Altyn-Depe*, Translated by Henry N. Michael, The University Museum (University of Pennsylvania), 1988, pp. 6 – 25.

③ 安特生：《中华远古之文化》图 13，袁复礼译，《地质汇报》第五号第 1 册，北京京华印书局 1923 年版。

④ 半坡博物馆、陕西省考古研究所、临潼县博物馆：《姜寨——新石器时代遗址发掘报告》，文物出版社 1988 年版，第 148 页。

⑤ 伊拉克沙尼达尔墓地发现的一件自然铜的坠饰，测年约公元前 8700 年。R. S. Solecki, R. L. Solecki, A. P. Agelarakis, *The Proto-neolithic Cemetery in Shanidar Cave*, Texas A&M University Press, 2004, p. 53.

⑥ 公元前 5500 年左右，冶炼金属铜的证据在塞尔维亚的贝鲁沃德（Belovode）和伊朗东南部的塔里伊布里斯（Tal-i Iblis）遗址发现。Miljana Radivojević, Thilo Rehren, Ernst Pernicka, et al., "On the origins of extractive metallurgy: new evidence from Europe", *Journal of Archaeological Science*, 2010, 37 (11), pp. 2775 – 2787; Frame, L., *Investigations at Tal-i Iblis: Evidence for copper smelting during the Chalcolithic period*, Massachusetts Institute of Technology, 2004.

右。曾在青海民和阳洼坡遗址发现过一件属于仰韶文化泉护类型末期的彩陶盆，上饰斜线和锯齿组成的菱形纹，中间填充菱形网格纹（图二，1）①，与中亚南部纳马兹加二期晚段和三期文化彩陶有较大相似性（图二，2、3）。土库曼斯坦南部科彼特山脉北麓绿洲地区的纳马兹加二至四期文化，是在安诺—纳马兹加一期文化基础上发展而来，包括阿尔丁特佩（Altyn-Depe）三至四期（第一发掘区第14至第4层）、纳马兹加二期晚段至四期（Namazgae II-IV）、吉奥克修尔（Geoksyur）晚期遗存等②，彩陶盛行以锯齿纹组成的菱形、十字形图案，而且年代越晚锯齿纹越细密。阳洼坡彩陶上的大锯齿纹图案在中国西北地区并无确切来源，而在中亚南部广泛盛行且传承有序，就存在从中亚传播而来的可能性。

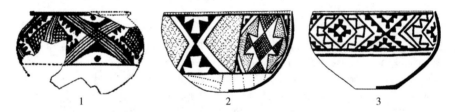

图二　仰韶文化泉护类型和纳马兹加二至四期文化彩陶比较

1. 阳洼坡　2. 阿尔丁特佩第8发掘区1979年探沟（Excavation 8, stratigraphic trench of 1979, Level XVI）　3. 阿尔丁特佩第15发掘区（Excavation 15, horizon 10）

公元前3500年稍后，在甘肃武山傅家门属于马家窑文化石岭下类型的遗存中，发现多件羊和黄牛卜骨③，说明当时甘肃中南部地区

---

①　青海省文物考古队：《青海民和阳洼坡遗址试掘简报》，《考古》1984年第1期。

②　L. B. Kircho, G. F. Korobkova, V. M. Masson, *The Technical and Technological Potential of the Eneolithic population of Altyn-Depe as the Basis of the Rise of an early Urban Civilization*, European House, St.-Petersburg, 2008; V. M. Masson, Translated by Henry N. Michael, *Altyn-Depe*, The University Museum（University of Pennsylvania），1988, pp. 84 – 89.

③　中国社会科学院考古研究所甘青工作队：《甘肃武山傅家门史前文化遗址发掘简报》，《考古》1995年第4期；中国社会科学院考古研究所甘青工作队：《武山傅家门遗址的发掘与研究》，《考古学集刊》第16集，科学出版社2006年版，第380—454页。

最早开始养羊养牛①，并且很可能是从西亚地区传入②。可见当时中西彩陶存在交流当非偶然。这个连接中亚南部和甘青地区的彩陶交流通道，位于青藏高原以北，可称彩陶之路北道。

二

公元前3000—前2500年，甘青彩陶文化西向扩展至河西走廊西部，西南向渗透到青藏高原甚至克什米尔地区，是为彩陶之路的第二阶段。

约公元前3000年，甘青地区形成马家窑文化马家窑类型，并从甘肃中部向青海东北部和河西走廊长距离扩展，最西见于甘肃酒泉照壁滩③等遗址。马家窑类型同时还拓展至青海东部的共和盆地，可能与当地无陶土著文化融合形成马家窑文化宗日类型，以同德宗日一期遗存为代表④，其陶器主要可分为两大类，第一类为质地细腻的泥质红陶，饰精美纯熟黑彩，基本同于甘肃中部马家窑类型。第二类为质地粗糙的夹粗砂褐陶，有的施紫红色彩，当为土著因素。

最可注意者，是以彩陶为代表的农业文化，通过青藏高原向西藏乃至于克什米尔地区的长距离渗透，这条通道可称彩陶之路南道。

以西藏昌都卡若遗存为代表的卡若文化⑤，年代上限大致在公元

---

① 吕鹏、袁靖、李志鹏：《再论中国家养黄牛的起源——商榷〈中国东北地区全新世早期管理黄牛的形态学和基因学证据〉一文》，《南方文物》2014年第3期。

② 蔡大伟、孙洋、汤卓炜：《中国北方地区黄牛起源的分子考古学研究》，《第四纪研究》2014年第34卷第1期。

③ 李水城：《河西地区新见马家窑文化遗存及相关问题》，《苏秉琦与当代中国考古学》，科学出版社2001年版，第121—135页。

④ 青海省文物管理处、海南州民族博物馆：《青海同德县宗日遗址发掘简报》，《考古》1998年第5期；格桑本、陈洪海主编：《宗日遗址文物精粹论述选集》，四川科学技术出版社1999年版。

⑤ 西藏自治区文物管理委员会、四川大学历史系：《昌都卡若》，文物出版社1985年版。

前 3000 年①。其早期的高领罐和敞口盆等主要器类，与马家窑文化宗日类型早期的宗日式陶器形态较为接近，如同样流行假圈足，见少量黑彩，常见与后者彩陶图案类似的折线纹、网格纹、附加堆纹等；其他如有孔刀（有的凹背）和长体锛、凿等磨制石器，半地穴式房屋，以及家猪和农作物黍、粟等，也彼此近似。此外，卡若文化和四川西北部茂县营盘山②和汶川姜维城③等遗址马家窑文化系统的陶器也有类似的一面。可见卡若文化可能同样是马家窑文化和当地无陶土著文化融合而成。

令人称奇的是，克什米尔地区的布尔扎霍姆（Burzahom）一期乙段遗存竟然也与卡若文化有许多近似之处④。仔细观察，布尔扎霍姆一期乙段遗存和卡若文化均以泥条筑成法制作的粗灰陶器为主，器类都是小口高领罐壶类和平底盆钵类，口沿外贴边、领身部箍附加堆纹、假圈足、底部见编织纹印痕等特征也都彼此类似（图三）；都流行形态近似的双孔或单孔石刀（爪镰），磨制的长体石斧、锛、凿等，尤其凹背石刀更是神似（图四）；都居住在木柱撑顶的半地穴式房屋当中。如此多的共性，只能用相互间存在关联来解释。由于这些因素在布尔扎霍姆一期中都是突然出现，且其绝对年代不早于卡若文化（布尔扎霍姆遗址一期乙段的绝对年代，约为公元前 2850—前 2550 年）⑤，

---

① 中国社会科学院考古研究所：《中国考古学中碳十四年代数据集（1965—1991）》，文物出版社 1991 年版，第 243—250 页。

② 成都市文物考古研究所等：《四川茂县营盘山遗址试掘报告》，《成都考古发现（2000）》，科学出版社 2002 年版，第 1—77 页。

③ 四川省文物考古研究所等：《四川汶川县姜维城新石器时代遗址发掘简报》，《考古》2006 年第 11 期。

④ Mughal, M. R., Halim, M. A., "The Pottery", *Pakistan Archaeology*, 1972（8），pp. 33 - 110；Dikshit, K. N., "The Neolithic Cultural Frontiers of Kashmir", *Man and Environment*, 1982（6），p. 30；霍巍：《喜马拉雅山南麓与澜沧江流域的新石器时代农业村落——兼论克什米尔布鲁扎霍姆遗址与我国西南地区新石器时代农业文化的联系》，《农业考古》1990 年第 2 期。

⑤ ［巴基斯坦］A. H. 丹尼、［俄］V. M. 马松主编：《中亚文明史》第一卷，芮传明译，中国对外翻译出版公司 2002 年版，第 86—106 页。

因此推测其出现当与卡若文化传统沿着喜马拉雅山南缘的长距离西向渗透有关。

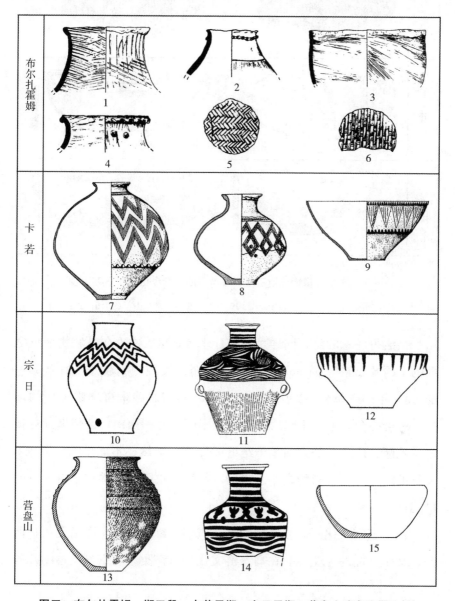

图三　布尔扎霍姆一期乙段、卡若早期、宗日早期、营盘山遗存陶器比较

1—6. 布尔扎霍姆　7—9. 卡若（F9：126、F17：89、F3：298）　10—12. 宗日（M43：2、M273：2、M158：1）　13—15. 营盘山（T12⑤：36、H12：5、H3：35）

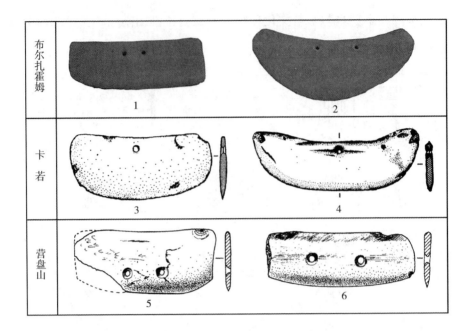

图四　布尔扎霍姆一期乙段、卡若早期、营盘山遗存石刀比较

1、2. 布尔扎霍姆　3、4. 卡若（F8：69、F19：26）　　5、6. 营盘山（H17：6、T11①：3）

很值得注意的是，同样是在克什米尔地区，在布尔扎霍姆遗址之西的卡西姆巴格（QasimBagh）遗址，明确发现测年在公元前2000—前1500年的黍①，这似乎为我们论述的彩陶之路南道增添了新的证据，有可能公元前3千纪后就有黍从中国西北—西南地区传播到克什米尔地区，之后在公元前2千纪继续种植，当然还不能排除公元前2千纪继续存在这条彩陶之路南道的可能性，也不能排除黍来自中亚的可能性。

在马家窑文化西向流播的同时，应当也继续存在彩陶沿北道自西而东文化传播的可能性。在马家窑文化马家窑类型和宗日类型的几件

---

① Michael Spate, Guilin Zhang, Mumtaz Yatoo, Alison Betts, "New evidence for early 4th millennium BP agriculture in the Western Himalayas：QasimBagh, Kashmir", *Journal of Archaeological Science：Reports*, 2017, 11, pp. 568 – 577.

陶盆上①，彩绘有舞蹈纹图案（图五，1、2），不见于此前的中国文化，而在西亚和中亚南部地区从约公元前 9000 年开始就较为常见②。与马家窑文化年代近似、距离最近者，当属伊朗北部公元前 4 千纪中叶的锡亚尔克（Sialk）三期文化彩陶③，其舞蹈纹与马家窑文化者细节不同，而情状相似（图五，3）。因此，存在舞蹈纹东传的可能性。而甘肃东乡林家马家窑类型的青铜刀④，虽然形制独特，与甘青地区的骨梗石刃刀形态近似，但其青铜技术不排除与西方存在关联的可能性。

三

约公元前 2500—前 2200 年，中亚南部锯齿纹彩陶的东渐，可能导致马家窑文化半山期流行锯齿纹彩陶，是为彩陶之路的第三阶段。

锯齿纹是由连续三角元素组成的彩陶纹饰，流行于马家窑文化半山期，是半山类型彩陶的标志性特征，也少量见于同时的菜园文化和稍晚的马厂类型早期。马家窑文化半山期的绝对年代约在公元前 2500—前 2200 年，按照中亚和新疆的年代框架，就已经进入青铜时代早期了。半山期又分半山类型和宗日类型⑤，前者分布在甘肃中部

---

① 青海省文物管理处考古队：《青海大通上孙家寨出土的舞蹈纹彩陶盆》，《文物》1978 年第 3 期；青海省文物管理处、海南州民族博物馆：《青海同德县宗日遗址发掘简报》，《考古》1998 年第 5 期；格桑本、陈洪海主编：《宗日遗址文物精粹论述选集》，四川科学技术出版社 1999 年版。

② 类似题材广见于公元前 9000—前 6000 年的近东和东南欧地区，见［以色列］约瑟夫·加芬克尔《试析近东和东南欧地区史前彩陶上的舞蹈纹饰》，《考古与文物》2004 年第 1 期。

③ R. Ghirshman, Fouilles De Sialk Près De Kashan, 1933, 1934, 1937. Musée Du Louvre, Dept, *Des Antiquités Orientales*, Serie Archéologique IV. PL. LXXV. Paris, 1938.

④ 甘肃省文物工作队、临夏回族自治州文化局、东乡族自治县文化馆：《甘肃东乡林家遗址发掘报告》，《考古学集刊》第 4 集，中国社会科学出版社 1984 年版，第 111—161 页。

⑤ 韩建业：《中国西北地区先秦时期的自然环境与文化发展》，文物出版社 2008 年版，第 152—156 页。

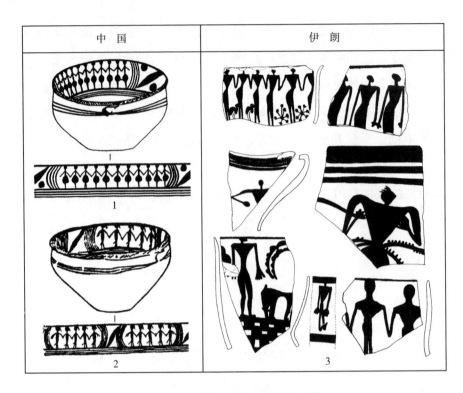

图五　中国和伊朗舞蹈纹彩陶比较

1. 宗日（M157：1）　　2. 上孙家寨（M384）　　3. 锡亚尔克三期（Silk Ⅲ）

和青海东部，典型遗存有广河半山①和地巴坪墓葬②，兰州花寨子
"半山类型"墓葬③，柳湾"半山类型墓葬"等④；后者分布在青海
共和盆地，以同德宗日遗存为代表。李水城曾将半山期和马厂早期锯
齿纹分为五小期⑤，总体来说锯齿及齿尖夹角由大变小，由大直角锯
齿变为小锐角锯齿，最后退化为细密的毛发状锯齿。李水城并认为半

　　① 安特生：《甘肃考古记》，乐森璕译，《地质专报》甲种第五号，1925 年版。半山属于当时的甘肃宁定县。

　　② 甘肃省博物馆文物工作队：《广河地巴坪"半山类型"墓地》，《考古学报》1978 年第2 期。

　　③ 甘肃省博物馆等：《兰州花寨子"半山类型"墓葬》，《考古学报》1980 年第 2 期。

　　④ 青海省文物管理处考古队、中国社会科学院考古研究所：《青海柳湾——乐都柳湾原始社会墓地》，文物出版社 1984 年版。

　　⑤ 李水城：《半山与马厂彩陶研究》，北京大学出版社 1998 年版，第 88—94 页。

山类型的彩陶锯齿纹可能来源于当地或内蒙古中南部①。我也曾倾向于这种认识②。但仔细分析,马家窑文化小坪子类型其实很少见典型的锯齿纹,即如民和边墙等遗址所出个别锯齿上下相错的所谓"对齿纹"③,毋宁说只是黑彩带上的留白折线而已。而内蒙古中南部仰韶文化海生不浪类型真正的锯齿纹极少,个别见于器物口沿内壁或颈部。总之,甘青和内蒙古中南部地区只是偶见似是而非的锯齿纹,与半山类型盛行锯齿纹的情况有很大差别。

土库曼斯坦南部的纳马兹加二至四期文化,从大约公元前3500年的铜石并用时代开始就盛行锯齿纹,并延续至青铜时代早期的约公元前2500年④,总体演变趋势也是锯齿纹本身及其齿尖夹角越来越小。因此,半山类型的锯齿纹彩陶,很有可能就是主要受到纳马兹加二至四期文化通过北道远距离影响的结果(图六)。考虑到上述公元前3500年左右在青海民和阳洼坡遗址就发现有类似中亚南部的大锯齿纹彩陶,则这种推测的可能性就更大。

但不用否认,二者年代上存在错位。纳马兹加二至四期文化,相当于马家窑文化石岭下类型和马家窑类型时期。在和马家窑文化半山类型大体同时的纳马兹加五期类型当中,彩陶已经基本消失。或许在南疆一带曾经存在过深受纳马兹加二至四期文化影响的锯齿纹彩陶文化,后来东向影响到半山类型锯齿纹彩陶的形成。

① 李水城:《半山与马厂彩陶研究》,北京大学出版社1998年版,第199页。
② 韩建业:《半山类型的形成与东部文化的西迁》,《考古与文物》2007年第3期。
③ 李水城:《半山与马厂彩陶研究》,北京大学出版社1998年版,第198页。
④ L. B. Kircho, G. F. Korobkova, V. M. Masson, *The Technical and Technological Potential of the Eneolithic population of Altyn-Depe as the Basis of the Rise of an early Urban Civilization*, European House, St. -Petersburg, 2008, p. 71; V. M. Masson, *Altyn-Depe*, Translated by Henry N. Michael, The University Museum (University of Pennsylvania), 1988, pp. 95 – 96; Philip L. Kohl, "The Namazga Civilization: An Overview", in *The Bronze Age Civilization of Central Asia*, M. E. Sharpe Inc., Armonk, New York, 1981, pp. vii – xl; O. Lecomte, H. -P. Francfort, etc., Recherches archéologiques récentes à Ulug Dépé (Turkménistan), *Paléorient*, 2002, Vol. 28, No. 2, pp. 123 – 131.

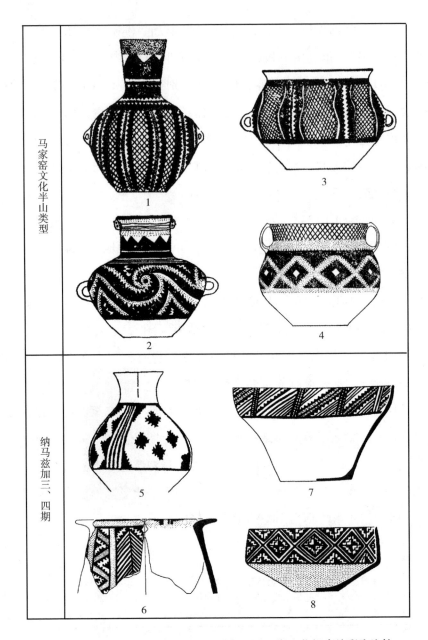

图六　马家窑文化半山类型和纳马兹加二至四期文化锯齿纹彩陶比较

1. 花寨子（0:28）　2、3. 柳湾（M435:3、M447:2）　4. 阳山（M68:26）　5. 阿克特佩（Ak-Depe）　6. 阿尔丁特佩第 5 发掘区（Excavation 5，horizon 9）　7、8. 阿尔丁特佩第 1 发掘区 1970 年探沟（Excavation 1，stratigraphic trench of 1970，horizon 9）

另外，也不排除此时甘青和南疆文化反方向影响的可能性。最近在土库曼斯坦南部穆尔加布（Murghab）地区的阿吉库伊Ⅰ（AdjiKui Ⅰ）遗址发现较多黍，直接测年数据为公元前2272—前1961年①，就有可能通过新疆从河西走廊传播而去。当然也不排除从河西走廊或北方草原传入哈萨克斯坦②，再南向传播的可能性。

四

约公元前2200—前1500年，马家窑文化马厂类型彩陶西向扩展至新疆东部，马厂类型并进一步发展为河西走廊的四坝文化和东疆的哈密天山北路文化，是为彩陶之路的第四阶段。

马家窑文化半山类型的西端抵达酒泉，至马厂类型时已推进至敦煌。河西走廊最西端的马厂类型遗存年代总体比东部遗存晚，又可分为两个阶段。偏早以酒泉照壁滩和敦煌西土沟遗存③为代表的马厂类型晚期遗存，彩陶较少且构图简约，多见直线网格纹，不见内彩。偏晚为酒泉干骨崖、西河滩④，金塔二道梁、砖沙窝⑤等遗址所见"过

---

① Spengler, R. N., Nigris, I., Cerasetti, B., Carra, M., Rouse, L. M., "The breadth of dietary economy in Bronze Age Central Asia: case study from AdjiKui 1 in the Murghab region of Turkmenistan", *Journal of Archaeological Science: Reports*, 2018, 22, pp. 372–381.

② 贝噶什（Begash）遗址炭化黍直接测年结果为4410—4103aBP。Spengler, R., Frachetti, M., Doumani, P., Rouse, L., Cerasetti, B., Bullion, E., Mar'yashev, A., "Early agriculture and crop transmission among Bronze Age mobile pastoralistsof Central Eurasia", Proc. R. Soc, Lond, B Biol. Sci, 2014, 281 (1783): 20133382；董广辉、杨谊时、韩建业、王辉、陈发虎：《农作物传播视角下的欧亚大陆史前东西方文化交流》，《中国科学：地球科学》2017年第47卷第5期。

③ 西北大学考古系等：《甘肃敦煌西土沟遗址调查试掘简报》，《考古与文物》2004年第3期。

④ 《酒泉西河滩新石器晚期—青铜时代遗址》，《2004中国重要考古发现》，文物出版社2005年版，第44—48页。

⑤ 甘肃省文物考古研究所、北京大学考古文博学院：《河西走廊史前考古调查报告》，文物出版社2011年版，第277—282页。

渡类型"①，实属马厂类型末期；彩陶在颈部绘菱格纹、倒三角网格纹，腹部多绘垂带纹、成组折线纹（图七，1—4）。这时马厂类型可能已经抵达新疆东部，因为在新疆哈密天山北路遗存中包含双耳菱格纹彩陶罐等马厂类型式彩陶②。

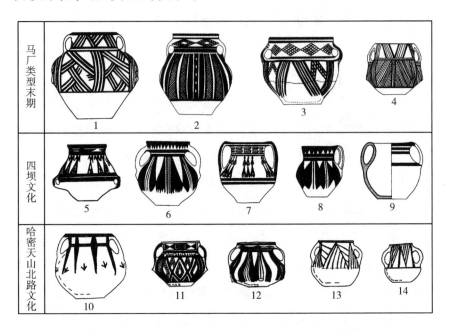

图七　马厂类型末期、四坝文化和哈密天山北路文化彩陶比较

1、4. 二道梁（87JE－044、87JE－046）　2. 砖沙窝（JZH－A003）　3. 金塔县文化馆藏品（JZH－A002）　5—9. 干骨崖（M85：2、M84：1、M40：2、M32：1、M93：1、）10—14. 天山北路

　　青铜时代中期，约公元前1900年以后，在河西走廊中西部和新疆东部差不多同时出现面貌近似的四坝文化和哈密天山北路文化。四坝文化以甘肃山丹四坝滩遗存为代表③，包括玉门火

---

　　① 李水城：《河西地区新见马家窑文化遗存及相关问题》，《苏秉琦与当代中国考古学》，科学出版社2001年版，第121—135页。

　　② 水涛：《新疆青铜时代诸文化的比较研究——附论早期中西文化交流的历史进程》，《国学研究》第一卷，北京大学出版社1993年版，第447—490页。

　　③ 安志敏：《甘肃山丹四坝滩新石器时代遗址》，《考古学报》1959年第3期。

烧沟①、酒泉干骨崖遗存②等。多彩绘陶，一般为紫红陶衣上绘浓黑彩，纹样有平行横带纹、折线纹、菱格纹、棋盘格纹、三角纹、网格纹、垂带纹、卷云纹、回形纹、连弧纹、圆点纹、变体蜥蜴纹、手印纹等，主体来源于马厂类型③（图七，5—9）。哈密天山北路文化以哈密天山北路墓地为代表④，彩陶主要为黑彩，有网格纹、菱格纹、垂带纹、"Z"形纹、手形纹、叶脉纹等图案（图七，10—14；图八，1—5），其祖源在河西走廊⑤。

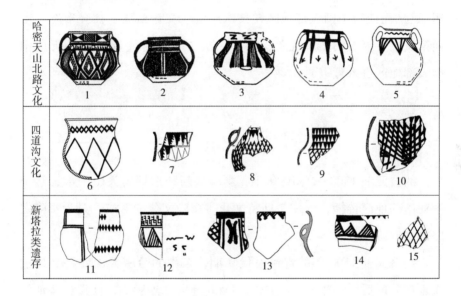

图八　哈密天山北路文化和四道沟文化、新塔拉类遗存彩陶的比较

1—5. 哈密天山北路　6. 萨恩萨伊（M85（A）：1）　7—10. 半截沟　11—15. 新塔拉

①　甘肃省博物馆：《甘肃省文物考古工作三十年》，《文物考古工作三十年（1949—1979）》，文物出版社 1979 年版，第 139—153 页。

②　甘肃省文物考古研究所、北京大学考古文博学院：《酒泉干骨崖》，文物出版社 2016 年版。

③　严文明：《甘肃彩陶的源流》，《文物》1978 年第 10 期。

④　吕恩国、常喜恩、王炳华：《新疆青铜时代考古文化浅论》，《苏秉琦与当代中国考古学》，科学出版社 2001 年版，第 179—184 页。

⑤　李水城：《从考古发现看公元前二千年东西文化的碰撞和交流》，《新疆文物》1999 年第 1 期。

在这一波彩陶文化西进的同时，明确有大量西方文化因素顺此通道东渐。上述四坝文化和哈密天山北路文化中的弧背刀、剑、矛、有銎斧、锛、凿、锥、镰、镞、镜、耳环、手镯、鍑、铃、牌、泡、扣、珠、管、别针等大量青铜器，都主要源自西方文化。西方文化的影响还不止于此，而是继续向东渗透，对大体同时的晚期齐家文化、朱开沟文化、夏家店下层文化等当中同类青铜器出现和半农半牧特点的形成，甚至对二里头文化青铜文明的兴起，都起到直接或间接的作用①，从而使得中国大部地区在技术经济、文化格局、社会形态等方面都发生了显著的变革现象，堪称一次"青铜时代革命"②，促成中国大部地区进入青铜时代。

五

约公元前 1500—前 1000 年，彩陶从新疆东部向天山中部，甚至中亚南部地区传播，促成楚斯特文化等彩陶文化的形成，是为彩陶之路的第五阶段。

约公元前 1500 年的青铜时代晚期，东疆的哈密天山北路文化进入末期阶段后，开始西向对中天山南北地区强烈影响，使得这些地区第一次有了美丽的彩陶，尽管图案细节不尽相同。对中天山以北吐鲁番—乌鲁木齐地区的影响，表现在约公元前 1500 年以后四道沟文化中彩陶的出现。四道沟文化以木垒四道沟下层为代表③，包括奇台半

---

① Louisa G. Fitsgerald-Huber, "Qijia and Erlitou: The Question of Contacts with Distant Cultures", *Early China*, 20, 1995, pp. 17 – 67；李水城：《西北与中原早期冶铜业的区域特征及交互作用》，《考古学报》2005 年第 3 期；韩建业：《论二里头青铜文明的兴起》，《中国历史文物》2009 年第 1 期。

② 韩建业：《略论中国的"青铜时代革命"》，《西域研究》2012 年第 3 期。

③ 新疆维吾尔自治区文管会：《新疆木垒县四道沟遗址》，《考古》1982 年第 2 期。

截沟遗存①，乌鲁木齐萨恩萨伊墓地二期遗存等②。彩陶主要装饰在圜底罐上，深红色或红紫色，图案为成排的倒三角纹、菱形网格纹等（图八，6—10），与哈密天山北路文化部分彩陶纹饰类似。在此前的青铜时代中期，中天山以北地区属于切木尔切克文化分布区，其圜底和平底罐上刻划、压印复杂的几何纹，但绝不见彩陶。不过四道沟文化成排倒三角纹、网格纹等彩陶图案的流行，或许与对这些几何纹的模仿有关。对中天山以南焉耆盆地的影响，体现在和硕新塔拉和曲惠等遗址中彩陶的出现③。彩陶多为红褐色或者紫褐色，也有黑色，主要为成排的菱块、菱格、三角纹、三角填斜线纹，也有互字纹、梯格纹、垂带纹等（图八，11—15），与哈密天山北路文化部分纹饰更类似。在青铜时代中期，该地区属于古墓沟—小河文化分布区，尚无明确陶器发现。同样，新塔拉类遗存的三角填斜线纹等彩陶图案，或许与对安德罗诺沃（Andronovo）文化几何纹的传承有关。

最值得注意的，就是中亚费尔干纳盆地及附近地区楚斯特（Chust）文化等当中彩陶的出现。楚斯特文化的彩陶，发现于乌兹别克斯坦楚斯特（Chust）、达尔弗津（Dalverzin）、科克特佩（Koktepe）④，以及吉尔吉斯坦的奥什（Osh）等处⑤。一般是在平底或圜底罐、圜底钵、

①　新疆维吾尔自治区博物馆考古队：《新疆奇台县半截沟新石器时代遗址》，《考古》1981年第6期。

②　新疆文物考古研究所：《新疆萨恩萨伊墓地》，文物出版社2013年版。

③　自治区博物馆、和硕县文化馆：《和硕县新塔拉、曲惠原始文化遗址调查》，《新疆文物》1986年第1期；新疆考古所：《新疆和硕新塔拉遗址发掘简报》，《考古》1988年第5期；张平、王博：《和硕县新塔拉和曲惠遗址调查》，《考古与文物》1989年第2期。

④　Hermann Parzinger, *Die frühen Völker Eurasiens*：*Vom Neolithikum bis zum Mittelater*, Verlag C. H. Beck, München, 2006：509－513；Johanna Lhuillier, Les cultures à céramique modeléepeinte en Asiecentral eméridionale, Dynamiques socio-culturelles à l'âge du Ferancien（1500—1000 av. n. è.），De Boccard, 2013：Planche 101.

⑤　Zadneprovskij, J. A., *The Osh settlement*：*on the history of Ferghana in the late Bronze Age*, Bishkek：State direction Osh-3000, 2000.

深直腹杯等陶器上，装饰红褐色的三角、菱格、圆圈、垂带等主体图案，三角形、菱格图案中常填以斜线、网格等，这些纹饰都是和新疆新塔拉、天山北路等处接近的，此外还有对顶三角形身体的动物、"卐"字纹、树纹等（图九，1—9）。大体类似的彩陶，还发现于塔什干（Taskent）绿洲的布尔古留克（Burguljuk）文化（图九，12—14）①，甚至土库曼斯坦西南绿洲的亚兹一期（Yaz I）文化（图九，15—18）②。中亚南部的阿姆河流域及附近地区，青铜时代中期进入较为繁荣的绿洲城市文明阶段，被称之为阿姆河文明（Oxus Civilization），或者巴克特里亚·马尔吉亚纳考古综合体（Bactria-Margiana Archaeological Complex，BMAC），陶器流行轮制，以前盛行一时的彩陶基本消失。青铜时代中期之末，在这一地区出现来自北方草原的安德罗诺沃文化因素，而费尔干纳至塔什干一带，则更是成为安德罗诺沃文化系统的分布区，常见刻划压印几何纹的罐类陶器，绝无彩陶③。由此推测，楚斯特文化等当中彩陶的出现，自当与来自中国新疆地区的影响有关④。此前早有不少学者注意到新疆和中亚彩陶文化存在相似性⑤，有人更指出不排除中亚彩陶来自新疆的可

---

① Hermann Parzinger, *Die frühen Völker Eurasiens: Vom Neolithikum bis zum Mittelater*, Verlag C. H. Beck, München, 2006, pp. 506 – 509.

② Массон В. М., Древнеземледельческая культура Маргианы. М.-Л., 1959.

③ A. H. Dani, V. M. Masson eds., *History of Civilizations of Central Asia*, Volume I: The Dawn of Civilization: Earliest Times to 700 B. C., UNESCO Publishing, Paris, 1992; Hermann Parzinger, *Die frühen Völker Eurasiens: Vom Neolithikum bis zum Mittelater*, Verlag C. H. Beck, München, 2006: 390 – 425; Christoph Baumer, *The History of Central Asia: The Age of the Steppe Warriors*, I. B. Tauris, London, 2012, pp. 60 – 62.

④ 我曾经论述彩陶从新疆向中亚的传播过程，强调了察吾呼沟口文化的作用，现在看来是有一定问题的。因为楚斯特文化的彩陶有可能早到公元前15世纪，因此西向影响中亚的，应该是哈密天山北路文化、四道沟文化、新塔拉类型等，而非晚至公元前2千纪末才形成的察吾呼沟口文化。韩建业：《新疆的青铜时代和早期铁器时代文化》，文物出版社2007年；Han Jianye, "'The Painted Pottery Road' and Early Sino-Western Cultural Exchanges", *ANABSASIS-Studia Classica et Orientalia* 3, 2012, pp. 25 – 42。

⑤ Zadneprovskij, J. A., *The Osh settlement: on the history of Ferghana in the late Bronze Age*, Bishkek: State direction Osh-3000, 2000, p. 88.

能性①，但都未有明确结论。与此相反，也有学者提出楚斯特文化彩陶影响新疆的观点②。

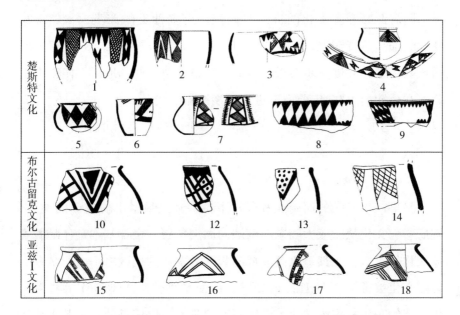

图九　楚斯特文化、布尔古留克文化和亚兹 I 文化彩陶的比较

1、2、4、6、7. 楚斯特（Chust）　　3、5. 达尔弗津（Dalverzin）　　8、9. 奥什（Osh）
10—14. 布尔古留克（Burguljuk）　　15—18. 亚兹 I（Yaz I）

约公元前 1300 年以后，哈密盆地和巴里坤草原形成焉不拉克文化③，流行红衣黑彩彩陶，当与哈密天山北路文化有渊源关系。焉不拉克文化出现以后，对当时天山南北"高颈壶文化系统"的形成起到了推动作用，其高颈壶、弧腹杯、弧腹钵、豆、直腹杯、直腹筒形

---

① ［苏］卢立·A. 札德纳普罗伍斯基：《费尔干纳的彩陶文化》，刘文锁译，《新疆文物》1998 年第 1 期。

② SHUI Tao，"On the Relationship between the Tarim and Fergana Basin in the Bronze Age"，in Victor H. Mair ed.，*The Bronze Age and Early Iron Age Peoples of Eastern Central Asia*，The Journal of Indo-European Studies，Monograph No. 26，Washington：Institute for the Study of Man，1998，pp. 162 – 167.

③ 新疆维吾尔自治区文化厅文物处等：《新疆哈密焉不拉克古墓地》，《考古学报》1989 年第 3 期。

罐等彩陶因素渐次西传，导致新疆中部苏贝希文化①、察吾呼沟口文化②、伊犁河流域文化③等一系列彩陶文化的进一步发展。

随着此时彩陶文化的进一步西渐，更多种类的工具、武器、马器、装饰品等青铜器，甚至少量刀、剑、镞、锥等铁器，顺此通道反向传入新疆，并进一步渗透到青海、甘肃等中国西部地区，使得中国西部在公元前 1000 年前后就进入早期铁器时代④。

六

最早产生彩陶的西南亚和长江下游，都是最早出现农业的地方。其后彩陶文化从欧亚大陆东西两端向周围扩展，也都基本是伴随着农业文化的扩散，尤其黄土高原成为彩陶最发达的地区之一，所孕育的仰韶文化被誉为"黄土的儿女"⑤。即便是克什米尔地区作为彩陶文化余绪的布尔扎霍姆文化，已经不见了彩陶，但仍是分布在黄土地区的农业文化。后来彩陶文化向天山南北绿洲地区扩展的过程中，畜牧业成分逐渐加入进来，但农业都始终占据重要地位。从这个意义上，可以说彩陶文化基本都是农业文化。也只有定居程度较高的农业社会，才能满足彩陶创作所需要的优裕时间，才能提供彩陶使用和储藏所需的稳定条件。

---

① 新疆文物考古研究所等：《新疆鄯善县苏贝希遗址及墓地》，《考古》2002 年第 6 期；新疆吐鲁番学研究院、新疆文物考古研究所：《新疆鄯善洋海墓地发掘报告》，《考古学报》2011 年第 1 期。

② 新疆文物考古研究所：《新疆察吾呼——大型氏族墓地发掘报告》，东方出版社 1999 年版；新疆文物考古研究所：《新疆拜城县克孜尔吐尔墓地第一次发掘》，《考古》2002 年第 6 期。

③ 新疆文物考古研究所：《新疆察布查尔县索墩布拉克古墓群》，《考古》1999 年第 8 期；新疆文物考古研究所：《尼勒克县穷科克一号墓地考古发掘报告》，《新疆文物》2002 年第 3、4 期。

④ 韩建业：《新疆的青铜时代和早期铁器时代文化》，文物出版社 2007 年版。

⑤ J. G. Andersson, *Children of the yellow earth——Studies in prehistoric China*, Kegan Paul, Trench, Trubner, London, 1934.

　　无论是中国还是西方，彩陶的盛行期，多处于文明社会的前夜，或者由简单社会向复杂社会的转型期。大约公元前 3500 年以前，中原地区和西南亚地区彩陶兴盛，文明开始起源，核心文化强势扩张，形成最早的"早期中国文化圈"①和"早期西方文化圈"。之后这些核心地区黑灰陶兴起而彩陶衰落，文字诞生，社会逐渐迈入初级文明社会或高级酋邦社会。但彩陶在更外围地区继续发展。彩陶很可能是史前人们表达和传递信息的重要载体，是"有意味的形式"②，或可与文明社会的文字功能相提并论。只是彩陶的表达抽象宽泛，文字的表达具体精确而已。可见，中西彩陶的交流，大致也就是中西核心文化之间的交流。

　　概括来说，"彩陶之路"就是史前时期以彩陶为代表的早期中国文化和早期西方文化相互交流之路，包括顺此通道中西方文化在金属器、农作物、家畜、宗教、艺术、思想等诸多方面的交流。"彩陶之路"从公元前 4 千纪一直延续至前 2 千纪，跨越铜石并用时代、青铜时代和早期铁器时代各个阶段，其中彩陶从西到东的影响至少可达中国甘青地区，从东向西的影响至少可到中亚南部和克什米尔地区。具体路线虽有许多，但大致可概括为以青藏高原为界的北道和南道。"彩陶之路"是早期中西文化交流的首要通道，是"丝绸之路"的主要前身，对早期中西方文明的形成和发展都产生过重要影响。

---

　　① 韩建业：《早期中国——中国文化圈的形成和发展》，上海古籍出版社 2015 年版。
　　② 李泽厚：《美的历程》，文物出版社 1981 年版，第 15—31 页。

早期东西文化交流的三个阶段

一 引言

如果以陶容器为主要依据，结合其他遗存的空间分布和起源流播，可将丝绸之路前全新世大部时段的亚欧大陆，大致划分为三大文化圈，即以中国黄河、长江流域为中心，包括东亚、东南亚及太平洋诸岛屿在内的"早期东方文化圈"；以两河流域为中心，包括西亚、北非、中亚南部、南亚和欧洲南部在内的"早期西方文化圈"；以及东、西两大文化圈以北的"早期北方文化圈"。本文所谓早期东西文化交流，主要指旧石器时代人类大迁徙之后、汉代"丝绸之路"出现之前早期东、西两大文化圈之间的交流①。

人群的迁徙、碰撞、融合，文化的传播、影响、交流，本为古今常事，也是人类演化、文化发展、文明演进的必要条件。只不过文化交流多数时候都是双向互动的过程，早期的东西文化交流自然也是如此。仅关注文化的自身发展而不考虑外来影响，过分强调文化传播而

---

① 之所以称"早期"而不称"史前"，是因为"史前"的年代各地不一，"丝绸之路"前的中国和西方大部地区，早已迈入原史和历史时期。

轻视当地传统，都失之偏颇。

对早期东西文化交流的关注，至少从 17—18 世纪西方学者杜撰的中国文化来自埃及、巴比伦等说法开始，只是在 20 世纪 20 年代中国近代考古学诞生之前，这类问题尚无条件做出确切回答。1921 年在河南发现了仰韶文化，发掘者瑞典人安特生试图以彩陶为线索追溯"中华远古之文化"的源头，结果却是提出"彩陶文化西来说"，仍是落入"中国文化西来说"的旧窠臼①。不过，李济等中国学者对这条自西而东的所谓"彩陶之路"不以为然②，裴文中、苏秉琦等也明确指出中国彩陶东早西晚的现象③。严文明在 1978 年更是清晰梳理了甘肃彩陶文化自东向西渐次拓展的过程④，否定了中国彩陶文化或仰韶文化西来说。但这并非说东西方彩陶文化不存在彼此交流的可能性。

彩陶之外，北方系青铜器所反映的中国北方地区和欧亚草原之间的联系，也在 20 世纪初年就引起一些学者关注⑤。40 年代，瑞典学者高本汉提出中国商代的青铜技术对南西伯利亚的青铜文化产生过影响⑥，

---

① 安特生：《中华远古之文化》，袁复礼译，《地质汇报》第五号第 1 册，北京京华印书局 1923 年版；安特生：《甘肃考古记》，乐森璕译，《地质专报》甲种第五号，1925 年版。

② 李济 1960 年写的《古代中国文明》一文中说，"有的人认为，历史上的'丝绸之路'形成之前，先有一条彩陶之路。有些人花费许多力量把中国所发现的彩陶文化拿来与欧洲东部的类似发现相比较。"这里所指"有的人""有些人"大概指安特生等。见李济《古代中国文明》，《考古》1996 年第 8 期。

③ 裴文中：《新疆之史前考古》，《中央亚细亚》1942 年第 1 卷第 1 期；苏秉琦：《关于仰韶文化的若干问题》，《考古学报》1965 年第 1 期。

④ 严文明：《甘肃彩陶的源流》，《文物》1978 年第 10 期。

⑤ Minns, Ellis H., *Scythians and Greeks: a survey of ancient history and archaeology on the north coast of the Euxine from the Danube to the Caucasus*, Cambridge: The University Press, 1913; Rostovtzeff, M., *The Animal Style in S. Russia and China*, Princeton Monographs in Art and Archaeology XIV, Princeton: University Press, 1929; J. G. Anderson, *Hunting magic animal style*, Mus. Far Eastern Antiquities, Bulletin 4, 1932: 221317; Alfred Salmony, *Sino-Siberian art in the collection of C. T. Loo*, Paris: C. T. Loo, 1933.

⑥ Bernhard Karlgren, "Some Weapons and Tools of the Yin Dynasty", *Bulletin of the Museum of Far Eastern Antiquities*, 1945, No. 17, pp. 101 – 144.

美国学者罗越则持相反观点①。50 年代，苏联学者吉谢列夫②、中国学者高去寻等都对这一问题有进一步讨论③。70 年代以后，随着田广金等在内蒙古中南部发现桃红巴拉、朱开沟等关键性遗址④，相关讨论才开始真正落到考古学实地，以林沄、乌恩等学者的研究最具代表性⑤。90 年代以后，相关研究更加丰富，涉及金属器（冶金术）、农作物（农业）、家畜（畜牧业）、陶器（彩陶）、釉砂、玉石器、马车等多个方面，兹不赘述。

目前早期东西文化交流研究存在的问题，主要是基于整体年代框架下的综合性研究较为缺乏，对早期东西文化交流的基本过程仍不明晰，过于关注草原之路而对其他通道重视不够，过多强调文化的"西来"而忽视"西去"等。本文将针对这些问题，通过对陶器（彩陶）、金属器、农作物、家畜等物质文化遗存的考古学分析，按照时间顺序，对早期东西文化交流的大致脉络进行梳理，基本不涉及文献记载、血缘人种和语言文字问题。

二 铜石并用时代的文化交流

最早阶段的东西文化交流，在新石器时代或许就已经出现，但证据并不充分。就彩陶来说，在中国和西亚都至少产生于公元前 6000 年

---

① Max Loehr, "Weapons and Tools from Anyang, and Siberian Analogies", *American Journal of Archaeology*, 1949, Vol. 53, No. 2, pp. 126－144.

② C. B. 吉谢列夫：《苏联境内青铜文化与中国商文化的关系》，《考古》1960 年第 2 期；[苏] C. B. 吉谢列夫：《南西伯利亚古代史》，王博译，新疆人民出版社 2014 年版。

③ 高去寻：《殷代的一面铜镜及其相关之问题》，《中研院史语所集刊》第二十九本下册，1958 年版，第 685—719 页。

④ 田广金：《桃红巴拉的匈奴墓》，《考古学报》1976 年第 1 期；田广金、郭素新：《鄂尔多斯式青铜器的渊源》，《考古学报》1988 年第 3 期。

⑤ 林沄：《关于青铜弓形器的若干问题》，《吉林大学社会科学论丛（二）》，1980 年版，第 43—45 页；乌恩：《中国北方青铜透雕带饰》，《考古学报》1983 年第 1 期。

以前，至公元前 4000 年左右表现出惊人的相似性，在中原及其周边的
庙底沟时代诸文化①，东欧地区的特里波列—库库泰尼（Tripolje-Cu-
cuteni）文化②，中亚南部的安诺—纳马兹加一期（Anau-Namzga I）文
化当中③，都开始流行圆点、勾叶、三角纹彩陶。这也是当年安特生
等将他们联系在一起的原因。但实际上东西方彩陶流行区之间相隔数
千公里，并没有发现它们彼此存在交流的直接证据。不过，如果考虑
到陕西临潼姜寨一期房基面上发现的公元前 4000 多年的黄铜性状的
铜片④，比西亚和欧洲人工冶炼铜器的出现晚上千年⑤，也就不能完
全排除东西方之间存在包括冶金术在内的文化交流的可能性。东西方
之间早期的文化交流，较明确应该从约公元前 3500 年的铜石并用时
代开始⑥。

---

① 王仁湘：《史前中国的艺术浪潮——庙底沟文化彩陶研究》，文物出版社 2011 年版；
韩建业：《庙底沟时代与"早期中国"》，《考古》2012 年第 3 期。

② Vladimir G. Zbennovič, *Siedlungen der frühen Tripol'e-Kultur zwischen Dnestr und Südlichem
Bug*, Verlag Marie Leidorf GmbH, Espelkamp, 1996; Cornelia-Magda Lazarovici, Gheorghe-Corneliu
Lazarovici, Senica Țurcanu, *Cucuteni: A Great Civilization of the Prehistoric World*, Palatul Culturii
Publishing House, Iaşi, 2009; Francesco Menottied, Aleksey G. Korvin-Piotrovskiy eds. , *The Tripolye Cul-
ture giant-settlements in Ukraine: Formation, development and decline*, Oxbow Books, Oxford, UK, 2012.

③ H. Schmidt, "Archaeological Excavations in Anau and old Merv", in *Explorations in Turke-
stan: Expedition of 1904* (Pumpelly, R. , ed.), Washington, DC. : Carnegie Institution of Wash-
ington, 1908; Philip L. Kohl, "The Namazga Civilization: An Overview", in *The Bronze Age Civiliza-
tion of Central Asia*, M. E. Sharpe Inc. , Armonk, New York, 1981, pp. vii – xl.

④ 半坡博物馆、陕西省考古研究所、临潼县博物馆：《姜寨——新石器时代遗址发掘报
告》，文物出版社 1988 年版，第 148 页。

⑤ 公元前 5500 年左右，冶炼金属铜的证据在塞尔维亚的贝鲁沃德（Belovode）和伊朗东
南部的塔里伊布里斯（Tal-i Iblis）遗址发现。Miljana Radivojević, Thilo Rehren, Ernst Pernicka,
et al. , *On the origins of extractive metallurgy: new evidence from Europe*, Journal of Archaeological Sci-
ence, 2010, 37 (11): 2775 – 2787; Lesley Frame, *Investigations at Tal-i Iblis: Evidence for copper
smelting during the Chalcolithic period*, Massachusetts Institute of Technology, 2004.

⑥ 中亚南部和欧亚草原的铜石并用时代大约分别在公元前 4200—前 3000 年、公元前
4000—前 2500 年，中国铜石并用时代大约在公元前 3500—前 2500 年。参见 A. H. Dani, V. M.
Masson eds. , *History of Civilizations of Central Asia*, Volume I: The Dawn of Civilization: Earliest
Times to 700 B. C. , UNESCO Publishing, Paris, 1992; Hermann Parzinger, *Die frühen Völker Eur-
asiens: Vom Neolithikum bis zum Mittelater*, Verlag C. H. Beck, München, 2006; 严文明《论中国
的铜石并用时代》，《史前研究》1984 年第 1 期。

（一）公元前 3500 年前后甘青地区和中亚南部的彩陶交流

曾在青海民和阳洼坡遗址发现过一件庙底沟时代末期阶段的彩陶盆，上饰斜线和锯齿组成的菱形纹①（图一，1），与中亚南部纳马兹加（Namazga）二期晚段和三期文化彩陶有较大相似性②（图一，5、6）。锯齿纹菱形图案在中国西北地区并无确切来源，而在中亚南部广泛盛行且传承有序，存在从中亚传播而来的可能性。

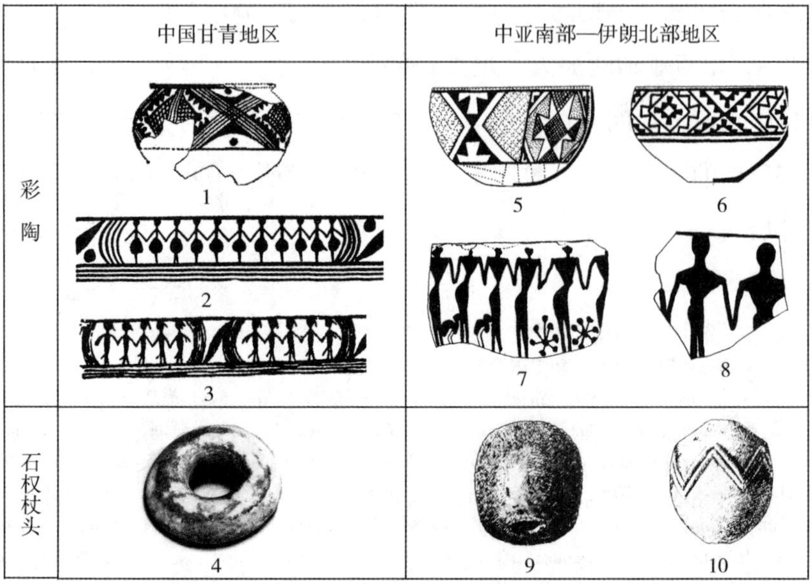

图一　铜石并用时代中国甘青地区和中亚南部—伊朗北部的彩陶与权杖头

1. 阳洼坡　2. 宗日（M157:1）　3. 上孙家寨（M384）　4. 大地湾（F405:11）　5. 阿尔丁特佩第 8 发掘区 1979 年探沟（Excavation 8，stratigraphic trench of 1979，Level XVI）　6. 阿尔丁特佩第 15 发掘区（Excavation 15，horizon 10）　7、8. 锡亚尔克三期（Silk III）　9、10. 锡亚尔克二期（Silk II）

---

① 青海省文物考古队：《青海民和阳洼坡遗址试掘简报》，《考古》1984 年第 1 期。

② L. B. Kircho，G. F. Korobkova，V. M. Masson，*The Technical and Technological Potential of the Eneolithic population of Altyn-Depe as the Basis of the Rise of an early Urban Civilization*，European House，St. -Petersburg，2008；V. M. Masson，*Altyn-Depe*，Translated by Henry N. Michael，The University Museum（University of Pennsylvania），1988，pp. 84 – 89.

比阳洼坡这件彩陶盆略晚的，是甘肃秦安大地湾四期的一件穿孔石器（图一，4），上面涂有红色颜料，被推测为权杖头[①]，而权杖头是早期西方文化的代表性器物，在伊朗北部的锡亚尔克（Sialk）二期就有球状石权杖头（图一，9、10）[②]，有向东影响的可能性。公元前3500年稍后，在甘肃武山傅家门、天水师赵村等属于马家窑文化石岭下类型的遗存中，发现多件羊和黄牛的骨骼[③]，说明当时甘肃中南部地区已经开始养牛牧羊，而且很可能是从西亚—中亚地区传入[④]。可见当时东西彩陶存在交流当非偶然。

（二）公元前3千纪前叶中国西北和中西亚地区的文化交流

在马家窑文化马家窑类型和宗日类型的几件陶盆上（图一，2、3）[⑤]，彩绘有舞蹈纹图案，类似图案在西亚和东南欧等地从约公元前9000年开始就较为常见[⑥]。与马家窑文化年代最近者，当属伊朗北部公元前4千纪中叶的锡亚尔克（Sialk）三期文化彩陶（图一，7、8）[⑦]。推

---

① 甘肃省文物考古研究所：《秦安大地湾——新石器时代遗址发掘报告》（彩版四三，1），文物出版社2006年版；李水城：《权杖源流考》，上海古籍出版社2019年版。

② R. Ghirshman, *Fouilles De Sialk Près De Kashan* 1933, 1934, 1937, Musée Du Louvre, Dept. Des Antiquités Orientales, Serie Archéologique IV. Paris, 1938；PL. LIII.

③ 中国社会科学院考古研究所甘青工作队：《甘肃武山傅家门史前文化遗址发掘简报》，《考古》1995年第4期；中国社会科学院考古研究所甘青工作队：《武山傅家门遗址的发掘与研究》，《考古学集刊》第16集，科学出版社2006年版，第380—454页；中国社会科学院考古研究所：《师赵村与西山坪》，中国大百科全书出版社1999年版，第53页。

④ 袁靖：《中国动物考古学》，文物出版社2015年版，第93—99页；吕鹏、袁靖、李志鹏：《再论中国家养黄牛的起源——商榷〈中国东北地区全新世早期管理黄牛的形态学和基因学证据〉一文》，《南方文物》2014年第3期；蔡大伟、孙洋、汤卓炜：《中国北方地区黄牛起源的分子考古学研究》，《第四纪研究》2014年第34卷第1期。

⑤ 青海省文物管理处考古队：《青海大通上孙家寨出土的舞蹈纹彩陶盆》，《文物》1978年第3期；青海省文物管理处、海南州民族博物馆：《青海同德县宗日遗址发掘简报》，《考古》1998年第5期；格桑本、陈洪海主编：《宗日遗址文物精粹论述选集》，四川科学技术出版社1999年版。

⑥ ［以色列］约瑟夫·加芬克尔：《试析近东和东南欧地区史前彩陶上的舞蹈纹饰》，《考古与文物》2004年第1期。

⑦ R. Ghirshman, *Fouilles De Sialk Près De Kashan* 1933, 1934, 1937, Musée Du Louvre, Dept. Des Antiquités Orientales, Serie Archéologique IV. Paris, 1938；PL. LXXV.

测马家窑文化舞蹈纹图案的出现有受到中西亚文化影响的可能性。与此同时，在黄河、长江流域开始出现土坯①，而土坯在西亚有近万年的历史，之间或许也存在关联。另外，甘肃东乡林家马家窑类型的青铜刀②，虽然是同类刀当中年代最早的一件③，但其青铜铸造技术不排除受到西方影响的可能性。

（三）公元前3千纪前叶克什米尔和甘青地区间的交流

克什米尔地区的布尔扎霍姆一期乙段（Burzahom Period IB，约为公元前2850—前2550年）遗存，和青藏高原东部的卡若文化有许多近似之处④，如都流行小口高领罐、壶类和平底盆、钵类陶器（图二，1、2，5、6），都流行形态近似的双孔或单孔石刀（爪镰或铚）（图二，3、4，7、8)⑤，以及磨制的长体石斧、锛、凿等；都居住在半地穴式房屋当中。在布尔扎霍姆遗址之西的卡西姆巴格（QasimBagh）遗址，还发现直接测年在公元前2000—前1500年的黍⑥。推测布尔扎霍姆一期乙段文化的出现，当与卡若文化人群沿着喜马拉雅山南缘的长距离西向迁徙有关。再进一步来说，卡若文化当为青海共和盆地和四川西北部⑦

---

① 西亚土坯为湿泥晒干而成，而中国黄河、长江流域仰韶文化、屈家岭文化等的土坯基本上为夯打模制，虽然制法不同，但并不能否认西方土坯制作技术东向影响的可能性。关于中国土坯的论述参见李晓扬《中国早期土坯建筑发展概述》，《草原文物》2016年第1期。

② 甘肃省文物工作队、临夏回族自治州文化局、东乡族自治县文化馆：《甘肃东乡林家遗址发掘报告》，《考古学集刊》第4集，中国社会科学出版社1984年版，第111—161页。

③ 陈国科：《甘肃早期单刃铜刀初步研究》，《南方文物》2017年第2期。

④ Mughal, M. R., Halim, M. A., "The Pottery", *Pakistan Archaeology*, 1972 (8), pp. 33 - 110; Dikshit, K. N., "The Neolithic Cultural Frontiers of Kashmir", *Man and Environment*, 1982 (6), p. 30; 霍巍：《喜马拉雅山南麓与澜沧江流域的新石器时代农业村落——兼论克什米尔布鲁扎霍姆遗址与我国西南地区新石器时代农业文化的联系》，《农业考古》1990年第2期。

⑤ 吕红亮分析认为，克什米尔地区这类穿孔石刀的出现不早于公元前2000年。见吕红亮《跨喜马拉雅视角下的西藏西部新石器时代》，《考古》2014年第12期。

⑥ Michael Spate, Guilin Zhang, Mumtaz Yatoo, Alison Betts, "New evidence for early 4th millennium BP agriculture in the Western Himalayas: QasimBagh, Kashmir", *Journal of Archaeological Science: Reports*, 2017, 11, pp. 568 -577.

⑦ 成都文物考古研究院等：《茂县营盘山新石器时代遗址》，文物出版社2018年版，第91、106页。

的马家窑文化人群南向拓展并与当地土著融合形成（图二，9—12）①，因此，也可以认为布尔扎霍姆一期乙段文化是马家窑文化间接流播影响的结果②。

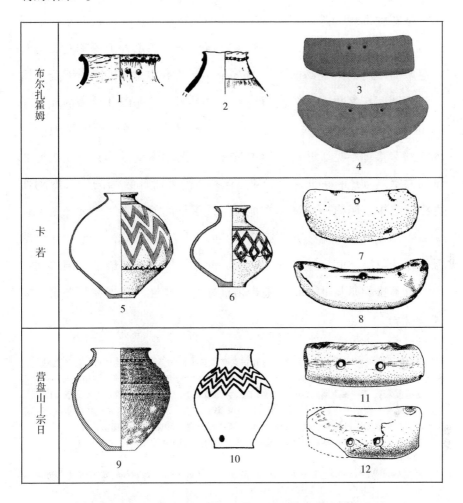

图二　铜石并用时代克什米尔和中国西部地区的陶石器

1—4. 布尔扎霍姆　5—8. 卡若（F9：126、F17：89、F8：69、F19：26）　9、11、12. 营盘山（T12⑤：36、H17：6、T11①：3）　10. 宗日（M43：2）

---

① 西藏自治区文物管理委员会、四川大学历史系：《昌都卡若》，文物出版社 1985 年版。
② 韩建业：《5000 年前的中西文化交流南道》，《社会科学战线》2012 年第 6 期。

（四）公元前 3000 年左右新疆西北部和欧亚草原的文化交流

在新疆北部的阿勒泰、塔城和伊犁地区，近年发现多处铜石并用时代墓葬①，人骨测年校正数据约在公元前 3000—前 2500 年之间，这也是新疆发现的除旧石器文化之外的最早文化遗存。这些墓葬的圆形石墓围、仰身屈肢葬，随葬的尖底蛋形罐、四足香炉等陶器，均与叶尼塞河中游的阿凡纳谢沃（Afanasevo）文化基本相同②，无疑当属于阿凡纳谢沃文化系统，其源头也应是黑海—里海以北草原的颜那亚（Yamnaya）文化或列宾（Repin）文化③。但新疆塔城、伊犁地区发现的洞室墓却不见于叶尼塞河中游和新疆阿勒泰地区，且早于黑海北岸的洞室墓（Catacomb）文化④，有的口沿外戳印纹饰的尖圜底陶器更接近于中亚里海—咸海以东地区年代更早的凯尔特米纳尔（Kelterminar）文化⑤。可见公元前 3000 年左右，新疆西北部已经和欧洲草原、中亚草原之间发生了文化交流。此外，甘肃东部最早的绵羊和黄牛，也不排除是从北方草原地带传播来的可能性。最近在阿勒泰北端

---

① 包括哈巴河阿依托汗一号墓地、和布克赛尔县松树沟墓地、额敏县霍吉尔特墓地、尼勒克呼伦恰克墓地（种羊场墓地）等处，见新疆文物考古研究所《哈巴河县阿依托汗一号墓群考古发掘报告》，《新疆文物》2017 年第 2 期；新疆文物考古研究所《和布克赛尔县 219 国道松树沟墓地考古发掘报告》，《新疆文物》2018 年第 1—2 期；刘汉兴、特尔巴依尔等《新疆伊犁州墩那高速尼勒克段考古收获及初步认识》，《西域研究》2018 年第 3 期。

② 李水城：《从新疆阿依托汗一号墓地的发现谈阿凡纳谢沃文化》，《新疆文物》2018 年第 1—2 期。

③ David W. Anthony, *The Horse, the Wheel and Language*, Princeton & Oxford：Princeton University Press, 2007, pp. 274 - 276, 307 - 311.

④ 洞室墓文化的主体年代在公元前 2700—前 2100 年之间。参见 Kaiser, E. , Studien zur Katakombengrabkultur zwischen Dnepr und Prut, *Archäologie in Eurasian* (14), Mainz, 2003, pp. 65 - 85；Chernykh, E. N. , "The 'Steppe Belt' of stockbreeding cultures in Eurasia during the Early Metal Age", in *Trabajos de Prehistoria*, 65, 2008, pp. 73 - 93.

⑤ 凯尔特米纳尔文化的年代约在公元前 5500—前 2500 年之间，以狩猎采集经济为主。参见 Coolidge, Jennifer, *Southern Turkmenistan in the Neolithic：A petrographic case study*, BAR International Series 1423, Archaeopress, Oxford, 2005；Szymchak K. , Khudzhanazarov M. , *Exploring the Neolithic of the Kyzyl-Kums：Ayakagytma "The Site" and the other collections*, Warsaw：Institute of Archaeology, Warsaw University, 2006.

的吉木乃通天洞遗址,发现直接测年可早到公元前 3000 年的碳化小麦、大麦①,或许也是通过这一途径从西方传播而来。

总之,铜石并用时代的东西文化交流,已经涉及草原、绿洲和高原三大通道,包含彩陶、羊牛、黍麦等多种因素,尤以中国甘青地区与中亚南部、克什米尔之间的"彩陶之路"最具代表性②。这时期的交流虽然只是零星出现,尚处于肇始阶段,并没有深入到中原腹地,但已经给东西方文化带来了一定影响,尤其驯化黄牛和羊的引入,使得中国西北地区在主体农业之外出现畜牧业,较大地提高了当地人群适应偏干旱环境的能力,可能是马家窑文化能够西—西南向大范围拓展影响的原因之一。

三 青铜时代的文化交流

欧亚草原中西部和中国的青铜时代,都大约开始于公元前 2500 年,结束于约公元前 1000 年③。青铜时代是早期东西文化交流的关键时期,其早、中、晚不同阶段,交流的方向、内容、程度都有较大不同。

(一)青铜时代早期

大约公元前 2500 年进入青铜时代早期,中亚南部文化因素继续向中国甘青地区渗透,同时或稍晚,中国北方和阿尔泰地区之间开始

---

① 新疆文物考古研究所、北京大学考古文博学院:《新疆吉木乃县通天洞遗址》,《考古》2018 年第 7 期。

② Han Jianye, " 'The Painted Pottery Road' and Early Sino-Western Cultural Exchanges", *ANABSASIS-Studia Classica et Orientalia* 3,2012,pp. 25 – 42;韩建业:《再论丝绸之路前的彩陶之路》,《文博学刊》2018 年第 1 期(创刊号)。

③ 学术界一般认为中国从二里头文化开始才进入青铜时代,但实际上从约公元前 2500 年开始,新疆的切木尔切克文化已明确属于青铜时代文化,同时或稍后甘青地区的马家窑文化马厂类型、齐家文化,黄河中游地区的老虎山文化、陶寺晚期文化、王湾三期文化,甚至黄河下游的龙山文化、长江中游的肖家屋脊文化,都有青铜器或青铜冶铸遗存发现。

频繁互动。

1. 中国甘青—新疆地区和中亚南部的文化交流

中亚南部的青铜时代早期文化，可能对中国甘青和新疆地区产生过一定影响，表现在锯齿纹彩陶、尖顶冠形符号、人物雕塑、土坯等方面。

锯齿纹是马家窑文化半山类型彩陶的标志性特征（图三，1、2)①，罕见于马家窑文化马家窑类型晚期②，却流行于土库曼斯坦南部的纳马兹加二至四期文化（Namazga II-IV)，该文化从大约公元前3500年的铜石并用时代开始就盛行锯齿纹，并延续至青铜时代早期的约公元前2500年之后（图三，3、4)③。因此，半山类型彩陶上的锯齿纹图案，很有可能就是主要受到纳马兹加二至四期文化通过绿洲通道远距离影响的结果④。

在青海同德宗日墓地一件宗日类型早期的小陶壶上（图三，5)⑤，发现多个尖顶冠形符号，绝对年代应该在公元前2500年左右。这种符号还发现于稍后的马家窑文化马厂类型、齐家文化中期，以及更晚的齐家文化晚期、四坝文化、哈密天山北路文化、辛店文化和察吾呼沟口文化早期。但追根溯源，尖顶冠形符号在中国前所未见，却常见于土库曼斯坦的纳马兹加五期类型或阿尔丁特佩

---

① 甘肃省博物馆等：《兰州花寨子"半山类型"墓葬》，《考古学报》1980年第2期；青海省文物考古研究所：《民和阳山》，文物出版社1990年版。

② 马家窑文化末期小坪子类型很少见典型的锯齿纹，即如民和边墙等遗址所出个别锯齿上下相错的所谓"对齿纹"，毋宁说只是黑彩带上的留白折线而已。参见李水城《半山与马厂彩陶研究》，北京大学出版社1998年版，第198页。

③ Philip L. Kohl, "The Namazga Civilization: An Overview", in *The Bronze Age Civilization of Central Asia*, M. E. Sharpe Inc., Armonk, New York, 1981, pp. vii – xl; O. Lecomte, H. -P. Francfort, etc., Recherches archéologiques récentes à Ulug Dépé (Turkménistan), *Paléorient*, 2002, Vol. 28, No. 2, pp. 123 – 131.

④ 韩建业：《马家窑文化半山期锯齿纹彩陶溯源》，《考古与文物》2018年第2期。

⑤ 青海省文物管理处、海南州民族博物馆：《青海同德县宗日遗址发掘简报》，《考古》1998年第5期。

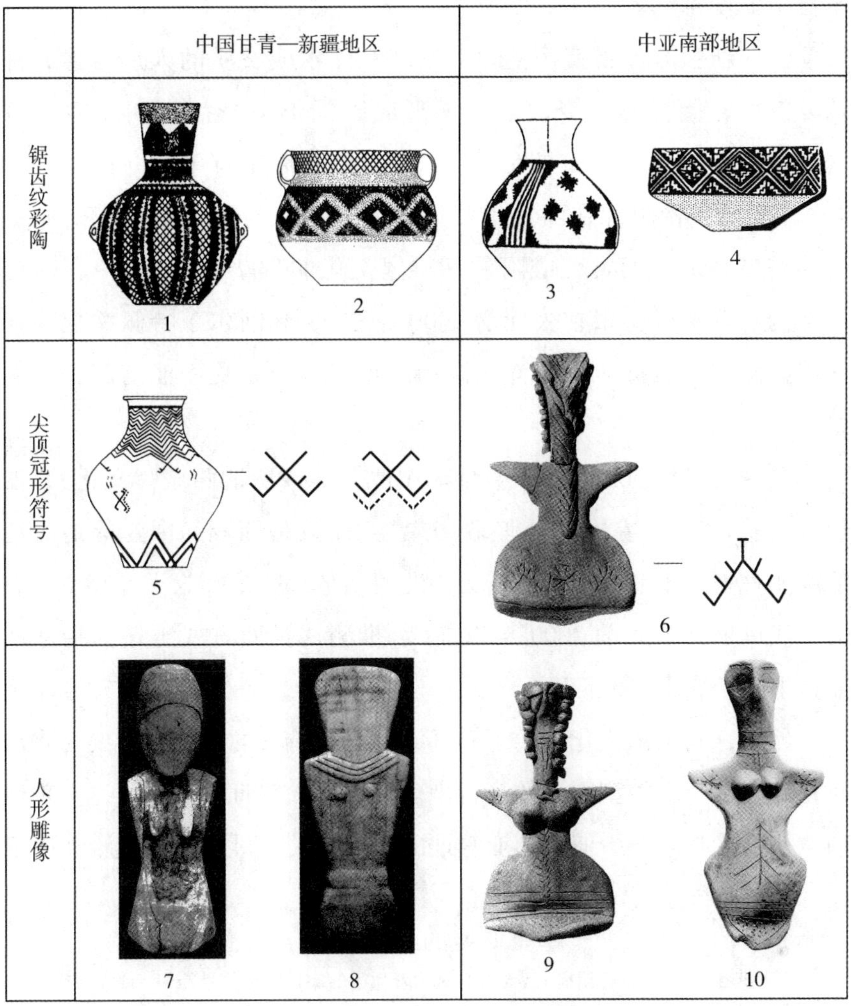

	中国甘青—新疆地区	中亚南部地区
锯齿纹彩陶	1　　　2	3　　　4
尖顶冠形符号	5	6
人形雕像	7　　　8	9　　　10

图三　青铜时代早期中国西北地区和中亚南部的彩陶、符号、雕像

1. 花寨子（0：28）　2. 阳山（M68：26）　3. 阿克特佩（Ak – Depe）　4. 阿尔丁特佩
（Excavation 1，stratigraphic trench of 1970，horizon 9）　5. 宗日（M222：3）　6. 阿尔丁特
佩（Excavation 9，corridor of burial chamber 9）　7、8. 古墓沟（M12：1、M18：2）　9、10.
阿尔丁特佩（Excavation 9，corridor of burial chamber 9；Excavation 5，2nd horizon）

文化当中，包括阿尔丁特佩（Altyn-Depe）五期（第一发掘区 1—3
层）（图三，6）、纳马兹加五期（Namazga V）等，其绝对年代约
在公元前 2600 年—前 1900 年。推测中国西部地区的尖顶冠形符号

源自中亚南部①。

曾在新疆若羌古墓沟墓地，发现 6 件木或石质的人形雕像，都是方折肩，倒梯形上身，多为梯形或近圆形下身而未明确雕出双腿，有的有明显双乳而具女性特征，有的头后垂有单辫（图三，7、8）②。虽然人像雕像在西方很常见，但与古墓沟人雕最相似的则是上述纳马兹加五期类型或阿尔丁特佩文化的陶塑（图三，9、10）。古墓沟墓葬年代上限在公元前 2000 左右③，和阿尔丁特佩文化晚期的年代相若，因此，古墓沟人像的出现很可能是受中亚南部影响的结果④。

在甘肃张掖西城驿马厂类型末期遗存（或所谓西城驿文化），发现公元前 2000 年左右的土坯墙房屋⑤，而且是西亚、中亚等地流行的湿泥晒干的土坯。新疆哈密天山北路墓地部分墓葬为土坯墓室，有的年代可早到公元前 2000 年以前⑥。推测这类西方式土坯当为从西亚、中亚经南疆传入河西。

另外，马家窑文化石岭下和马家窑类型阶段的装饰品主要为陶镯和骨笄，至半山类型则开始流行串珠装饰，在宗日墓地等处还发现玛瑙珠，可能与来自中亚、南亚等地的影响有关。最近在克里雅河中下

---

① 韩建业：《公元前 3 至前 1 千纪中国和中亚地区的尖顶冠形符号》，《西域研究》2015 年第 4 期。

② 王炳华：《古墓沟》，新疆人民出版社 2014 年版。

③ 古墓沟 M38 的毛毯、羊皮和棺木测年校正后数据分别为 BC1875—1530、BC2123—1640、BC1878—1677 年，M4 棺木校正数据 BC2032—1777 年，M23 棺木校正数据 BC2011—1782 年，还有一座墓葬的毛皮校正数据为 BC1896—1705 年。见中国社会科学院考古研究所编《中国考古学中碳十四年代数据集（1965—1991）》，文物出版社 1991 年版，第 303—304 页。

④ 韩建业：《新疆古墓沟墓地人形雕像源于中亚》，《三代考古（六）》，科学出版社 2015 年版，第 473—478 页。

⑤ 甘肃省文物考古研究所等：《甘肃张掖市西城驿遗址 2010 年发掘简报》，《考古》2015 年第 10 期。

⑥ Jianyi Tong, Jian Ma, Wenying Li, et al., "Chronology of The Tianshanbeilu Cemetery in Xinjiang, Northwestern China", *Radiocarbon* (IF 1.975) Pub Date：2020 - 10 - 12, DOI：10.1017/rdc.2020.96.

游发现的石璧①，属于齐家文化中期的典型器物，可证公元前 2000 年左右甘青地区和塔里木盆地确实存在交流通道。

2. 中国北方地区和阿尔泰地区的文化交流

约公元前 2500 年以后，内蒙古中南部、陕北、晋中北等地进入老虎山文化阶段，曾在神木石峁遗址发掘出土过个别浅浮雕的人面形象②，也采集到一些人面石雕③。无独有偶，同时期在广义阿尔泰地区的奥库涅夫（Okunev）文化、卡拉库尔（Karakol）文化、切木尔切克文化等当中，发现更为丰富的石雕人面形象，类似的心形或"水滴状"人面形象还广见于阿尔泰山、天山、贺兰山、阴山等地区岩画之上④，暗示这个时候中国北方地区和阿尔泰地区之间可能存在广泛的文化联系⑤。有人认为这类"水滴状"人面形象，源头在中国东北地区更早的兴隆洼—红山文化⑥。另外，神木石峁、木柱柱梁等老虎山文化遗存中，还发现大量绵羊、山羊、黄牛等家养动物的骨骼⑦，有来源于甘青地区和阿尔泰地区两种可能。

3. 小麦、黍的传播交流

被认为源自西亚的农作物小麦，在公元前 2500 年左右已经出现

---

① 赵梅：《科考队在克里雅河流域发现玉权杖和蜻蜓眼》，《新疆晨报》2018 年 12 月 15 日。

② 陕西省考古研究院等：《陕西神木县石峁遗址》，《考古》2013 年第 7 期；陕西省考古研究院等：《发现石峁古城》，文物出版社 2016 年版，第 122 页。

③ 罗宏才：《陕西神木石峁遗址石雕像群组的调查与研究》，《从中亚到长安》，上海大学出版社 2011 年版，第 3—50 页。

④ 韩建业：《略论新疆地区四千年前的萨满式人物形象——兼论康家石门子岩画的年代》，《西域研究》2018 年第 3 期。

⑤ 郭物：《从石峁遗址的石人看龙山时代中国北方同欧亚草原的交流》，《中国文物报》2013 年 8 月 2 日第 6 版。

⑥ 肖波、[俄] А. Л. 扎伊卡：《亚洲北部地区"水珠形"眼睛人面像岩画年代研究》，《北方文物》2017 年第 1 期。

⑦ 胡松梅等：《2012—2103 年度陕西神木石峁遗址出土动物遗存研究》，《考古与文物》2016 年第 4 期；杨苗苗等：《陕西省神木县木柱柱梁遗址羊骨研究》，《农业考古》2017 年第 3 期。

在黄河下游地区①，公元前 2000 年左右出现在河西走廊等地②。赵志军推测，山东的小麦可能是通过欧亚草原直接传播而来，而甘青地区小麦可能是通过绿洲通道传入③。无论具体传播路线如何，青铜时代早期小麦传入中国腹地应该是不争的事实。另一方面，也存在反方向影响。在哈萨克斯坦东部贝噶什（Begash）遗址④、土库曼斯坦南部阿吉库伊Ⅰ（AdjiKui Ⅰ）遗址⑤，发现有测年可早至公元前 2400 年的黍，公元前 2000 左右黍已经见于阿富汗的肖土盖（Shortughai）遗址⑥，其源头当在中国。

（二）青铜时代中期

大约公元前 2000—前 1500 年之间的青铜时代中期，欧亚草原中西部地区的塞伊玛·图尔宾诺（Seima-Turbino）—安德罗诺沃（Andronovo）文化系统强势崛起，对外产生了前所未有的强烈冲击，早期东方文化也深受影响。

1. 安德罗诺沃文化系统的东向扩展和影响

安德罗诺沃文化系统是由南乌拉尔地区的辛塔什塔（Синт-

---

① 靳桂云等：《山东胶州赵家庄遗址龙山文化炭化植物遗存研究》，《科技考古》（第三辑），科学出版社 2011 年版，第 36—53 页。

② 公元前 2100 年左右小麦已传入河西走廊西部的金塔县。参见 Dodson, J. R., Li, X., Zhou, X., Zhao, K., Sun, N., Atahan, P., "Origin and spread of wheat in China", *Quaternary Science Reviews*, 2013（72），pp. 108 – 111；董广辉等《农作物传播视角下的欧亚大陆史前东西方文化交流》，《中国科学：地球科学》2017 年第 47 卷第 5 期。

③ 赵志军：《小麦传入中国的研究——植物考古资料》，《南方文物》2015 年第 3 期。

④ 该遗址炭化黍直接测年结果为距今 4410—4103 年。参见 Spengler, R., Frachetti, M., Doumani, P., Rouse, L., Cerasetti, B., Bullion, E., Mar'yashev, A., "Early agriculture and crop transmission among Bronze Age mobile pastoralistsof Central Eurasia", Proc. R. Soc, Lond, B Biol. Sci, 2014, 281（1783）：20133382。

⑤ 该遗址碳化黍的直接测年数据为公元前 2272—前 1961 年。参见 Spengler, R. N., Nigris, I., Cerasetti, B., Carra, M., Rouse, L. M., "The breadth of dietary economy in Bronze Age Central Asia：case study from AdjiKui 1 in the Murghab region of Turkmenistan", *Journal of Archaeological Science：Reports*, 2018, 22, pp. 372 – 381.

⑥ Willcox, G., "Carbonized plant remains from Shortughai, Afghanistan", in *New light on early farming：recent developments in palaeoethnobotany*（ed. JM Renfrew），Edinburgh, UK：Edinburgh University Press, 1991, pp. 139 – 153.

aшта）文化发展而来的半农半牧文化，之后向外猛烈扩张，在欧亚草原中部地区形成了一系列大同小异的文化。安德罗诺沃文化系统对中国的影响，首先就是使得新疆西部一度成为其分布区，从西天山地区一直向西南延伸到帕米尔地区，以温泉阿敦乔鲁①、尼勒克汤巴勒萨伊②、塔什库尔干下坂地③三个遗址（墓地）的早期遗存为代表。新疆地区的安德罗诺沃文化系统遗存，和哈萨克斯坦中东部遗存类似而又自具特色。其次，安德罗诺沃文化系统的各种因素，影响到新疆大部、甘青和内蒙古等地。新疆焉耆盆地辛塔拉类遗存、尼雅北方类遗存当中的折线纹陶罐等，和安德罗诺沃文化陶器近似，他们还都共见类似的石镰；罗布泊至克里雅河流域古墓沟—小河文化草编篓上的梯格纹、三角纹等，和安德罗诺沃文化的陶器纹饰近似；哈密天山北路文化、河西走廊四坝文化的短剑、镰等铜器，属于安德罗诺沃文化因素④。甘青、内蒙古等地所见喇叭口耳环，也当来源于安德罗诺沃文化（图四，1—3）⑤。

---

① 中国社会科学院考古研究所等：《新疆温泉县阿敦乔鲁遗址与墓地》，《考古》2013 年第 7 期。

② 新疆文物考古研究所：《新疆伊犁尼勒克汤巴勒萨伊墓地发掘简报》，《文物》2012 年第 5 期。

③ 新疆文物考古研究所：《新疆下坂地墓地》，文物出版社 2012 年版。

④ Mei, J., and S. Colin, "The existence of Andronovo cultural influence in Xinjiang during the 2nd millennium BC", *Antiquity*, 1999, 73（281），pp. 570 –572；韩建业：《新疆的青铜时代和早期铁器时代文化》，文物出版社 2007 年版，第 98—105 页；郭物：《新疆史前晚期社会的考古学研究》，上海古籍出版社 2012 年版，第 269—276、324—329 页；杨建华、邵会秋、潘玲：《欧亚草原东部的金属之路——丝绸之路与匈奴联盟的孕育过程》，上海古籍出版社 2017 年版，第 93—110 页。

⑤ 如哈萨克斯坦七河流域的塔什—吐比 2 号墓地（Tash-Tyube II）、中国甘肃临潭磨沟墓地、内蒙古伊金霍洛旗朱开沟遗址所见，参见 Emma C. Bunker, "Cultural Diversity in the Tarim Basin Vicinity and its Impact on Ancient Chinese Culture", in Victor H. Mair ed., *The Bronze Age and Early Iron Age Peoples of Eastern Central Asia*, Washington：The Institute for the Study of Man, Vol. 2. 1998, pp. 604 –618；林沄《夏代的中国北方系青铜器》，《边疆考古研究》第 1 辑，科学出版社 2002 年版，第 1—12 页；E. E. Kuzmina, *The Origin of the Indo-Iranians*, edited by J. P. Mallory, Leiden Indo-European Etymological Dictionary Series, Leiden：Brill, 2007, p. 667；甘肃省文物考古研究所、西北大学文化遗产与考古学研究中心《甘肃临潭磨沟齐家文化墓地发掘简报》，《文物》2009 年第 10 期。

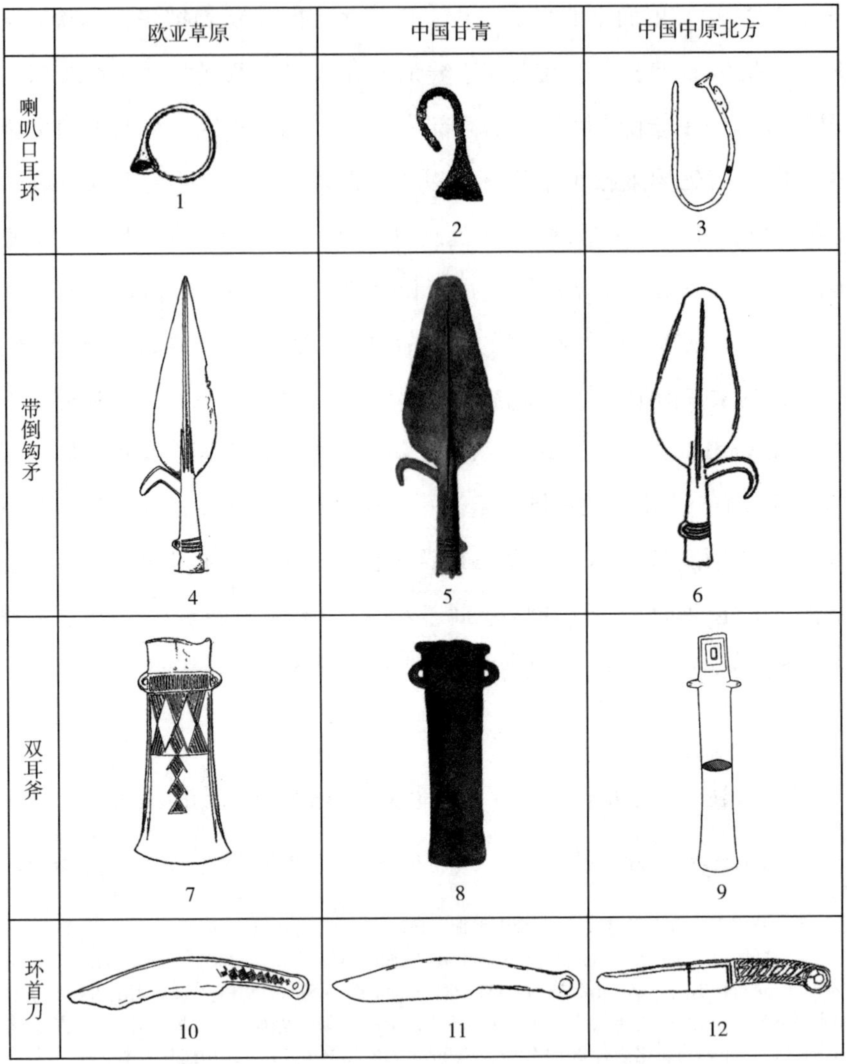

	欧亚草原	中国甘青	中国中原北方
喇叭口耳环	1	2	3
带倒钩矛	4	5	6
双耳斧	7	8	9
环首刀	10	11	12

图四　青铜时代中期中国和欧亚草原的青铜器

1. 塔什—吐比 2 号（Tash – Tyube II）　2. 磨沟（M101∶10）　3. 朱开沟（C∶189）
4. 罗斯托夫卡（No13）　5. 沈那　6. 下王岗　7. 塞伊玛（No114）　8. 沈那　9. 二里头
（K3∶1）　10. 罗斯托夫卡（No13）　11. 商罐地　12. 二里头（Ⅲ M2∶4）

2. 塞伊玛·图尔宾诺现象及其影响

在欧亚草原中西部，还有分布范围很大的所谓塞伊玛·图尔宾诺现象，可能起源于阿尔泰地区，随后在欧亚草原广泛扩展。一般认为其年代约在公元前 2200—前 1800 年①，但也有人认为其主体年代在公元前 1800—前 1400 年，和安德罗诺沃文化大体同时而靠北②。塞伊玛·图尔宾诺因素向中国的流播至少有以下几项表现：

（1）带倒钩铜矛：胡博、梅建军等早就指出，青海西宁沈那发现的带倒钩铜矛属于塞伊玛·图尔宾诺因素（图四，4、5）③，类似铜矛在河南淅川下王岗龙山时代末期一灰坑中发现 4 件（图四，6）④。（2）双耳空首铜斧：是塞伊玛·图尔宾诺遗存的典型因素（图四，7）⑤，发现于新疆、甘青地区的辛塔拉类遗存、哈密天山北路文化、四坝文化、齐家文化中晚期等当中（图四，8）⑥。在朱开沟晚期还发现有铸造此类器物的石范。林沄甚至注意到二里头三期的"戚"实际也属于此类青铜器的变体（图四，9）⑦。（3）环首弯背铜刀：塞伊玛·图尔宾诺遗存的典型因素（图四，10）⑧，不但发现于哈密天

① ［俄］E. H. 切尔内赫：《欧亚大陆草原带畜牧文化的形成过程》，《欧亚大陆北部的古代冶金：塞伊玛—图尔宾诺现象》附文一，王博、李明华译，中华书局 2010 年版，第 251—268 页。

② 杨建华、邵会秋、潘玲：《欧亚草原东部的金属之路——丝绸之路与匈奴联盟的孕育过程》，上海古籍出版社 2017 年版，第 83—85 页。

③ Louisa G. Fitzgerald-Huber, "Qijia and Erlitou: The Question of Contacts with Distant Cultures", *Early China*, 20, 1995, pp. 17–67; Mei Jianjun, "Qijia and Seima-Turbino: The question of early contacts between Northwest China and the Eurasian Steppe", *Bulletin of the Museum of Far Eastern Antiquities*, 2003, 75, pp. 31–54; ［俄］E. H. 切尔内赫、［俄］C. B. 库兹明内赫：《欧亚大陆北部的古代冶金：塞尔玛—图尔宾诺现象》，王博、李明华译，中华书局 2010 年版，第 45 页。

④ 刘煜等：《淅川下王岗遗址出土塞伊玛—图尔宾诺式倒钩铜矛的科学分析》，《淅川下王岗：2008—2010 年考古发掘报告》，科学出版社 2020 年版，第 589—602 页。

⑤ ［俄］E. H. 切尔内赫、［俄］C. B. 库兹明内赫：《欧亚大陆北部的古代冶金：塞尔玛—图尔宾诺现象》，王博、李明华译，中华书局 2010 年版，第 38 页。

⑥ 如沈那遗址所见。参见王辉《公元前 1000 年之前早期丝绸之路上的中国西北和欧亚草原及西方的文化交流》，《丝绸之路》，文物出版社 2014 年版，第 71—79 页；杨建华、邵会秋、潘玲《欧亚草原东部的金属之路——丝绸之路与匈奴联盟的孕育过程》，上海古籍出版社 2017 年版，第 127—130 页。

⑦ 林沄：《早期北方系青铜器的几个年代问题》，《内蒙古文物考古文集》（第 1 辑），中国大百科全书出版社 1994 年版，第 291—295 页。

⑧ ［俄］E. H. 切尔内赫、［俄］C. B. 库兹明内赫：《欧亚大陆北部的古代冶金：塞尔玛—图尔宾诺现象》，王博、李明华译，中华书局 2010 年版，第 81 页。

山北路文化、四坝文化、齐家文化中晚期（图四，11）①，还见于陕北和内蒙古中南部地区。神木石峁晚期的环首刀范，刀柄位置见有塞伊玛·图尔宾诺式的 X 形花纹，年代约在公元前 1800 年②，杰西卡·罗森认为其具体和阿尔泰地区艾鲁尼诺（Elunino）文化的青铜刀有关③。胡博还认为，武威皇娘娘台带三角形格纹的条形器类似塞伊玛的刀柄。林沄认为二里头三期的环首刀也属于此类青铜器（图四，12）④。（4）马和马车：约公元前 3000 年前哈萨克斯坦博泰（Botai）遗址的马，被认为是最早的家马⑤。至公元前 18—前 17 世纪，在新疆温泉阿敦乔鲁、尼勒克吉仁台沟口⑥、甘肃永靖大何庄⑦等遗址，已经明确出现家马遗存⑧，不排除已经传到中原等地的可能性。曾在二里头和偃师商城遗址发现有车辙印，轨距约 1.2 米⑨，辛塔什塔墓葬出土的最早的双轮马车，轨距 1.25—1.3 米⑩，二者彼此近似。在殷墟晚商时期车马坑等当中，有一种方形青铜马镳及其配套

---

① 如甘肃康乐商罐地遗址所见。参见李水城《西北与中原早期冶铜业的区域特征及交互作用》，《考古学报》2005 年第 3 期。

② 陕西省考古研究院等：《陕西神木县石峁城址皇城台地点》，《考古》2017 年第 7 期。

③ J. Rawson, "Shimao and Erlitou: new perspectives on the origins of the bronze industry in central China", *Antiquity*, 2017, 91 (355), pp. 1–5.

④ 林沄：《早期北方系青铜器的几个年代问题》，《内蒙古文物考古文集》（第 1 辑），中国大百科全书出版社 1994 年版，第 291—295 页。

⑤ David W. Anthony, *The Horse, the Wheel, and Language: How Bronze-Age Riders from the Eurasian Steppes Shaped the Modern World*, Princeton University Press, 2007, pp. 193–224, 274–276.

⑥ 王永强、袁晓、阮秋荣：《新疆尼勒克县吉仁台沟口遗址 2015—2018 年考古收获及初步认识》，《西域研究》2019 年第 1 期。

⑦ 中国科学院考古研究所甘肃工作队：《甘肃永靖大何庄遗址发掘报告》，《考古学报》1974 年第 2 期。

⑧ 袁靖：《中国古代家马的研究》，《中国史前考古学研究——祝贺石兴邦先生考古半世纪暨八秩华诞文集》，三秦出版社 2003 年版，第 436—443 页。

⑨ 中国社会科学院考古研究所：《中国考古学·夏商卷》，中国社会科学出版社 2003 年版，第 122—123 页；中国社会科学院考古研究所河南第二工作队：《河南偃师商城东北隅发掘简报》，《考古》1998 年第 6 期。

⑩ В. Ф. Генинг, Г. Б. Зданович, В. В. Генинг, *Синташта. Археологический памятник арийских племен Урало-Казахстанских степей*, Челябинск, 1992.

的钉齿器，与辛塔什塔文化等的骨角质的方形钉齿镳十分近似①，推测此类马镳可能早在公元前 2 千纪初就已经传入中国。因此，马车传入中原的年代，或许也在二里头时代，而非晚到殷墟时期②。

此外，在古墓沟—小河文化、四坝文化、齐家文化晚期等当中，还发现各种石、铜质的权杖头③；在四坝文化、夏家店下层文化等当中，有较多玛瑙珠饰④；在四坝文化、齐家文化晚期、辛店文化、卡约文化等当中，出现烧制石珠⑤，这些都显示与西方世界的联系。

但中国并非只是被动地接受影响。不但粟作农业继续向西传播，可能已经到达地中海北部甚至欧洲中南部地区⑥，而且此时中国开始形成有自身特色的青铜文化。比如，背面有钮并装饰填斜线三角纹的铜镜，尽管可能受到过西方铜镜的启迪⑦，但基本是甘青地区的原创⑧，稍后并向东影响到殷墟文化铜镜的出现，向西传播到新疆中东部地区。更重要的是公元前 2000 年左右，在中原地区的陶寺、王城岗、新砦等遗址出现铜铃、铜容器残片等，显示独具特色的泥质复合范铸造技术已经出现，约公元前 18 世纪进入二里头文化后，更是有了鼎、爵、斝等青铜礼器的铸造。

---

① 王鹏：《周原遗址青铜轮牙马车与东西文化交流》，《考古》2019 年第 2 期。

② MA. Littauer, J. Crouwel, "The Origin and Diffusion of the Cross-bar Wheel", *Antiquity*, 1977, 51 (202), pp. 95 – 105；王巍：《商代马车渊源蠡测》，《中国商文化国际学术讨论会论文集》，中国大百科全书出版社 1998 年版，第 380—388 页；王海城：《中国马车的起源》，《欧亚学刊》第三辑，中华书局 2004 年版，第 1—75 页。

③ Li Shuicheng, "The Mace-head: A Significant Evidence of the Early Cultural Interaction between West and East", *Social Evolution and History*, 2018, 17 (2), pp. 258 – 272.

④ 叶舒宪：《草原玉石之路与红玛瑙珠的传播中国（公元前 2000 年—前 1000 年）——兼评杰西卡·罗森的文化传播观》，《内蒙古社会科学（汉文版）》2018 年第 39 卷第 4 期。

⑤ 艾婉乔：《古埃及和印度河文明串珠研究的启示》，《南方文物》2015 年第 4 期。

⑥ Tingting Wang, Dong Wei, Xien Chang, etc., "Tianshanbeilu and the Isotopic Millet Road: reviewing the late Neolithic/Bronze Age radiation of human millet consumption from north China to Europe", *National Science Review* 00: 1 – 16, 2017, doi: 10.1093/nsr/nwx015.

⑦ 刘学堂：《新疆地区早期铜镜及相关问题》，《新疆文物》1993 年第 1 期。

⑧ 宋新潮：《中国早期铜镜及其相关问题》，《考古学报》1997 年第 2 期。

总之，正是在青铜时代中期中国和欧亚草原地区彼此交流，尤其是塞伊玛·图尔宾诺—安德罗诺沃文化系统对中国产生影响的背景下，中国在公元前 2000 年以后，大部地区出现青铜技术的快速普及和制陶技术盛极而衰、社会的急剧复杂化和二里头王国文明的出现、畜牧经济的迅猛发展和文化格局的重大调整等显著的变革现象，一定程度上可称之为"青铜时代革命"[1]，张弛甚至认为龙山时代和二里头时代的区别大到判若"两个世界"[2]。

（三）青铜时代晚期

从大约公元前 1500 年进入青铜时代晚期，形势逆转，阴山、阿尔泰山、东天山地区文化开始向西强烈影响，当然反方向的影响仍然存在。

1. 中国北方青铜器对米努辛斯克盆地的影响

早在 20 世纪前期，学者们就认识到鄂尔多斯地区和米努辛斯克盆地青铜器之间的诸多相似性，并对其相互关系展开争论。20 世纪 70 年代伊金霍洛旗朱开沟遗址的发掘，为解决这个问题提供了关键证据[3]，发掘者田广金等提出鄂尔多斯式青铜器起源于当地[4]。朱开沟遗址所出环首阑式凹格剑能早到大约公元前 14 世纪（图五，1）[5]，当为蒙古高原乃至于米努辛斯克盆地卡拉苏克（Karasuk）文化环首、

---

[1]　Louisa G. Fitzgerald-Huber，"Qijia and Erlitou：The Question of Contacts with Distant Cultures"，*Early China*，20，1995，pp. 17 –67；王巍：《公元前 2000 年前后我国大范围文化变化原因探讨》，《考古》2004 年第 1 期；李水城：《西北与中原早期冶铜业的区域特征及交互作用》，《考古学报》2005 年第 3 期；韩建业：《论二里头青铜文明的兴起》，《中国历史文物》2009 年第 1 期；韩建业：《略论中国的"青铜时代革命"》，《西域研究》2012 年第 3 期。

[2]　张弛：《龙山—二里头——中国史前文化格局的改变与青铜时代全球化的形成》，《文物》2017 年第 6 期。

[3]　内蒙古文物考古研究所：《内蒙古朱开沟遗址》，《考古学报》1988 年第 3 期；内蒙古自治区文物考古研究所、鄂尔多斯博物馆：《朱开沟——青铜时代早期遗址发掘报告》，文物出版社 2000 年版。

[4]　田广金、郭素新：《鄂尔多斯式青铜器的渊源》，《考古学报》1988 年第 3 期。

[5]　宫本一夫：《中国古代北疆史的考古学的研究》，中国书店 2000 年版；乌恩岳斯图：《北方草原考古学文化比较研究——青铜时代至早期匈奴时期》，科学出版社 2008 年版，第 17—19 页。

兽首阑式剑的源头（图五，2）①；而青龙抄道沟所出兽首阑式剑能够早到晚商早期（图五，3）②，后传播到蒙古高原和米努辛斯克盆地（图五，4）。米努辛斯克盆地发现的陶三足瓮同样源于河套地区。另外，林沄提出晚商阶段的弓形器也是鄂尔多斯地区早于米努辛斯克盆地③。不过，虽然阑式剑发源于鄂尔多斯地区，但同出的环首刀却和塞伊玛·图尔宾诺铜刀有近似之处，应该受到过后者影响，凹格剑的产生也应受到过西方剑的启发，可见，确如吉谢列夫所言，应该"最初是由西向东，继而又是由东向西"④。

2. 陶圜底罐从阿尔泰地区向周边的影响

公元前 2 千纪中后叶，在亚洲中部地区普遍出现圜底或尖圜底陶罐，显示存在广泛的文化联系。由于在公元前 2 千纪前叶亚洲中部大多数地方已经被包含平底陶罐的文化所占据，而仅在阿尔泰南部的切木尔切克文化和贝加尔湖以西的希维拉（Šivera）文化等当中还延续着圜底罐传统，因此有理由推测，这次圜底罐的流行，应当是切木尔切克文化、希维拉文化等圜底罐传统扩展影响的结果：向西北影响到叶尼塞河中游地区、咸海—鄂毕河流域的卡拉苏克（Karasuk）文化、伊尔曼（Irmen）文化、贝嘎泽—丹杜拜（Begazy-Dandybai）文化等，向西南影响到新疆中南部、吉尔吉斯斯坦、乌兹别克斯坦东部、塔吉克斯

---

① E. N. Chernykh, *Ancient Metallurgy in the USSR*: *The Early Metal Age*, Transl. by Sarah Wright, Cambridge University Press, 1992, p. 267；杨建华：《商周时期中国北方冶金区的形成——商周时期北方青铜器的比较研究》，《边疆考古研究（第 6 辑）》，科学出版社 2007 年版，第 165—197 页；杨建华、邵会秋、潘玲：《欧亚草原东部的金属之路——丝绸之路与匈奴联盟的孕育过程》，上海古籍出版社 2016 年版，第 209—215 页。

② 河北省文化局文物工作队：《河北青龙县抄道沟发现一批青铜器》，《考古》1962 年第 12 期。

③ 林沄：《关于青铜弓形器的若干问题》，《吉林大学社会科学论丛（二）》，1980 年版，第 43—45 页；林沄：《商文化青铜器与北方地区青铜器关系之再研究》，《考古学文化论集》（一），文物出版社 1987 年版，第 129—155 页。

④ ［苏］C. B. 吉谢列夫：《苏联境内青铜文化与中国商文化的关系》，《考古》1960 年第 2 期。

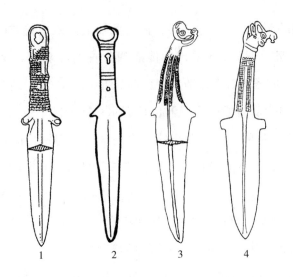

图五　青铜时代晚期中国北方地区和米努辛斯克盆地的铜阑式剑

　　1. 朱开沟（M1040∶2）　2. 科瑞瓦亚（Krivaya）　3. 抄道沟　4. 南戈壁省伯
彦塔拉乡

　　坦南部的四道沟文化、新塔拉类遗存—察吾呼沟口文化早期、流水文化、楚斯特（Chust）文化早期、贝希肯特—瓦克什（Бешкент- Вахш）文化晚期等，向东南影响到中国甘青宁地区的齐家文化晚期等①。

　　3. 新疆彩陶文化对中亚南部的影响

　　新疆地区最早的彩陶出现于东部的哈密天山北路文化，绝对年代可早到公元前 2000 年左右（图六，1—5）②，当为马家窑文化马厂类型沿河西走廊西渐的结果。大约公元前 1500 年以后，哈密彩陶开始向西影响，先是到达中天山以北的吐鲁番—乌鲁木齐地区和中天山以南的焉耆盆地，出现于四道沟文化（图六，6—10）③、新塔拉类遗存

---

　　① 韩建业：《公元前 2 千纪中后叶亚洲中部地区的圜底陶罐》，《考古》2017 年第 9 期。

　　② 吕恩国、常喜恩、王炳华：《新疆青铜时代考古文化浅论》，《苏秉琦与当代中国考古学》，科学出版社 2001 年版，第 179—184 页。

　　③ 新疆维吾尔自治区文管会：《新疆木垒县四道沟遗址》，《考古》1982 年第 2 期；新疆维吾尔自治区博物馆考古队：《新疆奇台县半截沟新石器时代遗址》，《考古》1981 年第 6 期；新疆文物考古研究所：《新疆萨恩萨伊墓地》，文物出版社 2013 年版。

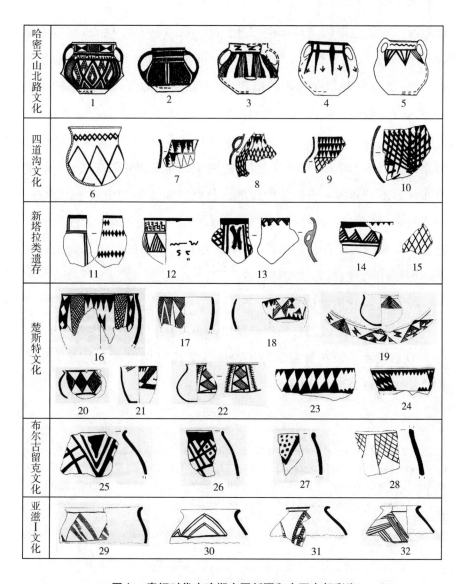

图六　青铜时代中晚期中国新疆和中亚南部彩陶

1—5. 哈密天山北路　6. 萨恩萨伊（M85（A）:1）　7—10. 半截沟　11—15. 新塔拉
16、17、19、21、22. 楚斯特（Chust）　18、20. 达尔弗津（Dalverzin）　23、24. 奥什
（Osh）　25—28. 布尔古留克（Burguljuk）　29—32. 亚兹Ⅰ（Yaz Ⅰ）

等当中（图六，11—15）①，然后再远距离传播到费尔干纳盆地及附

———

①　新疆考古所：《新疆和硕新塔拉遗址发掘简报》，《考古》1988 年第 5 期。

近地区，有了楚斯特（*Chust*）文化（图六，16—24）①、布尔古留克（Burguljuk）文化（图六，25—28）②、亚兹一期（Yaz I）文化（图六，29—32）③ 等当中彩陶的出现④。中亚南部地区，自青铜时代中期进入较为繁荣的绿洲城市文明阶段，曾盛行一时的彩陶基本消失。青铜时代中期之末，在这一地区出现来自北方草原的安德罗诺沃文化因素，而费尔干纳至塔什干一带，则更是成为安德罗诺沃文化系统的分布区，不见彩陶。所以，中亚地区楚斯特文化等当中彩陶的出现，自当与来自中国新疆地区的影响有关⑤。此前早有不少学者注意到新疆和中亚彩陶文化存在相似性⑥，有人更指出不排除中亚彩陶来自新疆的可能性⑦，但都未有明确结论。

4. 西方文化因素的东渐

青铜时代晚期，仍有各种典型的西方文化因素东向传播到中国。（1）铁器技术：曾在甘肃临潭磨沟寺洼文化早期发现多件人工块炼铁，年代约在公元前 1450 年⑧，源头当在西亚地区。（2）胡须纹：

---

① Hermann Parzinger, *Die frühen Völker Eurasiens*：*Vom Neolithikum bis zum Mittelater*, Verlag C. H. Beck, München, 2006：509 – 513；Johanna Lhuillier, Les cultures à céramique modeléepeinte en Asiecentral eméridionale, Dynamiques socio-culturelles à l'age du Ferancien（1500—1000 av. n. è.）, De Boccard, 2013：Planche 101；Zadneprovskij, J. A. , *The Osh settlement*：*on the history of Ferghana in the late Bronze Age*, Bishkek：State direction Osh-3000, 2000.

② Hermann Parzinger, *Die frühen Völker Eurasiens*：*Vom Neolithikum bis zum Mittelater*, Verlag C. H. Beck, München, 2006：506 – 509.

③ Массон В. М. Древнеземледельческая культура Маргианы. М. -Л. , 1959.

④ 韩建业：《再论丝绸之路前的彩陶之路》，《文博学刊》2018 年第 1 期（创刊号）。

⑤ 韩建业：《新疆的青铜时代和早期铁器时代文化》，文物出版社 2007 年版。

⑥ Zadneprovskij, J. A. , *The Osh settlement*：*on the history of Ferghana in the late Bronze Age*, Bishkek：State direction Osh-3000, 2000, p. 88.

⑦ ［法］亨利·保罗·法兰克福：《中亚地区铁器时代考古学文化》，［法］戴蔻琳口译，王炳华记录整理：《草原丝绸之路与中亚文明》，新疆美术摄影出版社 1994 年版，第 90—93 页；［苏］卢立·A. 札德纳普罗伍斯基：《费尔干纳的彩陶文化》，刘文锁译，《新疆文物》1998 年第 1 期。

⑧ 陈建立等：《甘肃临潭磨沟寺洼文化墓葬出土铁器与中国冶铁技术起源》，《文物》2012 年第 8 期。

据切尔内赫、库兹米娜等研究，有一种陶器上的"隆带纹"或者"胡须纹"装饰，西起巴尔干西北—多瑙河下游，东至阿尔泰地区，南达伊朗东北（图七，1、2）①，而在甘肃卓尼大族坪寺洼文化早期陶罐上，就有这种典型的"胡须纹"（图七，3）②，显然应当来自西方。（3）铜半月形管銎斧：曾在青海、陕西等地发现一种晚商时期的半月形管銎斧（图七，6、7）③，类似器物更早见于西亚、埃及等地（图七，4、5）④。（4）铜带疣管銎斧：在中国新疆（图七，10）⑤、晋陕高原、燕山南北（图七，11）⑥ 甚至中原殷墟发现的一种带疣管銎斧，其来源应该在伊拉克、伊朗、黑海沿岸地区（图七，8、9）⑦。（5）石锤斧：在新疆（图七，14）⑧、甘青、陕西（图七，15）⑨、河

① 如俄罗斯伊万诺夫卡（Ivanovka）、伊朗吉彦（Giyan）遗址所见。参见 E. N. Chernykh, *Ancient Metallurgy in the USSR：The Early Metal Age*, Transl. by Sarah Wright, Cambridge University Press, 1992, p. 236；E. E. Kuzmina, *The Origin of the Indo-Iranians*, edited by J. P. Mallory, Leiden Indo-European Etymological Dictionary Series, Leiden：Brill, 2007, p. 664。

② 甘南藏族自治州文化局：《甘肃卓尼县纳浪乡考古调查简报》，《考古》1994 年第 7 期。

③ 如青海湟中潘家梁和陕西淳化黑豆嘴墓地所见。乌恩岳斯图：《北方草原考古学文化比较研究——青铜时代至早期匈奴时期》，科学出版社 2008 年版，第 48 页；青海省文物考古研究所：《青海湟中下西河潘家梁卡约文化墓地》，《考古学集刊》第 8 集，科学出版社 1994 年版，第 28—86 页。

④ Ковалёв А. А., Древнейшая миграция из Загроса в Китай и проблема прародины тохаров//Археолог：детектив и мыслитель. СПб. 2004. С. 249 – 292；张文立、林沄：《黑豆嘴类型青铜器中的西来因素》，《考古》2004 年第 5 期。

⑤ 新疆文物考古研究所、吐鲁番地区文物局：《鄯善县洋海一号墓地发掘简报》，《新疆文物》2004 年第 1 期。

⑥ 河北省文化局文物工作队：《河北青龙县抄道沟发现一批青铜器》，《考古》1962 年第 12 期。

⑦ 林沄：《中国北方长城地带游牧文化带的形成过程》，《燕京学报（新 14 期）》，北京大学出版社 2003 年版，第 95—146 页；杨建华：《商周时期中国北方冶金区的形成——商周时期北方青铜器的比较研究》，《边疆考古研究（第 6 辑）》，科学出版社 2007 年版，第 165—197 页；乌恩岳斯图：《北方草原考古学文化比较研究——青铜时代至早期匈奴时期》，科学出版社 2008 年版，第 41—45 页。

⑧ 如哈密邵家鄂博遗址所见。西北大学考古专业、哈密地区文管会：《新疆巴里坤岳公台——黑西沟遗址群调查》，《考古与文物》2005 年第 2 期。

⑨ 中国社会科学院考古研究所：《南邠州·碾子坡》，世界图书出版公司 2007 年版，第 118 页。

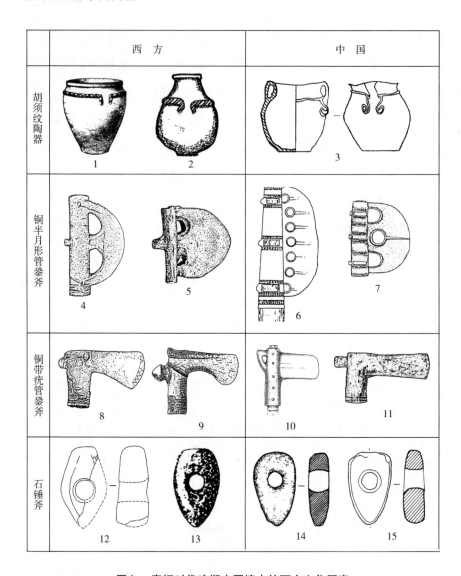

图七　青铜时代晚期中国境内的西方文化因素

1. 伊万诺夫卡（Ivanovka）　2. 吉彦（Giyan）　3. 大族坪（D 征:32）　4. 叙利亚　5、8、
9、13. 伊朗　6. 潘家梁（M117:41）　7. 黑豆嘴 M2　10. 洋海一号墓地（IM33:1）
11. 抄道沟　12. 希罗马索沃 I（Широмасово I）　14. 邵家鄂博　15. 碾子坡（T157④:10）

南等地曾发现晚商阶段的石锤斧①，类似器物更早流行于欧亚草原和

① 韩金秋：《夏家店上层文化石锤斧的初步研究》，《草原文物》2015 年第 1 期。

伊朗等地区（图七，12、13）①。由于半月形管銎钺不见于欧亚草原，只能通过中亚南部—南疆传入青海等地，冶铁技术也应该是从新疆天山地区东传②，因此，这次西方对中国西北地区的影响，主要应该是通过中道"绿洲之路"。

青铜时代晚期，无论是鄂尔多斯式青铜器向米努辛斯克盆地的传播，新疆中东部陶圜底罐向叶尼塞河中游地区、咸海—鄂毕河流域的影响，还是东疆彩陶向中亚南部的渗透，基本都属于"东风西渐"，和青铜时代中期的"西风东渐"为主有了根本性转变。当然，偏南的绿洲之路也还存在反方向的影响，但其程度较弱。

总体来看，青铜时代的东西文化交流重点在欧亚草原的"金属之路"，但偏南绿洲的"彩陶之路"依然存在。从青铜时代早期源于西方的彩陶、符号、雕塑、铜器、小麦等文化因素的传播，经中期欧亚草原青铜文化的强势东向拓展和影响，到晚期东方文化反过来西向影响，交流的深度和广度空前增加，东向的影响已经及于中原和内蒙古东部，终于将亚欧大陆东西部联系整合成一个超大的欧亚文化圈③。其中中国及周边蒙古高原不但形成新的"中国北方冶金区"④，而且

---

① 如俄罗斯奔萨州的希罗马索沃 I 遗址所见。А. И. Королев，В. В. Ставицкий，*Примо-кшанье в эпоху раннего металла*，Пенза，2006：184.

② 韩建业：《新疆地区的早期铁器和早期铁器时代》，《社会科学战线》2018 年第 7 期。

③ 前人提出的青铜时代"欧亚"或"世界体系"等概念，其实质不过是早期西方文化通过欧亚草原的东向拓展，基本忽略了东方文化圈的西向作用。参见 Andrew Sherratt，"What would a Bronze-Age World System Look Like? Relations between Temperate Europe and the Mediterranean in Later Prehistory"，*Journal of European Archaeology*，Volume 1，Issue 2，1993，pp. 1 – 58；David A. Warburton，"What might the Bronze Age World-System Look Like?" in *Interweaving Worlds：Systemic Interactions in Eurasia，7th to 1st Millennia BC*，Oxford：Oxbow，2011，pp. 120 – 134；P. L. Kohl，*The making of Bronze Age Eurasia*，Cambridge World Archaeology，Cambridge：Cambridge University Press，2007；易华：《青铜时代世界体系中的中国》，《全球史评论（第五辑）》，中国社会科学出版社 2012 年版，第 68—96 页。

④ E. N. Chernykh，*Ancient Metallurgy in the USSR：The Early Metal Age*，Transl. by Sarah Wright，Cambridge University Press，1992；杨建华：《商周时期中国北方冶金区的形成——商周时期北方青铜器的比较研究》，《边疆考古研究（第 6 辑）》，科学出版社 2007 年版，第 165—197 页。

逐步形成北方地区半农半牧或畜牧文化带，开启了与以南农业文化人群南北对峙的局面。

四 早期铁器时代的文化交流

中亚和中国的早期铁器时代，都开始于约公元前 1000 年以后，但中亚南部结束于公元前 6 世纪阿契美尼德帝国的建立，中国和中亚北部结束于公元前 3 世纪秦汉帝国和匈奴汗国的建立。可以公元前 500 年左右为界，将早期铁器时代分为前后两期。

（一）早期铁器时代前期

早期铁器时代前期，中国北方地区和欧亚草原中部文化联系十分密切。

1. 燕山南北和欧亚草原的文化交流

自公元前 10 世纪以后进入早期铁器时代，在欧亚草原形成了一系列彼此之间颇多相似之处的畜牧色彩浓厚的文化，都开始流行短剑、马衔、马镳等器物，显示存在密切交流。尤以中国燕山南北地区的夏家店上层文化和蒙古高原、南西伯利亚地区文化间的交流最为密切，总体以自东向西的影响更为明显。乌恩认为，夏家店上层文化最早具备了发达的马具、武器、野兽纹等所谓"斯基泰三要素"，西向影响到蒙古高原石板墓文化、图瓦地区乌尤克文化、阿尔泰地区巴泽雷克文化[1]。比如，阿尔然（Аржан）大墓以及整个欧亚草原所出蜷曲猛兽牌饰，可能就是受到夏家店下层文化影响的结果[2]，最终源头

---

① 乌恩：《论夏家店上层文化在欧亚大陆草原古代文化中的重要地位》，《边疆考古研究（第 1 辑）》，科学出版社 2002 年版，第 139—155 页；内蒙古自治区文物考古研究所、宁城县辽中京博物馆：《小黑石沟》，科学出版社 2009 年版。

② 乌恩：《略论怪异动物纹样及相关问题》，《故宫博物院院刊》1994 年第 3 期。

或在红山文化的玉猪形龙[1]，郭物还特别将此类"龙"形象称之为"翻唇神兽"，认为存在自东向西的影响[2]。还有卡拉苏克文化晚期和北京昌平白浮西周中期墓地都出类似的蘑菇首短剑，有可能是从中国北方向西传播[3]。管銎啄戈也可能是从中国北方影响到南西伯利亚地区[4]。另外，勺形铜马镳最早发现于公元前 10 世纪初的晋陕高原[5]，也至少在公元前 8 世纪就见于欧亚草原西部的黑海北岸，二者之间当有联系；环形铜马衔最早见于高加索地区和黑海北岸，后见于欧亚草原中东部地区，包括夏家店上层文化等，可能存在自西向东的传播过程[6]。

2. 西周时期西方人形象在陕甘地区的发现

曾在陕西扶风召陈遗址，发现两件西周晚期的蚌雕人首簪帽，清晰刻划了西方人深目、高鼻的形貌特征，尹盛平和水涛认为不管其是否为周人制作，雕像的种族原型当为中亚塞种[7]。考虑到近年在新疆

---

① E. S. Bogdanov, "The Origin of the Image of a Predator Coiled up in a Ball in the 'Eastern Province' of the Scythian Realm", *Archaeology*, *Ethnology & Anthropology of Eurasia*, 2004, 4 (20), pp. 50 – 55.

② 郭物：《翻唇神兽：东方的"格里芬"》，《欧亚学刊（第九辑）》，中华书局 2009 年版，第 215—238 页；Michail Petrovič Grjaznov, *Der Großkurgan von Aržan in Tuva*, Südsibirien. München：Verlag C. H. Beck, 1984；Konsgtantin, V. Čugunov, Hermann Parzinger, und Anatoli Nagler, *Der Skythenzeitliche Fürstenkurgan Aržan2 in Tuva*, Archäologie in Eurasien Band 26, Steppenvölker Eurasiens Band 3, Verlag Philipp Von Zabern · Mainz, 2010.

③ 乌恩指出在殷墟车马坑出有最早的蘑菇首短剑。参见乌恩岳斯图《北方草原考古学文化比较研究——青铜时代至早期匈奴时期》，科学出版社 2008 年版，第 60—62 页。

④ 杨建华、邵会秋、潘玲：《欧亚草原东部的金属之路——丝绸之路与匈奴联盟的孕育过程》，上海古籍出版社 2017 年版，第 413 页。

⑤ 杨建华等认为晋陕高原的一种青铜"勺形器"，视为勺形马镳。见杨建华、Linduff, K.《试论"勺形器"的用途——兼论晋陕高原商周时期青铜器的武装化与移动化》，《公元前 2 千纪的晋陕高原与燕山南北》，科学出版社 2008 年版，第 85—92 页。

⑥ 乌恩岳斯图：《北方草原考古学文化比较研究——青铜时代至早期匈奴时期》，科学出版社 2008 年版，第 82—85 页。

⑦ 尹盛平：《西周蚌雕人头像种族探索》，《文物》1986 年第 1 期；水涛：《从周原出土蚌雕人头像看塞人东进诸问题》，《远望集——陕西省考古研究所华诞四十周年纪念文集（上）》，陕西人民美术出版社 1998 年版，第 373—377 页。

小河墓地发现的高鼻深目的木人头像，可推测南疆地区至少是周原蚌雕人首形象的中转地区之一。另如甘肃灵台白草坡西周墓出土的铜勾戟人头像，林梅村认为很类似西亚北部地区米底人形象[①]，王辉认为是西来的"胡人"形象[②]。可见，从西周时期开始，中国腹地可能有了个别西方人进入，或者与西方人开始有直接接触。

3. 西周时期高钠釉砂等对中国腹地的影响

据研究，西周至春秋时期中国腹地发现的高钠釉砂或费昂斯（Faience），其出现可能受到埃及的辐射影响[③]，而新疆阿敦乔鲁、萨恩萨伊、天山北路、亚尔等墓地富钠费昂斯的发现，表明当是由中国新疆传入中国腹地[④]。有一种乳钉纹费昂斯，早在公元前 2000 年就见于埃及、北高加索和欧亚草原地带，在辛塔什塔文化中也有发现[⑤]，也见于公元前 1600 年左右的阿敦乔鲁墓葬[⑥]，那么，西周时期宝鸡弓鱼国墓地、张家坡墓地等出土的此类费昂斯，理应也是西来影响的结果。罗森指出，北京琉璃河、宝鸡竹园沟等西周墓地出土的玛瑙项链珠饰，当为受到西方影响而出现[⑦]。此外，新疆洋海墓地发现

---

① 林梅村：《中国与近东文明的最初接触——2012 年伊朗考察记之五》，《紫禁城》2012 年第 10 期。

② 王辉：《甘肃发现的两周时期的"胡人"形象》，《考古与文物》2013 年第 6 期。

③ Lei Y., Xia Y., "Study on production techniques and provenance of faience beads excavated in China", *Journal of Archaeological Science*, 2015, 53, pp. 32 –42.

④ Liu, N., Yang, Y., Wang, Y., et al., "Nondestructive characterization of ancient faience beads unearthed from Ya'er cemetery in Xinjiang, Early Iron Age China", *Ceramics International*, 2017, 43（13）: 10460 –10467；谭雨辰等：《新疆阿敦乔鲁墓地出土釉砂分析研究》，《考古与文物》2020 年第 5 期。

⑤ Shortland, A., Shishlina, N., Egorkov, A., Origin and Production of Faience beads in the North Caucasus and the Northwest Caspian Sea Region in the Bronze Age, in *Les cultures du Caucase: leurs relations avec le Proche-Orient*（ed. B. Lyonnet）, Éditons Recherche sur les Civilisations, CNRS Éditons, Paris, 2007: 269 –283; Rawson, J., "Ordering the Exotic, Ritual Practices in the Late Western and Early Eastern Zhou", *Aribus Asiae*, 2013, 73（1）, pp. 5 –76.

⑥ 谭雨辰等：《新疆阿敦乔鲁墓地出土釉砂分析研究》，《考古与文物》2020 年第 5 期。

⑦ Jessica Rawson, "Carnelian beads, animal figures and exotic vessels: traces of contact between the Chinese States and Inner Asia, c. 1000 –650 BC", in: *Archäologie in China*, Vol. 1. Bridging Eurasia, 2010, pp. 1 –42.

的竖琴（箜篌），可早到公元前 1 千纪①，明确源于西亚等地。

4. 春秋时期长城沿线和南西伯利亚地区游牧文化的密切交融

进入春秋时期，在中国北方长城沿线兴起了一系列大同小异的游牧文化，与之前晚商—西周时期北方系青铜器文化虽有继承，但差别甚大②，墓葬所出双鸟回首剑（触角式短剑）、兽首剑、动物纹牌饰、鹤嘴斧等铜器以及殉牲习俗，与南西伯利亚地区同时期的塔加尔文化等近似，显示之间存在密切交融③。

（二）早期铁器时代后期

早期铁器时代后期或者战国时期，欧亚草原大部地区和中国北方地区已经交融联系为一个大的游牧文化带，伊朗—中亚南部可能也和中国腹地存在文化交流。

阿尔泰地区巴泽雷克文化流行的后肢翻转动物纹、有翼神兽（格里芬）、有柄镜等，常见于中国长城沿线以及新疆地区诸游牧文化，甚至传播到燕文化、齐文化、中山国文化等当中④。甘肃天水马家塬墓葬等发现的平面浮雕或剪纸式的羊、虎等形象⑤，和七河地区伊塞克墓葬的发现惊人相似，很可能是通过天山—河西走廊一线传入⑥。另外，山东青州西辛战国墓所出裂瓣纹银豆，明确体现来自阿

---

① 新疆最早的竖琴发现于鄯善洋海墓地 IM8，见新疆文物考古研究所、吐鲁番学研究院《鄯善洋海》，文物出版社 2019 年版。

② 罗丰：《以陇山为中心甘宁地区春秋战国时期北方青铜文化研究》，《内蒙古文物考古》1993 年第 1、2 期。

③ 杨建华：《春秋战国时期中国北方文化带的形成》，文物出版社 2004 年版，第 142—149 页；乌恩岳斯图：《北方草原考古学文化比较研究——青铜时代至早期匈奴时期》，科学出版社 2008 年版，第 135—289 页。

④ 李零：《论中国的有翼神兽》，《中国学术（总第五辑）》，商务印书馆 2001 年版，第62—134 页；张文立：《平山三汲出土铜镜初识——兼谈北方系柄镜》，《边疆考古研究（第 1辑）》，科学出版社 2002 年版，第 55—61 页；乌恩岳斯图：《北方草原考古学文化比较研究——青铜时代至早期匈奴时期》，科学出版社 2008 年版，第 192—194 页。

⑤ 王辉：《张家川马家塬墓地相关问题初探》，《文物》2009 年第 10 期。

⑥ 杨建华：《张家川墓葬草原因素寻踪——天山通道的开启》，《西域研究》2010 年第4 期。

契美尼德帝国的影响①。段清波还举出秦兵马俑、茧形壶、郡县制、驰道等受阿契美尼德帝国影响的可能性②。

反过来，仅就阿尔泰、图瓦和蒙古西北地区来看，此时新出的虎形、虎食兽形铜牌饰等，应该是由内蒙古中南部传播而去③，而更早的源头则为西辽河流域的夏家店上层文化④。这个时候阿尔泰及以西地区突然开始盛行的束颈圆弧腹的壶类陶器，当与来自阴山—天山沿线地区的文化影响有关⑤，而在巴泽雷克文化中，更是见有中国腹地典型的丝织品、漆器、山字纹青铜镜等⑥，丝织品更可能已经传播至印度、伊朗甚至爱琴海地区。另外，战国时期铸铁已经传播到新疆西部⑦，甚至有可能及于中亚地区。可见战国时期不但欧亚草原游牧文化之间存在明显的互动，而且交流的范围也扩大到中国腹地。不过，中国黄河、长江流域物品直接传入欧亚草原，而欧亚草原基本只有文化因素渗透进中国腹地，这是一个值得关注的现象。

---

① 山东省文物考古研究所、青州市博物馆：《山东青州西辛战国墓发掘简报》，《文物》2014 年第 9 期；李零：《论西辛战国墓裂瓣纹银豆——兼谈我国出土的类似器物》，《文物》2014 年第 9 期。

② 段清波：《从秦始皇陵考古看中西文化交流（一）》，《西北大学学报》（哲学社会科学版）2015 年第 45 卷第 1 期；段清波：《从秦始皇陵考古看中西文化交流（二）》，《西北大学学报》（哲学社会科学版）2015 年第 45 卷第 2 期；段清波：《从秦始皇陵考古看中西文化交流（三）》，《西北大学学报》（哲学社会科学版）2015 年第 45 卷第 3 期。

③ 乌恩指出，"形成于长城地带中段偏西地区早期铁器时代的动物纹青铜带饰，首先传播到巴泽雷克文化并对相邻地区早期游牧文化产生了影响"。乌恩岳斯图：《北方草原考古学文化比较研究——青铜时代至早期匈奴时期》，科学出版社 2008 年版，第 185 页。

④ 乌恩：《论夏家店上层文化在欧亚大陆草原古代文化中的重要地位》，《边疆考古研究（第 1 辑）》，科学出版社 2002 年版，第 139—155 页。

⑤ 韩建业：《先秦时期阿尔泰及以西地区陶壶的来源——兼论公元前一千纪后半叶阿尔泰及以西地区和阴山—天山地区的文化交流》，《西域研究》2017 年第 2 期。

⑥ Sergei I. Rudenko（Author），M. W. Thompson（Translator），*Frozen Tombs of Siberia：The Pazyryk Burials of Iron-Age Horsemen*，J. M. Dent & Sons LTD，London，1970；阿列克谢·提什金：《阿尔泰早期游牧民族墓葬出土的中国古代漆器》，《北方民族考古（第 5 辑）》，科学出版社 2018 年版，第 182—191 页。

⑦ 新疆文物考古研究所：《新源县加嘎村墓地考古发掘报告》，《新疆文物》2017 年第 1 期。

五 结语

早期东西文化交流大约发端于公元前 3500 年左右，正好历经铜石并用时代、青铜时代和早期铁器时代三大阶段，形成草原北道、绿洲中道和高原南道三大通道。铜石并用时代是早期东西文化交流的初创期，东欧—南俄草原文化虽通过草原北道远距离拓展至新疆西北部，但并没有进一步深入腹地的迹象；中亚南部的彩陶等因素可能已经通过绿洲中道零星渗透进甘青形成最初的"彩陶之路"，黄牛、绵羊等也从中亚地区陆续进入甘青，使得中国西北地区出现新的艺术题材和经济形式，为早期中国"古国"文明的形成增添了新鲜血液。青铜时代是早期东西文化交流的兴盛期，通过草原北道的"金属之路"和绿洲南道的"彩陶之路"，先是"西风东渐"，再是"东风西渐"，终于使得青铜时代的亚欧大陆逐渐联系为一个整体，引发了中国的"青铜时代革命"，对早期中国进入成熟的"王国"文明期起到一定的促进作用。早期铁器时代是早期东西文化交流的成熟期，包括中国北方在内的欧亚草原文化融为一体，欧亚草原的艺术和宗教观念远距离渗透到黄河、长江流域，黄河、长江流域典型文化因素传播至南西伯利亚等地，而中亚南部文明或许对秦汉"帝国"产生过一定影响。可见，亚欧大陆大部地区铜石并用时代、青铜时代和早期铁器时代三个阶段的形成，主要就是东西文化交流的结果。

就交流方式来说，早期的东西文化交流主要以人群生活空间的渐次扩展和迁徙流动为主，文化交流更多体现在技术和思想上的交流，而非物品的直接交流。直到战国晚期，才有中国腹地物品远距离传播至南西伯利亚等地，可能有了远距离的贸易。就交流影响方向来说，有时候"西风"盛，有时候"东风"强，但多数时候和总体上是互相交流的关系。

东西文化交流的三大阶段，恰好对应东西文明形成和发展的三个重要阶段，应该不是巧合：文明迸发的内在力量促使人群向外扩展、文化对外影响，这可能是早期东西文化交流出现和发展的内因；而每个阶段的文化交流都为东西文明带来新鲜血液，促进了早期东西文明的形成和发展，塑造了早期东西文明的气质和内涵。说到底，文明演进和文化交流是相辅相成、互相促进的辩证关系。另外，早期东西文化交流的阶段性变化和早期东西文明的阶段性演进，还与全新世亚欧大陆互有联系的气候变迁节奏深有关系。

总之，远距离的间接的早期东西文化交流，虽然从未从根本上动摇早期东西文明各自的深厚文化基础，但却对早期东西文明的形成和发展起到过看得见的促进作用，为之后"丝绸之路"的形成奠定了基础。

5000 年前的早期中西文化交流南道

本文所谓"早期中西文化交流"的时间范围大致在距今 8000 至 2000 年。这是因为距今 8000 年后以黄河长江流域为主体的早期中国文化圈的雏形才逐渐形成①，才谈得上中西文化交流，此前旧石器时代或稍晚的人类迁徙暂不宜包括在内；而约距今 2000 年后丝绸之路正式开启，标志着中西文化交流进入新的阶段。

高峻的青藏高原，使得早期的中西交流一般情况下只能绕道南北，其南为南道，其北则为北道。当然这个广义的南北道本身又分许多条不同的具体线路。根据已有的考古学研究成果，早从 4000 年前开始，源自西方的青铜文化就主要通过北道对中国青铜时代的形成及其文明的成熟化产生重要影响②，3500 年以后源自西方的铁器技术主要通过北道再度传入中国，而中国的彩陶文化也相应地渐次向西渗透③。本文拟进一步论证：早在 5000 年前就存在中西文化交

---

① 韩建业：《论早期中国文化周期性的"分""合"现象》，《史林》2005 年增刊。

② E. E. Kuzmina, "The First Migration Wave of Indo-Iranians to the South", in *The Journal of Indo-European Studies*, edited by James P. Mallory, Volume 29, Number 1, 2001；李水城：《西北与中原早期冶铜业的区域特征及交互作用》，《考古学报》2005 年第 3 期；韩建业：《论二里头青铜文明的兴起》，《中国历史文物》2009 年第 1 期。

③ 韩建业：《新疆的青铜时代和早期铁器时代文化》，文物出版社 2007 年版。

流南道，以马家窑文化为代表的氐羌人群的南向拓展在其中起到关键作用。

一

    1972 年，穆加尔和哈利姆根据克什米尔地区布尔扎霍姆（Burza-hom，也译作布尔扎洪）文化与中国黄河流域文化的相似性，提出其为仰韶文化传统西向传播的结果①。1982 年，迪克希特提出这种相似性是由于龙山文化的南传，而传播路线可能是将吉尔吉特河流与新疆联系起来的一系列山口②。徐朝龙也有类似假设③。那么，我们很想知道，布尔扎霍姆文化到底和早期中国文化有无真正联系？如果有联系，又是通过何种途径？

    布尔扎霍姆遗址位于克什米尔卡雷瓦斯高地边缘的黄土坡上，第一期遗存即新石器文化遗存又分为甲、乙、丙 3 段。甲段没有发现陶器，已饲养绵羊、山羊和种植大麦、小麦，当为从西亚传入。乙段出现陶器，以粗灰陶为主，褐陶其次，用泥条筑成法制作，器表常见刮抹痕迹；器类有小口高领罐和平底盆等，口沿外有贴边，有的领部箍附加堆纹，多假圈足，底部见编织纹印痕；还有双孔刀和长体斧、锛、凿等磨制石器，锥、针、镖、镞等骨器；除羊和麦外，还可能饲养牛、狗并栽培豌豆；房屋则为木柱撑顶的地穴式或半地穴式建筑。丙段新出磨光灰陶和轮制带牛角形装饰的蛋形泥釉罐，后者属前哈拉

---

    ① Mughal, M. R., Halim, M. A., "The Pottery", *Pakistan Archaeology*, 1972 (8), pp. 33 – 110.

    ② Dikshit, K. N., "The Neolithic Cultural Frontiers of Kashmir", *Man and Environment*, 1982 (6), p. 30.

    ③ 徐朝龙：《喜马拉雅山南麓所见的中国北方新石器时代文化因素——浅探克什米尔地区的新石器时代遗址布鲁扎霍姆（Burzahom)》，《农业考古》1988 年第 2 期。

帕文化因素，房屋则变为土坯垒砌的地面式建筑。绝对年代则分别约为公元前 3000—前 2850、公元前 2850—前 2550、公元前 2550—前1700 年①。布尔扎霍姆一期遗存虽被总体纳入布尔扎霍姆文化，实际三段间存在较大差别，尤其乙段的粗灰陶小口高领罐和平底盆、双孔石刀和长体斧锛凿、地穴式或半地穴式建筑等，与当地传统形成反差，却与遥远中国的仰韶文化—龙山文化传统有近似之处，的确令人称奇。

但上述西方学者对于仰韶文化和龙山文化的认识，只是大概而言，实际当时的中国分布着很多互有联系的考古学文化，正如霍魏早已指出的那样，与布尔扎霍姆一期乙段最为接近者当属青藏高原东南部的卡若文化②。二者均以泥条筑成法制作的粗灰陶器为主，褐陶其次；器类都是小口高领罐壶类和平底盆钵类；口沿外贴边、领身部箍附加堆纹、假圈足、底部见编织纹印痕等特征也都彼此类似；都流行形态近似的双孔或单孔石刀（爪镰），磨制的长体石斧、锛、凿等，尤其凹背石刀更是神似；都居住在木柱撑顶的半地穴式房屋当中。如此多的共性，只能用相互间存在关联来解释。

卡若文化共测定了 41 个 ^{14}C 数据，排除个别明显偏早偏晚的数据，校正后的中心值年代大致在约公元前 3200—前 2000 年③，上限早于布尔扎霍姆一期乙段。加以布尔扎霍姆一期甲段还没有陶器，而正如下文所述，卡若文化与中国黄河上游更早期陶器文化有诸多联系，足证主导方向应当是卡若文化影响布尔扎霍姆文化而非相反。当

---

① ［巴基斯坦］A. H. 丹尼、［俄］V. M. 马松主编：《中亚文明史》第一卷，芮传明译，中国对外翻译出版公司 2002 年版，第 86—106 页。

② 西藏自治区文物管理委员会、四川大学历史系：《昌都卡若》，文物出版社 1985 年版；霍魏：《喜马拉雅山南麓与澜沧江流域的新石器时代农业村落——兼论克什米尔布鲁扎霍姆遗址与我国西南地区新石器时代农业文化的联系》，《农业考古》1990 年第 2 期。

③ 中国社会科学院考古研究所编：《中国考古学中碳十四年代数据集（1965—1991）》，文物出版社 1991 年版，第 243—250 页。

然二者间也还存在很多差别，如布尔扎霍姆一期乙段陶器素面为主，房屋地穴较深，家畜作物为羊、麦；而卡若文化陶器流行较复杂的刻划、戳印几何纹，房屋浅穴并多以石块为原料，家畜作物为猪、粟。可见卡若文化只是影响到布尔扎霍姆文化的某些方面，并且当有其他中间环节。西藏当雄加日塘出土的饰刻划、戳印几何纹和附加堆纹的陶片①，林芝和墨脱发现的石刀、长体石锛、凿，以及陶片等②，都与卡若文化接近，不排除从这里到拉萨一带存在类似卡若文化遗存的可能性。再向南，在锡金北部也见有包含刀、锛、凿等磨制石器的遗存③。从此沿着喜马拉雅山南缘迤逦向西，最终可到达克什米尔地区。

二

卡若文化早期的高领罐和敞口盆，与青海共和盆地马家窑文化宗日类型早期的宗日式陶器形态较为接近，都有假圈足，且都常见折线纹、网格纹、附加堆纹等。其他如有孔刀（有的凹背）和长体锛、凿等磨制石器也近似。二者总体差别也很明显，主要表现在卡若文化陶器全部夹砂，少器耳，流行刻划和戳印几何纹，个别黑彩也是与刻划纹搭配，而宗日式夹砂陶器多带耳，流行紫红色彩饰，尤以垂带状纹最具特色。此外，宗日类型还包含不少精美的马家窑式泥质彩陶④。

① 西藏自治区文物局、四川大学考古系、陕西省考古研究所：《青藏铁路西藏段田野考古报告》，科学出版社 2005 年版。

② 王恒杰：《西藏自治区林芝县发现的新石器时代遗址》，《考古》1975 年第 5 期；尚坚、江华、兆林：《西藏墨脱县又发现一批新石器时代遗物》，《考古》1978 年第 2 期。

③ ［巴基斯坦］A. H. 丹尼、［俄］V. M. 马松主编：《中亚文明史》第一卷，芮传明译，中国对外翻译出版公司 2002 年版，第 104 页。

④ 青海省文物管理处、海南州民族博物馆：《青海同德县宗日遗址发掘简报》，《考古》1998 年第 5 期。

陈洪海等曾经提出，宗日类型是马家窑文化马家窑类型西进到共和盆地后与当地无陶文化融合而成，其中的宗日式陶器是当地土著借用马家窑文化陶器的躯壳表现自身内涵的产物①。同样，作为西藏地区目前发现的最早包含陶器的文化，卡若文化很可能主要是川西北地区马家窑文化西向推进并与当地无陶传统融合的结果。其与宗日式陶器的相似性，很可能是由于二者所处青藏高原东部地区原本存在着互有关联的无陶文化，当然也不排除宗日类型南向影响的可能性。如果马家窑文化属较早的氐羌族系，则卡若文化就是一种"吸收了西北氐羌系统文化而发展起来的土著文化"②。

甘肃彩陶文化向青海东部和四川西北部地区的渗透，始于距今5500 年稍前的仰韶文化泉护类型晚期，盛于约距今 5500 年马家窑文化形成以后。与甘肃武都大李家坪遗址泉护类型晚期、石岭下类型和马家窑类型近似的遗存③，见于川西北的茂县波西、营盘山和汶川姜维城等遗址④。这当中属于马家窑文化石岭下类型和马家窑类型的陶罐、瓶、盆、钵等，有的饰繁复黑彩，有的拍印绳纹并箍附加堆纹，有的素面；还有双孔或单孔石刀、长体锛、凿、斧等。从此再向南，则主要分成两条路线，一条西向，通过丹巴等地可能至于昌都⑤；一

---

① 陈洪海、格桑本、李国林：《试论宗日遗址的文化性质》，《考古》1998 年第 5 期；陈洪海：《宗日遗存研究》，博士学位论文，北京大学，2002 年，第 73—95 页。
② 西藏自治区文物管理委员会、四川大学历史系：《昌都卡若》，文物出版社 1985 年版，第 153—156 页。
③ 北京大学考古学系、甘肃省文物考古研究所：《甘肃武都县大李家坪新石器时代遗址发掘报告》，《考古学集刊》第 13 集，中国大百科全书出版社 2000 年版，第 1—36 页。
④ 成都文物考古研究所等：《四川茂县波西遗址 2002 年的试掘》，《成都考古发现（2004）》，科学出版社 2006 年版，第 1—12 页；成都市文物考古研究所等：《四川茂县营盘山遗址试掘报告》，《成都考古发现（2000）》，科学出版社 2002 年版，第 1—77 页；四川省文物考古研究所等：《四川汶川县姜维城新石器时代遗址发掘简报》，《考古》2006 年第 11 期。
⑤ 丹巴罕额依一期见有绳纹平底瓶、黑彩陶、穿孔石刀、石锛等，与马家窑文化马家窑类型时代相当或稍晚。见四川省文物考古研究所等《丹巴县中路乡罕额依遗址发掘简报》，《四川考古报告集》，文物出版社 1998 年版，第 59—77 页。

条南向，通过汉源渗透到云南西北部的永仁、大理等地①。

三

　　距今 5500 年左右马家窑文化从甘肃中南部西南向挺进至四川西北部，再深入影响西藏东南而形成卡若文化，距今 5000 年左右卡若文化或类似文化穿越山口而至喜马拉雅山南缘，然后沿着山麓西进，终至克什米尔地区，这样就构成一条早期中西文化交流南道。这个通道不可能像汉代前后所谓"丝绸之路南道"那样，短期内主要通过偏南平原城市间链接完成贸易，而主要是通过文化上环环相扣的影响渐次形成，但总体上也当是人群西移过程的反映。马家窑文化是黄土高原的产物，经济主业是以黄土为基础的粟作农业，狩猎作为主要补充。其西南向扩展并与当地土著融合的过程中，农业和狩猎的比例适应自然环境而随时随地变化，但主次关系依旧，黄土或类似土壤就可能长期作为其发展农业的基础，一直到克什米尔也是如此。在这里我们看到的似乎是一些眷恋黄土的早期农民接力赛式西行而寻找新家园的景象。

　　马家窑文化也向河西走廊拓展，但直至距今 4600 年左右的马家窑类型晚期（小坪子期）才最西到达甘肃酒泉②，而整个新疆境内至今还没有发现马家窑类型遗存，也未见包含灰陶罐盆、有孔石刀、长

---

　　① 麦坪、菜园子和银梭岛一期遗存等，其罐、瓶、钵等器类，绳纹、花边特征，以及带孔石刀（有的双孔凹背）、长体锛凿等，都与马家窑文化有若干联系，但刻划、戳印、篦点几何纹的流行则体现出鲜明的地方特点。见四川省文物考古研究所等《四川汉源县麦坪新石器时代遗址 2007 年的发掘》，《考古》2008 年第 7 期；云南省文物考古研究所等《云南永仁菜园子、磨盘地遗址 2001 年发掘报告》，《考古学报》2003 年第 2 期；云南省文物考古研究所等《云南大理市海东银梭岛遗址发掘简报》，《考古》2009 年第 8 期。

　　② 李水城：《河西地区新见马家窑文化遗存及相关问题》，《苏秉琦与当代中国考古学》，科学出版社 2001 年版，第 121—135 页。

体锛凿的遗存，那种仰韶或龙山文化通过新疆山口传入克什米尔的推测难以成立。河西走廊以至于新疆气候总体更加干燥，虽有绿洲可以种植，但毕竟和黄土高原有很大区别，难以吸引熟悉黄土的早期农民。至于 4000 年以后掌握青铜技术又懂得种植小麦的半农半牧人群从南西伯利亚和中亚来到环境近似的新疆，从而促成新的中西文化交流高潮，那完全是另一回事情。

虽然上述早期文化交流南道的主导方向是西向，但也不是没有文化因素顺此东向传播的可能。曾在属于马家窑文化石岭下类型的甘肃武山傅家门遗址发现多件羊卜骨①，在天水师赵村五期墓葬中有以羊肩胛骨随葬习俗②，说明 5000 多年前甘肃中南部地区不但养羊，而且已经深入宗教领域。另外，甘肃民乐东灰山、天水师赵村被认为存在 4000 年以前的栽培小麦③。一般认为，西亚地区是绵羊、山羊、小麦和大麦最早的驯养培植中心，则这些因素在甘青地区的出现自然应当是向东传播的结果，而传播的可能路线之一就是早期中西文化交流南道。甚至甘肃东乡林家马家窑类型青铜刀的出现也不排除是由此受到西方青铜文化影响的可能④。需要注意的是，我们在关注南道的同时，还必须考虑其他中西交流通道的存在。

正如严文明等先生所论，马家窑文化是仰韶文化泉护类型西向扩

---

① 中国社会科学院考古研究所甘青工作队：《甘肃武山傅家门史前文化遗址发掘简报》，《考古》1995 年第 4 期；中国社会科学院考古研究所甘青工作队：《武山傅家门遗址的发掘与研究》，《考古学集刊》第 16 集，科学出版社 2006 年版，第 380—454 页。

② 中国社会科学院考古研究所：《师赵村与西山坪》，中国大百科全书出版社 1999 年版，第 50—71 页。

③ 李璠等：《甘肃省民乐县东灰山新石器遗址古农业遗存新发现》，《农业考古》1989 年第 1 期；李水城、莫多闻：《东灰山遗址炭化小麦年代考》，《考古与文物》2004 年第 6 期；李小强等：《甘肃西山坪遗址生物指标记录的中国最早的农业多样化》，《中国科学 D 辑：地球科学》2007 年第 37 卷第 7 期。

④ 甘肃省文物工作队、临夏回族自治州文化局、东乡族自治县文化馆：《甘肃东乡林家遗址发掘报告》，《考古学集刊》第 4 集，中国社会科学出版社 1984 年版，第 111—161 页。

展并与当地土著结合的产物①，而仰韶文化又是早期中国文化的核心所在。另一方面，克什米尔地区文化总体上属于以西亚为中心的西方文化范畴。通过上述早期中西文化交流南道，使两大区域核心文化有了间接交流的机缘，对于此后中西两大文明发展都将产生不可忽略的长远影响。

---

① 严文明：《马家窑类型是仰韶文化庙底沟类型在甘青地区的继续和发展——驳瓦西里耶夫的"中国文化西来说"》，《史前考古论集》，科学出版社 1998 年版，第 167—171 页；谢端琚：《论石岭下类型的文化性质》，《文物》1981 年第 4 期。

马家窑文化半山期锯齿纹彩陶溯源

锯齿纹是由连续三角元素组成的彩陶纹饰，流行于马家窑文化半山期，是半山类型彩陶标志性特征，也少量见于同时的菜园文化和稍晚的马厂类型早期。20 世纪 20 年代安特生（J. G. Andersson）发现半山彩陶后，曾提出锯齿纹是一种特殊的与葬礼有关的"丧纹"①，但60 年代严文明等在甘肃兰州青岗岔遗址房屋内也发现这类彩陶，证明"丧纹"说没有根据②。李水城曾对半山类型的彩陶锯齿纹做过系统研究，并提出其来源于当地或内蒙古中南部③。本文试图论证锯齿纹彩陶的主要源头实应在中亚地区。

一

马家窑文化是分布于甘青宁地区的铜石并用时代文化，可分石岭下、马家窑、半山、马厂诸期④。其中半山期绝对年代约在公元前

---

① 安特生：《甘肃考古记》，乐森璕译，《地质专报》甲种第五号，1925 年版。
② 严文明：《难忘的青岗岔》，《农业发生与文明起源》，科学出版社2000 年版，第288—297 页。
③ 李水城：《半山与马厂彩陶研究》，北京大学出版社1998 年版，第199 页。
④ 张学正、张朋川、郭德勇：《谈马家窑、半山、马厂类型的分期和相互关系》，《中国考古学年会第一次年会论文集》，文物出版社1979 年版，第50—72 页。

2500—前2200年，又分半山类型和宗日类型①，前者分布在甘肃中部和青海东部，典型遗存有广河半山②和地巴坪墓葬③，兰州青岗岔居址④、花寨子"半山类型"墓葬⑤、土谷台早期墓葬⑥，康乐边家林⑦、景泰张家台墓葬⑧，柳湾"半山类型墓葬"⑨，循化苏呼撒"半山文化墓葬"等⑩；后者分布在青海共和盆地，以同德宗日遗存为代表⑪。前者陶器以黑红复彩彩陶占绝大多数，后者除此类"半山式"彩陶外还有更多粗糙而独具特色的紫红色彩陶。半山期彩陶器类有小口高领壶（罐）、单耳或双耳长颈瓶、侈口鼓腹瓮、小口高领瓮、弧腹或鼓腹盆、单耳罐、双耳罐，以及敛口钵、带管状流或不封闭流的钵或盆、鸮形壶、双口壶、单把杯、鼓等，基本均为平底器，个别为圈足器。

李水城将半山期锯齿纹彩陶细分为三类，即齿尖朝上的狭义的锯齿纹、齿尖朝下的倒锯齿纹、齿尖上下相对的对齿纹。这些锯齿纹均为黑彩，齿尖多朝向带状红彩，形成黑红复彩构图，也有的齿尖朝向带状黑彩。锯齿纹常与直线、弧线、圆点等其他元素共同组成横条

---

① 韩建业：《中国西北地区先秦时期的自然环境与文化发展》，文物出版社2008年版，第152—156页。

② 安特生：《甘肃考古记》，《地质专报》甲种第五号，1925年版。半山属于当时的甘肃宁定县。

③ 甘肃省博物馆文物工作队：《广河地巴坪"半山类型"墓地》，《考古学报》1978年第2期。

④ 甘肃省博物馆：《甘肃兰州青岗岔遗址试掘简报》，《考古》1972年第3期；甘肃省博物馆文物工作队：《甘肃兰州青岗岔半山遗址第二次发掘》，《考古学集刊》第2集，中国社会科学出版社1982年版，第10—17页。

⑤ 甘肃省博物馆等：《兰州花寨子"半山类型"墓葬》，《考古学报》1980年第2期。

⑥ 甘肃省博物馆等：《兰州土谷台半山—马厂文化墓地》，《考古学报》1983年第2期。

⑦ 临夏回族自治州博物馆：《甘肃康乐县边家林新石器时代墓地清理简报》，《文物》1992年第4期。

⑧ 甘肃省博物馆：《甘肃景泰张家台新石器时代的墓葬》，《考古》1976年第3期。

⑨ 青海省文物管理处考古队、中国社会科学院考古研究所：《青海柳湾——乐都柳湾原始社会墓地》，文物出版社1984年版。

⑩ 青海省考古研究所：《青海循化苏呼撒墓地》，《考古学报》1994年第4期。

⑪ 青海省文物管理处、海南州民族博物馆：《青海同德县宗日遗址发掘简报》，《考古》1998年第5期；格桑本、陈洪海主编：《宗日遗址文物精粹论述选集》，四川科学技术出版社1999年版。

带、竖条带、斜条带、波折带、波弧带、漩涡、圆圈、菱块、葫芦形、贝形、蛙形、"十"字形、"毋"字形等繁复题材，构成器物颈、腹部主体图案，甚至还常见于器物内壁①。同样依据李水城的研究，半山期和马厂早期锯齿纹可分为五小期②，如果将李文半山一、二小期合并为早期（图一，1—3），半山三、四小期合并为中期（图一，4—6），半山五期和马厂早期③合并为晚期（图一，7—9），发展演变趋势就会看得更加清楚，总体来说锯齿及齿尖夹角由大变小，由大直角锯齿变为小锐角锯齿，最后退化为细密的毛发状锯齿。

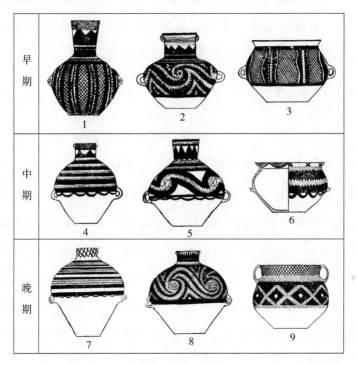

图一　马家窑文化锯齿纹彩陶分期

1. 花寨子（0∶28）　2、3. 柳湾（M435∶3、M447∶2）　4—6. 苏呼撒（M64∶3、M35∶2、M24∶2）　7—9. 阳山（M146∶14、M168∶17、M68∶26）

---

①　李水城：《半山与马厂彩陶研究》，北京大学出版社1998年版，第35—85页。
②　李水城：《半山与马厂彩陶研究》，北京大学出版社1998年版，第88—94页。
③　青海省文物考古研究所：《民和阳山》，文物出版社1990年版。

严文明曾将马家窑文化马家窑类型分为四期，认为半山类型由马家窑类型之末的小坪子期发展而来①。李水城指出不但小坪子期存在大锯齿纹和对齿纹，而且在内蒙古中南部仰韶晚期文化中也有锯齿纹②，实际就是认为锯齿纹来源于中国西北和北方地区。我也曾倾向于这种认识③。但仔细分析，马家窑文化小坪子类型其实很少见典型的锯齿纹，即如民和边墙等遗址所出个别锯齿上下相错的所谓"对齿纹"④，毋宁说只是黑彩带上的留白折线而已。而内蒙古中南部仰韶文化海生不浪类型真正的锯齿纹极少，个别见于器物口沿内壁或颈部。总之，甘青和内蒙古中南部地区之前只是偶见似是而非的锯齿纹，与半山类型盛行锯齿纹的情况有很大差别。

二

如果我们将眼光投向中亚的土库曼斯坦南部及附近地区，会发现那里锯齿纹出现甚早且非常盛行，演变脉络也很清楚。

在土库曼斯坦南部的科彼特山脉北麓绿洲，分布着诸多盛行锯齿纹彩陶的农业文化遗存，包括阿尔丁特佩（Altyn-Depe）三至四期（第一发掘区第 14 至 4 层）、纳马兹加二期晚段至四期（Namazgae II-IV）、吉奥克修尔（Geoksyur）晚期遗存等⑤。其中阿尔丁特佩三期（第一发掘区第 14 至 9 层）、纳马兹加二期晚段至三期阶段遗存被称

---

① 严文明：《甘肃彩陶的源流》，《文物》1978 年第 10 期。

② 李水城：《半山与马厂彩陶研究》，北京大学出版社 1998 年版，第 199 页。

③ 韩建业：《半山类型的形成与东部文化的西迁》，《考古与文物》2007 年第 3 期。

④ 李水城：《半山与马厂彩陶研究》，北京大学出版社 1998 年版，第 198 页。

⑤ L. B. Kircho, G. F. Korobkova, V. M. Masson, *The Technical and Technological Potential of the Eneolithic population of Altyn-Depe as the Basis of the Rise of an early Urban Civilization*, European House, St. -Petersburg, 2008; V. M. Masson, *Altyn-Depe*, Translated by Henry N. Michael, The University Museum（University of Pennsylvania）, 1988, pp. 84 – 89.

作吉奥克修尔类型，本身至少可以分为两段，即以阿尔丁特佩三期早段（第一发掘区第 14 至 11 层）、纳马兹加二期晚段为代表的早段，以阿尔丁特佩三期晚段（第一发掘区第 10 至 9 层）、纳马兹加三期为代表的晚段；阿尔丁特佩四期（第一发掘区第 8 至 4 层）、纳马兹加四期阶段遗存被称作纳马兹加四期类型①。其实两个类型——亦即两个阶段实属一个连续发展的整体，可暂称纳马兹加二至四期文化。该文化还延伸到伊朗东北部地区②。

纳马兹加二至四期文化陶器主要有手制的钵、盆、罐、壶等器类，大多数在上中腹装饰彩陶，盛行以锯齿纹组成的菱形、"十"字形图案，也有圆圈、网格、三角、树纹，以及山羊、雪豹、禽鸟等动物纹。黑、棕色单彩或者黑、红复彩，复彩一般是先施红彩再画黑彩，锯齿纹基本都是黑彩。具体来说，吉奥克修尔类型早段彩陶流行复彩，锯齿大而少，往往四五个锯齿就组成一个三角形、菱形图案单元，锯齿齿尖夹角较大而近直角（图二，1—4）；吉奥克修尔类型晚段复彩减少，锯齿小而繁密，组成菱形、三角形、条带、折线条带等繁复图案，齿尖夹角由近直角向锐角变化（图二，5—11）；纳马兹加四期类型复彩少见，锯齿退化到细小密集，只在树纹、菱形纹、三角纹等主体纹饰边缘起到辅助装饰作用，已经不能构成图案主体，有的锯齿齿尖夹角进一步缩小而成毛发状（图二，12—19）。总体演变趋势是锯齿纹本身及其齿尖夹角越来越小，锯齿纹由图案主体变为非主体。

纳马兹加二至四期文化属于铜石并用时代和青铜时代早期。按照俄罗斯学者基尔霍（L. B. Kircho）等的研究，阿尔丁特佩一期（纳马兹加一期类型）时当铜石并用时代早期，绝对年代约在公元前 5

---

① V. M. Masson, *Altyn-Depe*, Translated by Henry N. Michael, The University Museum (University of Pennsylvania), 1988, pp. 6 – 25.

② R. V. Ricciardi, "Archaeological Survey in the Upper Atrek Valley (Khorassan, Iran): Preliminary Report", *Mesopotamia*, 1980 (15), pp. 51 – 72.

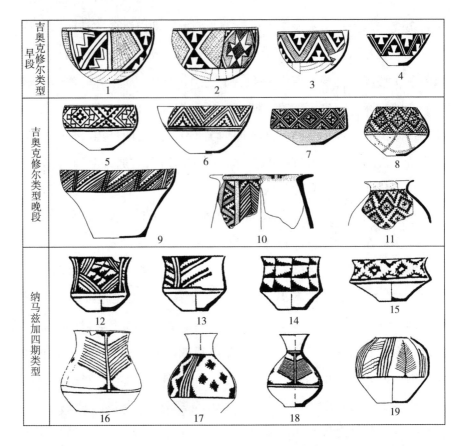

图二　纳马兹加二至四期文化彩陶

1、2、4. 阿尔丁特佩第 8 发掘区 1979 年探沟（Excavation 8，stratigraphic trench of 1979，Level XVI）　3. 阿尔丁特佩第 1 发掘区 1969 年探沟（Excavation 1，stratigraphic trench of 1969，horizon 11/12；）　5. 阿尔丁特佩第 15 发掘区（Excavation 15，horizon 10）　6. 阿尔丁特佩第 1 发掘区 1974 年（Excavation 1，1974，horizon 10）　7、9. 阿尔丁特佩第 1 发掘区 1970 年探沟（Excavation 1，stratigraphic trench of 1970，horizon 9）　8. 阿尔丁特佩 1965 年发掘（stratigraphic section of 1965，Level XXII）　10、11. 阿尔丁特佩第 5 发掘区（Excavation 5，horizon 9）　12—15. 阿尔丁特佩（Altyn-Depe）　17—19. 阿克特佩（Ak-Depe）　16. 阿尔丁特佩（horizon 4，locality 52）

千纪末期至公元前 3650 年；阿尔丁特佩二期（纳马兹加二期早段或亚朗特佩类型）时当铜石并用时代中期早段，约为公元前 3650—前 3300 年；阿尔丁特佩三期早段（纳马兹加二期晚段或吉奥克修尔类型早段）时当铜石并用时代中期晚段，约为公元前 3300—前 3150 年；阿尔丁特佩三期晚段（纳马兹加三期或吉奥克修尔类型晚段）时当铜石并用时代晚期，约为公元前 3150—前 2700 年①。
据俄罗斯学者马松（V. M. Masson）等的研究，阿尔丁特佩五期（纳
马兹加五期类型）时当青铜时代中期，约在公元前 2300—前 1850
年②；则阿尔丁特佩四期（纳马兹加四期类型）或青铜时代早期的绝
对年代就当在公元前 2700—前 2300 年。而据科尔（Philip L. Kohl）
的意见，纳马兹加三至五期的年代分别为公元前 3600—前 3000 年、
公元前 3000—前 2600 年、公元前 2600—前 2100 年③，勒孔特（O.
Lecomte）和法兰克福（H. -P. Francfort）认为纳马兹加五期在公元前
2500—前 1800 年④，都比俄罗斯学者的年代明显偏早。我们结合两种
年代方案，可大致将流行彩陶的纳马兹加二至四期文化的年代取整确
定在大致公元前 3500—前 2600 年：纳马兹加二期晚段约为公元前
3500—前 3300 年，纳马兹加三期约为公元前 3300—前 3000 年，纳马
兹加四期约为公元前 3000—前 2600 年，总体大致相当于马家窑文化
石岭下类型和马家窑类型时期⑤。至于在和马家窑文化半山类型大体
同时的纳马兹加五期类型当中，彩陶则已经基本消失（表一）。

三

由上可知，虽然在早于半山类型的马家窑类型和海生不浪类型等

① L. B. Kircho, G. F. Korobkova, V. M. Masson, *The Technical and Technological Potential of the Eneolithic population of Altyn-Depe as the Basis of the Rise of an early Urban Civilization*, European House, St. -Petersburg, 2008, p. 71.

② V. M. Masson, *Altyn-Depe*, Translated by Henry N. Michael, The University Museum（University of Pennsylvania）, 1988, pp. 95 – 96.

③ Philip L. Kohl, "The Namazga Civilization: An Overview", in *The Bronze Age Civilization of Central Asia*, M. E. Sharpe Inc., Armonk, New York, 1981, pp. vii – xl.

④ O. Lecomte, H. -P. Francfort, etc., Recherches archéologiques récentes à Ulug Dépé（Turkménistan）, *Paléorient*, 2002, Vol. 28, No. 2, pp. 123 – 131.

⑤ 韩建业：《中国西北地区先秦时期的自然环境与文化发展》，文物出版社 2008 年版。

表一 公元前 5 千纪末至前 2 千纪初中国和土库曼斯坦考古学文化对照

	中国西北地区				土库曼斯坦南部			
	相对年代	文化	典型遗存		相对年代	文化	典型遗存	
BC 4200—4000	新石器时代晚期早段	仰韶文化半坡类型晚期	大地湾二期	半坡早期晚段	铜石并用时代早期	纳马兹加一期类型	阿尔丁特佩一期	纳马兹加一期
BC 4000—3500	新石器时代晚期晚段	仰韶文化泉护类型	大地湾三期	泉护一期	铜石并用时代中期早段	亚朗特佩类型	阿尔丁特佩二期	纳马兹加二期早段
BC 3500—3000	铜石并用时代早期早段	马家窑文化石岭下类型	大地湾四期	半坡晚期	铜石并用时代中期晚段	吉奥克修尔类型早段	阿尔丁特佩三期早段	纳马兹加二期晚段
					铜石并用时代晚期	吉奥克修尔类型晚段	阿尔丁特佩三期晚段	纳马兹加三期
BC 3000—2500	铜石并用时代早期晚段	马家窑文化马家窑类型	师赵村五期	泉护二期	青铜时代早期	纳马兹加四期类型	阿尔丁特佩四期	纳马兹加四期
BC 2500—2200	铜石并用时代晚期早段	马家窑文化半山类型、齐家文化早期	半山墓葬	师赵村七期	青铜时代中期	纳马兹加五期类型	阿尔丁特佩五期	纳马兹加五期
BC 2200—1900	铜石并用时代晚期晚段	马家窑文化马厂类型、齐家文化中期	马厂塬墓地	西山坪七期				

当中已有锯齿纹彩陶，但毕竟数量太少，与半山类型盛行锯齿纹的情况相去甚远。纳马兹加二至四期文化倒是盛行锯齿纹彩陶，且和半山类型一样经历了锯齿纹本身及其齿尖夹角越来越小的演变历程，但纳马兹加二至四期文化毕竟整体早于半山类型，而与半山类型期同一时期的纳马兹加五期类型已经极少见到彩陶了。如此一来，就很可能存在这样一种情况，即在中亚和甘青地区之间存在过深受纳马兹加二至四期文化影响的一些文化，锯齿纹彩陶当为其突出特征，至纳马兹加

五期中亚彩陶衰落时，这些以锯齿纹彩陶为代表的文化东向影响，与从内蒙古中南部等地区来的文化因素一起融入马家窑类型，形成半山类型及其彩陶锯齿纹。

值得注意的是，曾在青海民和阳洼坡遗址发现过一件属于仰韶文化泉护类型末期的彩陶盆，上饰斜线纹和锯齿纹组成的菱形纹，中间填充菱形网格纹（图三，1）①，与纳马兹加二期晚段和三期彩陶有较大相似性（图三，2、3），年代当在公元前3500年左右。这暗示受到纳马兹加二至四期文化影响的遗存曾经有可能分布在临近青海东部的地区，或许说有可能分布在从青海中西部直到新疆塔里木盆地南北缘的广大地区。实际上纳马兹加二至四期文化最东也已经分布到了塔吉克斯坦，见于撒拉兹姆（Sarazm）等遗址②，与塔里木盆地也就一山之隔了。此外，纳马兹加二至四期文化的锯齿形或金字塔形纹还可能北向影响到草原地带，成为辛塔什塔（Sintashta）—波塔波维卡（Potapovka）—彼德罗夫卡（Petrovka）等草原青铜文化当中类似纹饰的来源③。

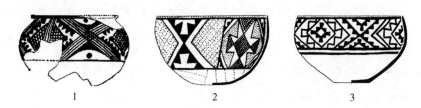

1   2   3

图三   仰韶文化泉护类型和纳马兹加二至四期文化彩陶比较

1. 阳洼坡   2. 阿尔丁特佩第8发掘区1979年探沟（Excavation 8, stratigraphic trench of 1979, Level XVI）   3. 阿尔丁特佩第15发掘区（Excavation 15, horizon 10）

---

① 青海省文物考古队：《青海民和阳洼坡遗址试掘简报》，《考古》1984年第1期。

② B. Lyonnet, *Sarazm（Tadjikistan）Céramiques（Chalcolithique et Bronze Ancien）*, Mémoires de la Mission Archéologique Française en Asie Centrale, Tome VII. Paris: De Boccard, 1996.

③ David W. Anthony, *The Horse, the Wheel, and Language: How Bronze-Age Riders from the Eurasian Steppes Shaped the Modern World*, Princeton University Press, 2007, pp. 433 – 435.

　　但无论如何，马家窑文化半山类型和纳马兹加二至四期文化彩陶还是存在很大差别，前者弧线和直线纹并存，图案题材丰富，活泼多样，后者仅见直线纹，图案相对简单，规矩刻板；锯齿纹在前者只是作为辅助性纹饰，在后者曾一度构成图案主体。这当然是因为两者都分别是在当地文化基础上发展而来的缘故，只是在发展过程中存在交流而已。而且这种交流还必须穿过高峻的帕米尔山口，跨越浩瀚的塔里木盆地和柴达木盆地，或许间接经过了若干尚待发现的考古学文化才可能完成。以后加强塔里木盆地南北缘和柴达木盆地的考古工作势在必行。

　　20 世纪 20 年代安特生（J. G. Andersson）发现仰韶文化后，与土库曼斯坦南部的安诺（Anau）[1] 等遗址比较而提出仰韶文化西来说[2]。后来随着考古发现和研究，揭示出彩陶文化在中国自东向西渐次拓展的图景，仰韶文化西来说的错误得到纠正[3]，但不能因此而否定中国和中亚彩陶文化之间实际可能存在的交流，而且这种文化交流还可能早到公元前 3000 年以前。

　　附记：本文所引外文文献，部分为 2014 年夏天我在德国考古研究院做访问学者期间收集，感谢期间德国考古研究院欧亚研究所副所长王睦（Mayke Wagner）教授以及陈晓程女士、魏骏骁（Patrick Wertmann）博士等对我的帮助！

---

① H. Schmidt, "Archaeological Excavations in Anau and old Merv", in *Explorations in Turkestan*: *Expedition of 1904* (Pumpelly, R., ed.), Washington, DC.: Carnegie Institution of Washington, 1908.

② 安特生：《甘肃考古记》，乐森珴译，《地质专报》甲种第五号，1925 年版；J. G. Andersson, *Researches Into the Chinese*, Bulletin of the Museum of the Eastern Antiquities No. 15, Stockholm, 1943。

③ 严文明：《甘肃彩陶的源流》，《文物》1978 年第 10 期；Han Jianye, " 'The Painted Pottery Road' and Early Sino-Western Cultural Exchanges", *ANABSASIS-Studia Classica et Orientalia* 3, 2012, pp. 25 – 42。

公元前 3 至前 1 千纪中国和中亚地区的尖顶冠形符号

公元前 3 千纪中叶至前 1 千纪初期，在中国和中亚地区存在一种尖顶冠形符号，尖顶直角或锐角，两侧冠翅上有一道以上斜线，冠顶有 "V" 字形、菱形、"丁" 字形、"十" 字形纹饰，彩绘、刻划或附加泥条于陶容器或陶人偶之上。俄罗斯学者马松（V. M. Masson）等曾称其为 "三角睫毛纹"（Triangle with eyelashes），认为其与某种神祇信仰有关[①]。我曾称其为双 "F" 形纹，并提出马厂类型的此类纹饰可能与欧亚草原存在联系[②]，但当时并未关注到中亚地区。本文试对中国和中亚地区尖顶冠形符号进行比较，并探讨其相互关系。

一

中国境内的尖顶冠形符号，发现于马家窑文化宗日类型和马厂类型、齐家文化中晚期、四坝文化、哈密天山北路文化、辛店文化

---

① В. М. Массон，В. И. Сарианиди：Среднеазиатская Терракота Эпохи Бронзы，Главная редакция восточной литературы Москва，1973.

② 韩建业：《中国西北地区先秦时期的自然环境与文化发展》，文物出版社 2008 年版，第 170—171 页。

和察吾呼沟口文化早期，绝对年代约在公元前 2600 年—前 800 年，跨越中国铜石并用时代、青铜时代至早期铁器时代。冠顶多呈"V"字形或菱形，彩绘、刻划或附加泥条于陶容器之上，具体可分四型。

马家窑文化宗日类型主要分布在以共和盆地为中心的青海省东部，绝对年代约在公元前 2600 年—前 2200 年，属于铜石并用时代早期和晚期早段。在青海同德宗日墓葬一件宗日类型早期的陶壶上①，发现多个尖顶冠形符号，冠顶呈"V"字形，可作为 A 型，两侧冠翅上有两道或一道斜线，彩绘于罐的颈腹部位（图一，1）。

马家窑文化马厂类型主要分布在甘肃中西部和青海东部，延伸到河西走廊甚至新疆东部地区，约在公元前 2200 年—前 1900 年，属于铜石并用时代晚期晚段。少量尖顶冠形符号发现于甘肃永登乐山坪②和青海民和阳山③等遗址，均属 A 型，两侧冠翅上有两道或一道斜线，泥条附加或彩绘于罐腹（图一，2—4）。

齐家文化中晚期遗存主要分布于甘肃大部、青海东部、宁夏南部，晚期扩展至关中地区，约在公元前 2200 年—前 1500 年，属于铜石并用时代晚期晚段至青铜时代早期。少量尖顶冠形符号发现于甘肃武威皇娘娘台④、广河齐家坪、永靖秦魏家⑤等遗址。秦魏家遗址见 A 型者，刻划饰于罐腹（图一，7）。皇娘娘台遗址者冠顶呈菱形，可称 B 型，彩绘于豆盘内壁或罐腹（图一，5、6）。

四坝文化、哈密天山北路文化分布在河西走廊中西部和哈密地区，

① 青海省文物管理处、海南州民族博物馆：《青海同德县宗日遗址发掘简报》，《考古》1998 年第 5 期。
② 马德璞等：《永登乐山坪出土一批新石器时代的陶器》，《史前研究》1988 年辑刊。
③ 青海省文物考古研究所：《民和阳山》，文物出版社 1990 年版。
④ 甘肃省博物馆：《武威皇娘娘台遗址第四次发掘》，《考古学报》1978 年第 4 期。
⑤ 中国科学院考古研究所甘肃工作队：《甘肃永靖秦魏家齐家文化墓地》，《考古学报》1975 年第 2 期。

公元前 3 至前 1 千纪中国和中亚地区的尖顶冠形符号

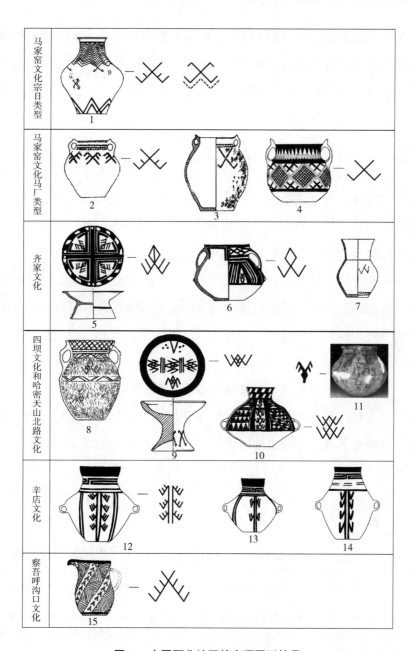

图一 中国西北地区的尖顶冠形符号

1. 宗日（M222:3） 2、3. 乐山坪（LYL:186、LYL:220） 4. 阳山（M22:21） 5、6.
皇娘娘台（M47:10、M30:2） 7. 秦魏家（M107:4） 8—10. 东灰山（M181:2、M108:5、
M23:2） 11. 天山北路（M214） 12—14. 核桃庄（M35:2、M257:1、M312:1） 15. 察
吾呼沟口四号墓地（M33:25）

约在公元前 1900 年—前 1300 年，属于青铜时代早期。尖顶冠形符号较多，发现于甘肃玉门火烧沟①、酒泉干骨崖②、民乐东灰山③，哈密天山北路④等遗址，既有 B 型者，或刻划于罐腹（图一，8），甚至作为彩绘人像的头部（图一，11），也有将冠顶菱形饰移至冠下者，可称 C 型（图一，9），更多则是 C 型的上下叠加（图一，10）。

辛店文化主要分布在黄河上游及其支流洮河、大夏河、湟水、渭河上游地区，约在公元前 1500 年—前 800 年，属于青铜时代晚期，较多尖顶冠形符号发现于青海民和核桃庄等遗址⑤，均属冠翅间无冠顶而以竖线相隔者，可称 D 形（图一，12—14）。

察吾呼沟口文化前期分布在塔里木盆地北缘，约在公元前 1200 年—前 800 年，属于早期铁器时代，个别尖顶冠形符号发现于新疆和静察吾呼沟四号墓地等⑥，冠顶 V 形，两侧冠翅上有三道斜线，实属 A 型（图一，15）。

虽然目前我们还难以理清以上四型尖顶冠形符号之间是否存在发展演变关系，但这类符号在公元前 3 千纪中期突然出现于中国西北地区则是确定无疑的。带有这些符号的陶容器均属普通随葬品，看不出特殊之处。

---

① 甘肃省博物馆：《甘肃省文物考古工作三十年》，《文物考古工作三十年（1949—1979）》，文物出版社 1979 年版，第 139—153 页。

② 李水城：《四坝文化研究》，《考古学文化论集》（三），文物出版社 1993 年版，第 80—121 页。

③ 宁笃学：《民乐县发现的二处四坝文化遗址》，《文物》1960 年第 1 期；甘肃省文物考古研究所、吉林大学北方考古研究室：《民乐东灰山考古——四坝文化墓地的揭示与研究》，科学出版社 1998 年版。

④ 新疆维吾尔自治区文物事业管理局等编：《新疆文物古迹大观》，新疆美术摄影出版社 1999 年版，第 111 页。

⑤ 青海省文物考古研究所等：《民和核桃庄》，科学出版社 2004 年版。

⑥ 新疆文物考古研究所：《新疆察吾呼——大型氏族墓地发掘报告》，东方出版社 1999 年版。

二

中亚地区的尖顶冠形符号，主要发现于土库曼斯坦南部的纳马兹加五期类型或阿尔丁特佩文化，绝对年代约在公元前 2600 年—前 1900 年，属于中亚青铜时代中期①。在阿尔丁特佩（Altyn-Depe）五期（第一发掘区 1—3 层）②、纳马兹加五期（Namazga V）等当中，常见冠顶"丁"字形、"十"字形或倒矢形的尖顶冠形符号，两侧冠翅上有三道以上斜道，有的甚至细密如睫毛，刻划于红陶人像上。刻划这类符号的人像一般折肩、倒梯形上身，梯形或近圆形下身多前折呈坐姿，面部有扁菱形或贝壳形双目，正面常见蛇状扭曲双辫，头后常垂锥状单辫，绝大多数带高耸双乳而呈女性特征。陶人像常在正背两面饰尖顶冠形符号，有时还与其他符号相互组合，正面一般在双肩左右各一，背面则在腰部靠下位置左右各一（图二，1），或上下各一（图二，3），或中间一个（图二，2）。

据统计，在阿尔丁特佩遗址发现的 112 个各类符号当中，数量最多的尖顶冠形符号就有 30 个，占到总数的 1/3 以上。这类符号和其他符号一样，被认为与对各种神祇的崇拜有关③；而尖顶冠形符号总是见于带有蛇形长辫的女性雕像之上，被推测为与男性星神或月亮神

---

① A. H. Dani, V. M. Masson eds., *History of Civilizations of Central Asia*, Volume Ⅰ: The Dawn of Civilization: Earliest Times to 700 B. C., UNESCO Publishing, Paris, 1992, pp. 225 – 246；Philip L. Kohl, "The Namazga Civilization: An Overview", in *The Bronze Age Civilization of Central Asia*, M. E. Sharpe Inc., Armonk, New York, 1981, pp. vii – xl；O. Lecomte, H. -P. Francfort, etc., Recherches archéologiques récentes à Ulug Dépé (Turkménistan), *Paléorient*, 2002, Vol. 28, No. 2, pp. 123 – 131.

② V. M. Masson, *Altyn-Depe*, Translated by Henry N. Michael, The University Museum (University of Pennsylvania), 1988, pp. 84 – 89.

③ В. М. Массон, В. И. Сарианиди, Среднеазиатская Терракота Эпохи Бронзы, Главная редакция восточной литературы Москва, 1973.

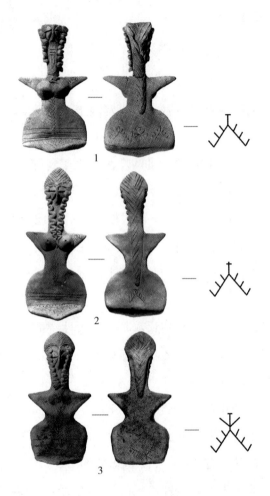

图二　阿尔丁特佩遗址人形塑像及符号

1. Excavation 9, corridor of burial chamber 9　　2. Excavation 9, burial chamber 11
3. Excavation 5, 1st horizon, burial chamber 13

之妻有关①。但在阿尔丁特佩遗址，装饰符号的人像大部分出土于墓葬，少量出土于房屋，几乎见于遗址所有区域，似乎并未体现出对神的特别尊崇，所以这种说法还难以成为定论。

　　按照马松（V. M. Masson）等的意见，尖顶冠形符号有着前伊兰

① V. M. Masson, *Altyn-Depe*, Translated by Henry N. Michael, The University Museum (University of Pennsylvania), 1988, p. 87.

风格（Proto-Elamitic），或者说就是直接受到前伊兰文字影响而来
（图三，4、5）①。但仔细来看，类似的前伊兰文字多整体为三角形，
与此类尖顶冠形符号缺底边线的情况有别。其实，尖顶冠形符号更可
能只是从纳马兹加四期的锯齿纹彩陶发展演变而来②，往前还可追溯
至曾盛极一时的纳马兹加二期晚段和三期的锯齿纹彩陶③，类似尖顶
冠形符号的图案其实就是锯齿纹图案中的一个单元（图三，1—3）。
如此看来，尖顶冠形符号还应该是来源于土库曼斯坦南部当地。

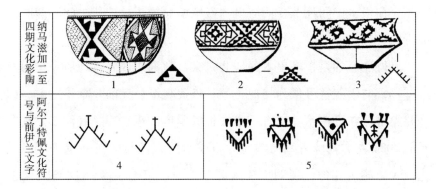

图三　纳马兹加二至四期文化彩陶、阿尔丁特佩文化符号和前伊兰文字比较

1—3. 阿尔丁特佩彩陶（纳马兹加二期晚段、纳马兹加三期、纳马兹加四期）　4. 阿尔
丁特佩文化尖顶冠形符号　5. 前伊兰文字

三

公元前 3 千纪中叶至前 1 千纪初期，中国和中亚都存在较为复杂

　　① В. М. Массон，В. И. Сарианиди，Среднеазиатская Терракота Эпохи Бронзы，Главная
редакция восточной литературы Москва，1973.

　　② V. M. Masson，V. I. Sarianidi，*Central Asia*，Translated and edited by Ruth Tringham，Thames
and Hudson，1972，p. 132.

　　③ L. B. Kircho，G. F. Korobkova，V. M. Masson，*The Technical and Technological Potential of
the Eneolithic population of Altyn-Depe as the Basis of the Rise of an early Urban Civilization*，European
House，St. -Petersburg，2008，p. 71；Philip L. Kohl，"The Namazga Civilization：An Overview"，in
The Bronze Age Civilization of Central Asia，M. E. Sharpe Inc. ，Armonk，New York，1981，pp. vii－xl.

特殊的尖顶冠形符号，且彼此大同小异，偶然形似的可能性不大，二者间很可能存在联系。由于中亚的尖顶冠形符号出现年代较早且明确来源于当地，而中国西北地区的类似符号却是突然出现，且数量较少，因此推测应当有个从西而东的传播过程，中国和中亚之间在公元前 3 千纪末期当存在文化交流。只是两个地区的尖顶冠形符号形态细节尚有差别，而且此类符号在中国均发现于陶容器，而在中亚则萌芽时见于陶容器，后见于陶人像，推测在中亚和中国西北地区之间还存在很多中间环节，而塔里木盆地南北缘正是这些中间环节的关键所在。

　　值得注意的是，塔里木盆地北缘察吾呼沟口四号墓地所见尖顶冠形符号，与中亚符号最为相似，只是年代晚至公元前 800 年左右，或许此类符号在塔里木盆地有一个较长的发展传承过程。我们还发现公元前 2000 左右新疆古墓沟墓地的石或木质人像与中亚阿尔丁特佩文化陶人像颇为相似，说明主要来源于中亚，可惜古墓沟这类人像上并未见尖顶冠形符号。关于尖顶冠形符号东传的细节问题还需继续探索。

新疆古墓沟墓地人形雕像源于中亚

古墓沟墓地位于塔里木盆地东南缘的新疆若羌县北部，在罗布泊西北、孔雀河北岸，1979 年发掘，1983 年发表发掘简报①，2014 年出版发掘报告②。共发掘出 42 座墓葬，均为竖穴沙坑墓，有木棺，少数墓地地表见 7 圈列木，主要随葬木、皮、毛、草、骨、角类有机质器物，也有少量石（玉）、铜器，但不见陶器。与其南的小河墓地面貌近似③。古墓沟墓地的发掘者王炳华曾提出古墓沟文化的名称④，也有人将此类遗存称为小河文化。我对《古墓沟》发掘报告新近公布的人形雕像很感兴趣，拟就其来源问题做简单讨论。

古墓沟墓地共发现 6 件人形雕像。其中 1 件石质者保存完好（图一，1），高 27.5 厘米。5 件木质者高 37.5—57 厘米，有 2 件保存较好（图一，4、5），3 件剥裂较严重（图一，2、3、6），但仍能看出

---

① 新疆社会科学院考古研究所：《孔雀河古墓沟发掘及其初步研究》，《新疆社会科学》1983 年第 1 期。

② 王炳华：《古墓沟》，新疆人民出版社 2014 年版。

③ ［瑞典］沃尔克·贝格曼：《新疆考古记》，王安洪译，新疆人民出版社 1997 年版，第 75—183 页；新疆文物考古研究所：《2002 年小河墓地考古调查与发掘报告》，《新疆文物》2003 年第 2 期；韩建业：《新疆的青铜时代和早期铁器时代文化》，文物出版社 2007 年版。

④ 新疆社会科学院考古研究所：《孔雀河古墓沟发掘及其初步研究》，《新疆社会科学》1983 年第 1 期。

图一　古墓沟墓地人形雕像

1. 石像（M18:2）　2—6. 木像（M3:1、M8:1、M12:1、M14:1、M20:6）

大体形状。共同特征是面部未雕出五官，方折肩，倒梯形上身，多为梯形或近圆形下身而未明确雕出双腿，仅 1 件下有双短腿（图一，6）。其中 3 件有明显双乳而具女性特征（图一，1、4、6），1 件平胸当为男性（图一，5），还有 2 件剥裂严重者不好判断性别。另外，其中 1 件头呈倒梯形（图一，1），1 件头后垂有单辫（图二，1）。这些人像有的随葬在墓主人头部（图一，1、4）或脚端（图一，2），有的在棺外（图一，6），有的甚至在墓葬所填沙土中（图一，3、5），似乎并无对其特别尊崇之意。

古墓沟墓地雕像与小河墓地上层出土的瘦高有腿的木雕人像有较大区别。古墓沟墓葬有多个碳 ^{14}C 测年数据，树轮校正后的中心值落在公元前 1900—前 1700 年之间[1]，而小河墓地上层年代大致在公元前 1650—前 1450 年[2]，人像形态不同或许由于年代早晚有别的缘故。

环顾周边地区大致同时代的考古学遗存，会发现在中亚土库曼斯坦南部的阿尔丁特佩（Altyn-Depe）五期（第一发掘区 1—3 层）[3]、纳马兹加五期（Namazga V）、哈普兹特佩一至二期（Khapuz-Depe I-II）期、乌鲁特佩（Ulug-Depe）、戈诺尔特佩（Gonur-Depe）、凯莱利（Kelleli）一号居地等的房屋和墓葬当中，都有与其颇为相似的人像，只不过均为红陶泥塑[4]。比如阿尔丁特佩等遗址陶人像也多为折肩、倒梯形上身、梯形或近圆形下身，头后常垂锥状单辫，绝大多数有高耸双乳而呈女性特征，也有个别平胸而具男性特征者；其中不少头部也呈倒梯形。值得注意的在戈诺尔特佩等还发现少量带双腿的男女陶塑[5]。不过阿尔丁特佩等遗址陶塑均较小，一般高度 10—15 厘米，面部有扁菱形或贝壳形双目，肩锐折，正面还常见蛇状扭曲双

① 古墓沟 M38 的毛毯、羊皮和棺木测年校正后数据分别为 BC1875—1530、BC2123—1640、BC1878—1677 年，M4 棺木校正数据 BC2032—1777 年，M23 棺木校正数据 BC2011—1782 年，还有一座墓葬的毛皮校正数据为 BC1896—1705 年。见中国社会科学院考古研究所编《中国考古学中碳十四年代数据集（1965—1991）》，文物出版社 1991 年版，第 303—304 页。

② 新疆文物考古研究所：《新疆罗布泊小河墓地 2003 年发掘简报》，《文物》2007 年第 10 期。

③ V. M. Masson, *Altyn-Depe*, Translated by Henry N. Michael, The University Museum (University of Pennsylvania), 1988, pp. 84 – 89.

④ A. H. Dani, V. M. Masson eds., *History of Civilizations of Central Asia*, Volume I: The Dawn of Civilization: Earliest Times to 700 B. C., UNESCO Publishing, Paris, 1992, pp. 225 – 246.

⑤ W. Sarianidi, N. Dubowa eds., *Gadymy Margiananyň genji-hazynasy* (*Treasures of Ancient Margiana*), Fotoalbom, Türkmen döwlet neşirýat gullugy, 2013: 22 – 23.

辫，下身多前折呈坐姿，全身上下还有多种刻划符号，这些毕竟是和古墓沟人像有所区别的地方（图二）。

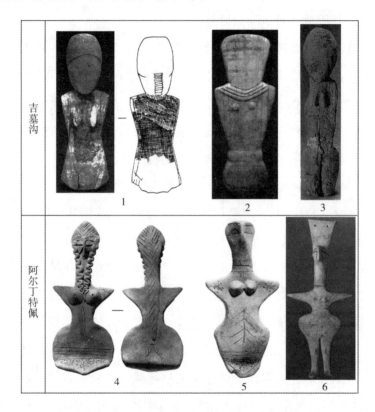

图二　古墓沟墓地和阿尔丁特佩等遗址人形雕塑比较

1—3. 古墓沟（M12∶1、M18∶2、M20∶6）　　4、5. 阿尔丁特佩（Altyn‑Depe）（Excavation 9，burial chamber 11；Excavation 5，2nd horizon）　6. 戈诺尔特佩（Gonur‑Depe）（1、3. 木质　2. 石质　4—6. 陶质）

　　土库曼斯坦南部的纳马兹加五期或阿尔丁特佩五期类文化遗存，一般被称为纳马兹加五期类型或阿尔丁特佩文化，属于中亚地区青铜时代中期文化①，其绝对年代则有不同说法。最具代表性的阿尔丁特佩五期有 9 个数据，但彼此相差较大，中心值约在公元前 4000—前

---

　　①　A. H. Dani，V. M. Masson eds.，*History of Civilizations of Central Asia*，Volume Ⅰ：The Dawn of Civilization：Earliest Times to 700 B. C.，UNESCO Publishing，Paris，1992，pp. 225 – 245.

1400 年之间，俄罗斯学者马松（V. M. Masson）根据其与相关遗存年代的比较研究，确定其年代范围约为公元前 2300—前 1850 年①。戈诺尔特佩同期遗存有 10 个数据，彼此接近②，中心值约在公元前 2000—前 1700 年。另外马松还将阿尔丁特佩文化所属中亚青铜时代中期的年代定在公元前 2000—前 1600 年③。而科尔（Philip L. Kohl）认为纳马兹加五期的年代在公元前 2600—前 2100 年④，勒孔特（O. Lecomte）和法兰克福（H. -P. Francfort）认为在公元前 2500—前 1800 年⑤，都比俄罗斯学者的年代明显偏早。综合以上意见，可将阿尔丁特佩文化的绝对年代大致确定在大约公元前 2600—前 1900 年，大体相当于中国的龙山时代，上限明显早于古墓沟文化或小河文化。

阿尔丁特佩文化是由科彼特山脉北麓的青铜时代早期文化发展而来，后来向东扩展至穆尔加布河流域，而影响则及于阿姆河以东地区，渗透进泽拉夫善河流域的扎曼巴巴文化（Zamanbabin Culture）。阿尔丁特佩文化以农业经济为主，畜牧业也较发达，种植小麦、大麦、粟、豌豆等作物，饲养绵羊、山羊、猪、牛、骆驼等家畜。有土坯垒砌的城堡和土坯房屋，建筑物装饰精美的马赛克面板，城墙四周或城内多置神殿、火坛，被认为与拜火教或者琐罗亚斯德教的起源有关⑥。墓葬多为长方形土坯墓穴，均屈肢葬式。在科彼特山脉北麓有阿尔丁特

---

① V. M. Masson, *Altyn-Depe*, Translated by Henry N. Michael, The University Museum (University of Pennsylvania), 1988, pp. 95 – 96.

② Thomas Götzelt, *Ansichten der Archäologie Süd-Turkmenistans bei der Eeforschung der "mittleren Bronzezeit" ("Periode" "Namazga V")*, Verlag Marie Leidorf GmbH, Espekamp, 1996: 157 – 158.

③ 马松将中亚青铜时代分为早、中、晚期，认为其绝对年代大致分别在公元前 2500—前 2000 年、公元前 2000—前 1600 年、公元前 1600—前 1000 年。见 V. M. Masson and V. I. Sarianidi, *Central Asia. Turkmenia before the Achaemenids*, London, Thames & Hudson, 1972。

④ Philip L. Kohl, "The Namazga Civilization: An Overview", in *The Bronze Age Civilization of Central Asia*, M. E. Sharpe Inc., Armonk, New York, 1981, pp. vii – xl.

⑤ O. Lecomte, H. -P. Francfort, etc., Recherches archéologiques récentes à Ulug Dépé (Turkménistan), *Paléorient*, 2002, Vol. 28, No. 2, pp. 123 – 131.

⑥ V. Sarianidi, *Margiana and Protozoroastrism*, Kapon Editions, 1998.

佩、纳马兹加、乌鲁特佩等中心聚落，在穆尔加布河流域有戈诺尔特佩、凯莱利一号居地等中心聚落，当时已经进入初期"城市文明"阶段。有陶、石、铜、金、银质的壶、瓶、罐、盆、钵、盘、杯、灯等容器，有些长流或高圈足的器物很有特色，陶器基本为轮制，铜器有红铜、砷青铜、铅青铜器等；有铜、石质的斧、刀、短剑、矛、镞、锄、权杖头、秤砣、砝码等武器或工具，铜、银、玉石、象牙质的带柄镜、别针、项链、镯、耳环、牌饰等装饰品；还有不少动物小陶塑，石、铜、银质的带文字和图案的印章，以及香炉等；有的黄金牛头、狼头小巧精致。该文化总体源于当地，又和伊朗北部、两河流域以及印度河流域文化存在联系。

阿尔丁特佩文化的陶塑人像不但主要源于科彼特山脉北麓的青铜时代早期文化，而且还可以追溯至更早。在公元前 6 千纪至前 5 千纪新石器时代的哲通文化（Jeitun Culture）中，已经出现较小的人形陶塑。至公元前 4 千纪至前 3 千纪中叶（铜石并用时代至早期青铜时代）的纳马兹加二至四期文化，人像丰满，性征突出，尤其有的女性坐姿陶塑臀腿占到全身的三分之二以上（图三，1—3）。到纳马兹加五期的阿尔丁特佩文化，雕塑突然向扁平瘦长的抽象方向发展，尤其女性雕像由强调丰乳肥臀的女性整体特征而变为更多以乳房等象征女性，性特征越来越不明显，但人身下部前折的形态仍为坐姿，与之前肥臀陶塑一脉相承（图三，4）。实际上，阿尔丁特佩文化的陶塑人像既有自己的特点，也与同时代的两河流域文化和印度河流域哈拉帕文化有关，其演变脉络也大致相似。中亚青铜时代这些扁平风格的人像上多饰各种类似前伊兰风格（Proto-Elamitic）的符号，被认为与对母亲神、丰产神、天神、水神、智神等"神"的崇拜有关[①]，但这

---

① В. М. Массон, В. И. Сарианиди, Среднеазиатская Терракота Эпохи Бронзы, Главная редакция восточной литературы Москва，1973.

些陶塑见于房屋、墓葬各处，似乎并未体现出对其特别尊崇之处，所以神像的说法还难以成为定论。

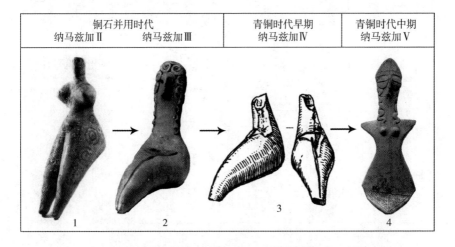

| 铜石并用时代 | | 青铜时代早期 | 青铜时代中期 |
| 纳马兹加Ⅱ | 纳马兹加Ⅲ | 纳马兹加Ⅳ | 纳马兹加Ⅴ |

图三　土库曼斯坦南部铜石并用时代—青铜时代早中期女人陶塑演变

1. 亚兰加奇特佩（Yalangach-Depe）　2—4. 阿尔丁特佩（Altyn-Depe）（Excavation 15, burial chamber 2；Trench of Excavation 11, Level V；Excavation 5, 1st horizon, burial 60）

古墓沟人像在新疆乃至于甘青等地并无更早渊源，而阿尔丁特佩文化人像则在当地源远流长并有着中西亚这样一个大的传统，则二者之间的相似性就应该是中亚影响新疆东部的结果（图四）。郭物此前已经指出了古墓沟这件石雕人像和阿尔丁特佩遗址陶塑人像较为接近①。但由于二者人像毕竟存在一定区别，尤其古墓沟雕像较大，且并不见阿尔丁特佩文化陶塑所见具有特殊含义的符号，说明只是学到其塑像外形而非其包含的整个符号系统和精神世界，可能从中亚到新疆东部还存在不少中间环节，并非直接传播所致。理清这些中间环节，尚需进一步的考古工作作为基础，尤其以对塔里木盆地周缘的考古探索至为重要。

论及公元前2000年前后的中西文化交流，学术界一般会将新疆乃

---

①　郭物：《新疆史前晚期社会的考古学研究》，上海古籍出版社2012年版，第264—265页。

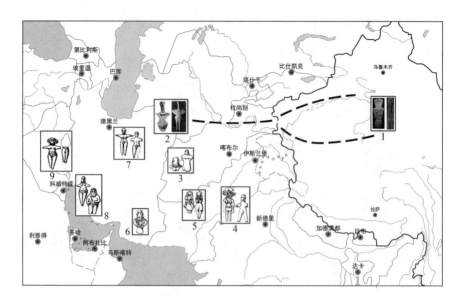

图四　中国新疆和中西亚地区青铜时代中期人像的分布

1. 中国新疆罗布泊地区　2. 土库曼斯坦南部　3. 阿富汗南部　4. 印度河流域　5. 巴基斯
坦北部　6. 巴基斯坦南部　7. 伊朗东北部　8. 伊朗西南部　9. 美索不达米亚

（本图根据俄罗斯学者马松等《青铜时代的中亚陶人》一书图九改制①。）

至于甘青等地文化与西西伯利亚和哈萨克斯坦等地文化联系起来②。而我们通过人形雕像，实际上就看到了当时还有另外一条中西文化交流通道，也就是从中亚到中国新疆的通道。

————————

①　В. М. Массон，В. И. Сарианиди，Среднеазиатская Терракота Эпохи Бронзы，Главная редакция восточной литературы Москва，1973，рис. 9.

②　Louisa G. Fitsgerald-Huber，"Qijia and Erlitou，The Question of Contacts with Distant Cultures"，*Early China*，20，1995，pp. 17 – 67；E. E. Kuz'mina，*The Prehistory of the Silk Road*，edited by Victor H. Mair，University of Pennsylvania Press，2007；李水城：《西北与中原早期冶铜业的区域特征及交互作用》，《考古学报》2005 年第 3 期。

略论新疆地区四千年前的萨满式人物形象

——兼论康家石门子岩画的年代

一

距今 4000 年前后的青铜时代，在新疆地区的切木尔切克文化、哈密天山北路文化、古墓沟—小河文化等当中，时见各种人物形象，尤以一种萨满式的人物形象最为有趣。这里所谓萨满式人物形象，是指人像头顶有角状—羽状饰、面部有横线纹等奇特装饰，类似晚近北方草原萨满装扮的形象。

切木尔切克文化①，以中国新疆阿勒泰地区为中心，涉及周边的塔城、昌吉，以及蒙古西部的乌列盖省、科布多省等地，绝对年代约在公元前 2500—前 1500 年②。其萨满式人物形象主要见于墓前

① "切木尔切克原译做克尔木齐，后来地名标准化译作切木尔切克，参考 1995 年新疆维吾尔自治区测绘局编制《中华人民共和国新疆维吾尔自治区地图集》"，见王博《切木尔切克文化初探》，《考古文物研究——纪念西北大学考古专业成立四十周年文集》，三秦出版社 1996 年版，第 285 页。

② 韩建业：《新疆的青铜时代和早期铁器时代文化》，文物出版社 2007 年版，第 46 页；林沄：《关于新疆北部切木尔切克类型遗存的几个问题——从布尔津县出土的陶器说起》，《林沄学术文集（二）》，科学出版社 2008 年版，第 143—161 页；［俄］A. A. 科瓦廖夫：《公元前第三千纪早期切木尔切克人从法兰西向阿尔泰的大迁徙》，贺婧婧译，《吐鲁番学研究》2015 年第 1 期；丛德新、贾伟明：《切木尔切克墓地及其早期遗存的初步分析》，《庆祝张忠培先生八十岁论文集》，科学出版社 2014 年版，第 275—308 页。

石碑①，以阿勒泰喀依纳尔 1 号墓地石人为代表②。该墓地于茔院墓围之前立有 5 尊人像石碑，真人大小，圆顶长方体，头颈稍有分界，正面浅浮雕出圆头，以及眉眼鼻口，双手抚胸腹。值得注意的是，其双颊有两个横三角形浅浮雕饰，有的胸部正中有圆形浅浮雕饰，像是纹面着胸饰的萨满形象（图一，1、2）。在紧邻阿勒泰的蒙古科布多省亚格辛霍多（Ягшийн ходоо）墓地③，也发现有类似的石碑人像，只是除了纹面，头上还有双短竖线式的角状—羽状饰，左右手各持弓和钩形器（图一，3）。

1   2   3

图一　切木尔切克文化石碑人像

1、2. 喀依纳尔 1 号墓地　3. 亚格辛霍多 3 号墓

---

① 阿勒泰地区文物局（博物馆）：《切木尔切克文化》，新疆人民出版总社、新疆科学技术出版社 2016 年版，第 69—71 页。

② 喀依纳尔 1 号墓地位于切木尔切克乡喀依纳尔村西南，早年包含在泛称的克尔木齐墓群之中。见李征《阿勒泰地区石人墓调查简报》，《文物》1962 年 7、8 期；新疆社会科学院考古研究所：《新疆克尔木齐古墓群发掘简报》，《文物》1981 年第 1 期；阿勒泰地区文物局、阿勒泰地区博物馆：《狩猎·游牧·黄金道》，新疆人民出版总社、新疆科学技术出版社 2015 年版，第 18—19 页。

③ ［俄］A. A. 科瓦列夫、［蒙古］д. 额尔德涅巴特尔：《蒙古青铜时代文化的新发现》，邵会秋、潘玲译，《边疆考古研究》第 8 辑，科学出版社 2009 年版，第 246—279 页。

哈密天山北路文化，位于新疆哈密盆地和巴里坤盆地，绝对年代约在公元前2000—前1300年①。哈密天山北路墓地的一件黑彩彩陶双耳罐上，在双耳及以下部位，各彩绘站立人物一个②。其中一人头部彩绘剥蚀不清，仔细观察头应为粗圆点，不见五官，上伸出一对正反"F"形羽状饰③，身体为两个对顶三角形，平肩垂臂，手部呈树枝状，双短腿，二脚偏于一侧，中间有竖道应为阳具（图二）。

1

2

图二　哈密天山北路墓地（M214）彩陶人像

1. 彩陶罐　2. 人像

---

① 又称天山北路文化、林雅文化等，我为避免误解，使用了哈密天山北路文化一名。见韩建业《新疆的青铜时代和早期铁器时代文化》，文物出版社2007年版，第41页。

② 新疆维吾尔自治区文物事业管理局等编：《新疆文物古迹大观》，新疆美术摄影出版社1999年版，第111页。

③ 我曾经将此头顶饰视为倒置的"尖顶冠形符号"，并认为其与中亚的阿尔丁特佩文化有关。或者其为中亚符号和阿尔泰装饰图案的融合体。见韩建业《公元前3至前1千纪中国和中亚地区的尖顶冠形符号》，《西域研究》2015年第4期。

　　古墓沟—小河文化①，位于从罗布泊至克里雅河流域的塔里木盆地，绝对年代约在公元前2100—前1450年②，其中小河墓地上部第1、2层年代约1650—前1450年③。小河墓地有一种随葬的木人头像，一般置于墓主人胸部，高10厘米左右，高鼻深目，尤其鼻子高耸夸张，镶嵌小白珠为眼珠，以羽管为牙，在鼻梁至双颊横搭7道细线绳（图三，1、2）。有趣的是，随葬木人头像的M13、M24等的墓主人也是"额至鼻部绘有红色的横线"，其中M13"额部的3道最明显，鼻梁至上唇的几道断断续续，不甚清晰"（图三，3）④。可见，木头人像面部的线绳，很可能表示的就是纹面形象。

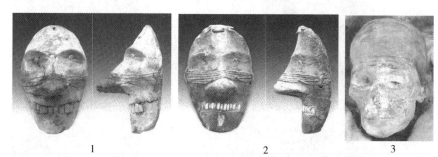

1　　　　　　　　2　　　　　　　　3

图三　小河墓地木人头像和女尸人面

1、2. 木人头像（M13、M24）　3. 女尸人面（M13）

　　上述人物形象中，切木尔切克文化见角状—羽状饰和横线纹面，

　　①　又称小河文化、小河—古墓沟文化等，最早20世纪30年代发现于罗布泊小河墓地，80年代古墓沟墓地的发掘者提出古墓沟文化的命名。见［瑞典］沃尔克·贝格曼《新疆考古记》，王安洪译，新疆人民出版社1997年版，第75—183页；新疆社会科学院考古研究所《孔雀河古墓沟发掘及其初步研究》，《新疆社会科学》1983年第1期。

　　②　王炳华：《古墓沟》，新疆人民出版社2014年版；伊弟利斯·阿不都热苏勒等：《罗布泊地区古代人类活动》，《中国罗布泊》，科学出版社2007年版，第390—447页。

　　③　新疆文物考古研究所：《2002年小河墓地考古调查与发掘报告》，《新疆文物》2003年第2期；新疆文物考古研究所：《新疆罗布泊小河墓地2003年发掘简报》，《文物》2007年第10期。

　　④　新疆文物考古研究所：《新疆罗布泊小河墓地2003年发掘简报》，《文物》2007年第10期

哈密天山北路文化见角状—羽状饰，古墓沟—小河文化有纹面，应当和陶器、草篓、青铜器等其他器物反映的情况一样，说明这些文化彼此间存在联系。

二

类似新疆青铜时代这种萨满式的人物形象，在大体同时的俄罗斯阿尔泰地区的奥库涅夫（Okunev）文化和卡拉库尔（Karakol）文化等当中，有着极为丰富的发现。

奥库涅夫文化主要分布在东西萨彦岭之间叶尼塞河上游的米努辛斯克盆地，绝对年代约在公元前 2500—前 1500 年[①]。萨满式人物形象主要雕刻在石碑上，也有的在陶器等上面，形态多种多样，人像头顶有多枝角状—羽状装饰，但多以其中两枝为主，有的头顶呈日光状，或有细长高冠或发辫；面部除双目外，还在额头中间常见第三只"天眼"，常在额至鼻部饰横带纹；有的并在头下方有一个或数个内圆外方的琮形图案（图四，12—16）[②]。与其大体同时的卡拉库尔文化，主要分布在鄂毕河上游阿尔泰共和国南部地区[③]，萨满式人物形象也有头顶角状或羽状、日光状、高冠状等，有的似乎也有纹面。但与奥库涅夫文化不同的是，这些人物却一般都有身体四肢，有的双手

① Hermann Parzinger, *Die frühen Völker Eurasiens: Vom Neolithikum bis zum Mittelater*, Verlag C. H. Beck, München, 2006: 300 – 312; Anton Gass, *Frühbronzezeit am mittleren Enisej: Gräberfelder der frühbronzezeitlichen Okunev-Kultur im Minusinsker Becken*, Habelt, 2011. Universitätsforschungen zur prähistorischen Archäologie, Vol. 199.

② Э. Б. Вадецкая, Н. В. Леонтьев, Г. А. Максименков, Памятники окуневской культуры. Ленинград, 1980; Д. Г. Савинов, М. Л. Подольский, Окуневский сборник. Культура, искусство, антропология. СПб, 1997; Nikolaj, V. Leont'ev, Vladimir, F. Kapel'ko, *Steinstelen der Okunev-Kultur*, Philipp von Zabern, Mainz, 2002; Д. Г. Савинов, М. Л. Подольский, А. Наглер, К. В. Чугунов. Окуневский сборник 2. Культура и её окружение. СПб, 2006.

③ Hermann Parzinger, *Die frühen Völker Eurasiens: Vom Neolithikum bis zum Mittelater*, Verlag C. H. Beck, München, 2006: 297 – 300.

似持棒状物，或者树枝形物（图四，9—11）。此外，在鄂毕河和额尔齐斯河中游之间的萨姆斯（Samus）文化陶器上，也常见压印的头顶二或三枝角状—羽状饰的人物形象①。

新疆萨满式人物形象和奥库涅夫文化、卡拉库尔文化的共同之处，表现在头顶都有角状—羽状装饰，都有纹面②，哈密个别人物树枝状手的形象与卡拉库尔文化也有相近之处。总体而言新疆和卡拉库尔文化人物形象更为接近。但新疆人物目前还未见额有"天眼"者，头顶装饰一般为一对，远没有奥库涅夫文化和卡拉库尔文化复杂，尤其不能和奥库涅夫文化相提并论；哈密天山北路文化人物身体呈对顶三角形③，也与卡拉库尔文化的长身人物形象不同。

三

新疆岩画也有和上述年代明确的考古资料类似的萨满式人物形象，以呼图壁康家石门子岩画最具代表性。这幅岩画在100余平方米的横长条形空间上，凿刻了大大小小一二百个人像或人头，以及对马图像等（图五）④。人物形态各异，突出特征就是绝大多数头顶有一对角状—羽状装饰（图四，5右、7），也有个别为两对羽状饰（图

① Есин Ю. Н.，Древнее искусство Сибири：самусьская культура，Томск：Томский государственный университет，2009.

② 郭物曾经指出："小河墓地随葬的人面，其特点和奥库涅夫文化立石人上的人面非常接近，特别是脸部横缠的线"，见郭物《新疆史前晚期社会的考古学研究》，上海古籍出版社2012年版，第264—265页。

③ 此类对顶三角形身体的人物（或动物）形象，流行于中西亚和欧洲等地区。公元前2000年前后土库曼斯坦南部阿尔丁特佩文化（或纳玛兹加五期文化）的小陶人，也都是三角形上身。见 V. M. Masson，*Altyn-Depe*，Translated by Henry N. Michael，The University Museum（University of Pennsylvania），1988，pp. 84 - 89；郭物《新疆史前晚期社会的考古学研究》，上海古籍出版社2012年版，第264、317页；韩建业《新疆古墓沟墓地人形雕像源于中亚》，《三代考古（六）》，科学出版社2015年版，第473—478页。

④ 王炳华：《新疆呼图壁生殖崇拜岩画》，北京燕山出版社1992年版。

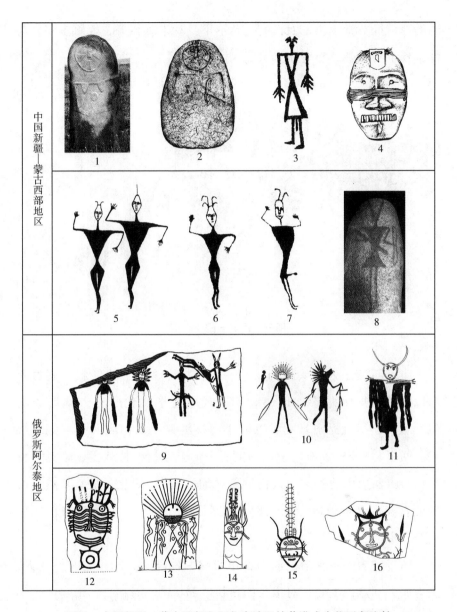

图四　中国新疆、蒙古西部和阿尔泰地区的萨满式人物形象比较

1. 喀依纳尔1号墓地　2. 亚格辛霍多3号墓　3. 哈密天山北路M214　4. 小河M24　5—
7. 康家石门子　8. 哈巴河博物馆藏　9—11. 卡拉库尔文化　12—16. 奥库涅夫文化

四，6），或在头顶正中有一枝角状—羽状装饰（或者简化的高冠）
（图四，5左），上身呈倒三角形，手臂一举一垂似"卐"字形。岩

画的性特征非常突出，女性有三角形下身和丰腴腿臀，婀娜多姿，男性细长下身细腿，有夸张阳具。

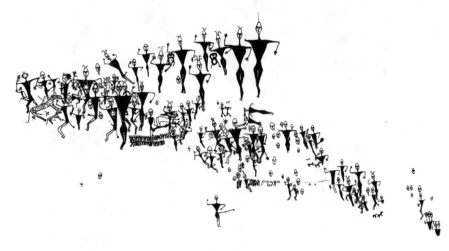

图五　康家石门子岩画

康家石门子人物头顶的角状—羽状装饰，与上述新疆、蒙古西部以及俄罗斯阿尔泰地区诸青铜时代考古学文化所见人物形象类似。有人还早就提出其羽状饰和小河墓地墓主人帽侧所插羽翎装束是一回事①。而康家石门子人物倒三角形上身、树枝状手、阳具等特征，与哈密天山北路文化人物形象更加相似②。如此一来，基本就可确证康家石门子主体岩画的时代就在公元前 2000 年前后的青铜时代③，而不会晚到公元前第一千纪。

新近发表的新疆哈巴河博物馆所藏一件砾石岩画，上有一立人，头为一大圆点，上有一对很长的角状—羽状饰，对顶三角形身体，细

① 刘学堂：《呼图壁岩画的时代、作者及其它》，《新疆文物》2006 年第 3—4 期。
② 林梅村：《吐火罗人的起源与迁徙》，《新疆文物》2002 年第 3、4 期。
③ 刘学堂："呼图壁岩画不是公元前一千纪前半或中期的遗存，它的时代要早期（到）公元前二千纪前半或更早一些"。见刘学堂《呼图壁岩画的时代、作者及其它》，《新疆文物》2006 年第 3—4 期。

长双腿，左手持弓，右手握别在腰部的细长棒或剑类器物（图四，8)①。这件岩画人物整体形态、装束和天山北路、康家石门子者基本一致，尤其和天山北路彩陶人物几乎完全一样，手持弓则类似于蒙古亚格辛霍多石碑人物。其年代也应该在公元前2000年前后。

类似上述有角状—羽状头饰、"天眼"、纹面等特征的岩画，在阿尔泰山、天山、贺兰山、阴山等地区有广泛分布，尤以叶尼塞河流域这类岩画最为典型，比如穆古尔—萨尔高拉遗址（Мугур-Саргола）（图六），甚至见有和哈巴河岩画人物近同的身体为对顶三角形的人物形象（图六，7)②。其年代也当与上述青铜时代人物形象大体一致③。

四

关于此类人物形象的功能众说纷纭，但一般认为与某种信仰或习俗有关。康家石门子岩画被直呼为"生殖崇拜岩画"④，哈密天山北路的彩陶人物画被认为可能是巫师形象⑤，叶尼塞河流域的石碑和岩画人物，或被认为表示包含天、地、地下在内的世界之轴（world ax-is），或象征日月轮回⑥，或与原始萨满教有关⑦。其实生殖崇拜也好，

①　阿勒泰地区文物局、阿勒泰地区博物馆：《狩猎·游牧·黄金道》，新疆人民出版总社、新疆科学技术出版社2015年版，第278页。

②　М. А. Дэвлет，Петроглифы Мугур-Саргола，Наука，Москва，1980.

③　戴夫雷特（Дэвлет）认为叶尼塞河流域此类岩画的年代在公元前2千纪初的青铜时代。М. А. Дэвлет，Петроглифы Мугур-Саргола，Наука，Москва，1980。

④　王炳华：《新疆呼图壁生殖崇拜岩画》，北京燕山出版社1992年版；刘学堂：《呼图壁岩画的时代、作者及其它》，《新疆文物》2006年第3—4期。

⑤　林梅村：《吐火罗人的起源与迁徙》，《新疆文物》2002年第3、4期。

⑥　参见 Nikolaj，V. Leont'ev，Vladimir F. Kapel'ko，*Steinstelen der Okunev-Kultur*，Philipp von Zabern，Mainz，2002。

⑦　М. А. Дэвлет，Петроглифы Мугур-Саргола，Наука，Москва，1980；Д. Г. Савинов，М. Л. Подольский，Окуневский сборник. Культура，искусство，антропология. СПб，1997。

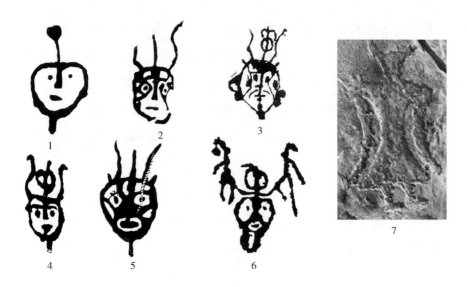

图六　叶尼塞河流域岩画

1—7. 穆古尔—萨尔高拉

世界之轴也好，日月轮回也好，都可以视为是原始萨满精神系统的组成部分，而中国话语中的"巫"或者与萨满本来就大体是一回事。因此，将上述角状—羽状头饰、"天眼"、纹面等与原始萨满装饰联系，或者与萨满教的起源相关，不失为一种很有见地的解释①。

　　萨满教被认为是宗教的原初型式，包含入迷、天界飞行、多层宇宙、宇宙核心（宇宙树）等特征②，或可追溯到数万年前的旧石器时代晚期③，成为后来早期中国、东亚地区乃至整个蒙古人种地区最"底层"的文化基础④。这样看来，上述亚洲北方草原广大地区的形态近似的萨满式人物形象（图七），除了彼此时代相近、互相存在联

　　① ［匈牙利］米哈伊·霍珀尔：《萨满教的起源与西伯利亚的岩画》，《西域研究》1996年第2期。

　　② Mircea Eliade, *Shamanism*：*Archaic Techniques of Ecstasy*（Bollingen Series，No. 76），Princeton University Press，1974；吴凤玲：《萨米人萨满文化变迁研究》，社会科学文献出版社2014年版，第15页；乌丙安：《萨满信仰研究》，长春出版社2014年版。

　　③ Leo Rutherford, *Principles of Shamanism*，Thorsons，1996.

　　④ 张光直：《考古学专题六讲》，文物出版社1986年版，第20—22页。

系的一面，还可能共同具有萨满特征的信仰底层。

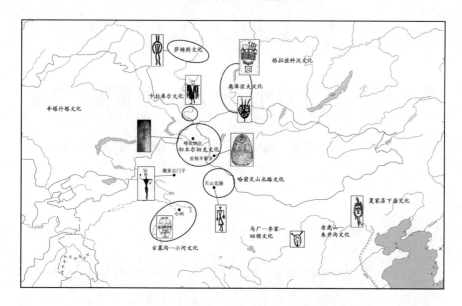

图七 亚洲北方草原地带 4000 年前萨满式人像的分布

公元前2千纪中后叶亚洲中部地区的圜底陶罐

——兼论齐家文化、卡拉苏克文化圜底陶罐的来源

本文所说亚洲中部地区，大致包括"中亚五国"哈萨克斯坦、乌兹别克斯坦、吉尔吉斯斯坦、土库曼斯坦和塔吉克斯坦，中国新疆、青海、宁夏、甘肃中西部、内蒙古西部，蒙古西部，以及俄罗斯阿尔泰和萨彦岭地区，大体以阿尔泰地区为中心。这一纵横数千公里的广袤地区，在公元前2千纪中后叶的青铜时代晚期普遍出现圜底或尖圜底陶器，尤其是作为盛储器或炊器的圜底或尖圜底陶罐，涉及齐家文化、卡拉苏克（Karasuk）文化、四道沟文化等，可以大致分为三个区域或三个系统（图一）。本文拟对这些圜底陶罐的特征年代、文化归属、分布范围等进行梳理分析，重点讨论其文化来源问题。

一

青铜时代晚期圜底陶罐的第一个分布区域，是中国甘青宁和陕西西部地区。圜底陶罐分彩陶罐和绳纹罐两大类，目前发现者基本都是随葬品，见于齐家文化晚期、四坝文化晚期，以及稍晚的辛店文化早

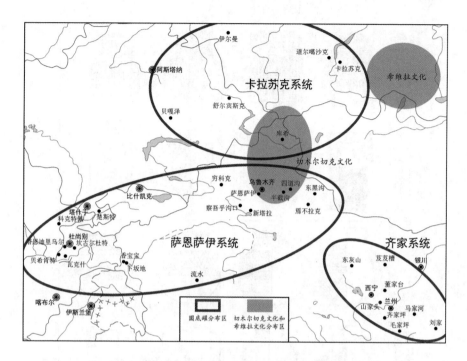

图一 公元前 2 千纪中后叶亚洲中部地区圜底陶罐的分布

期、董家台类型、刘家文化等。

齐家文化的圜底陶器多为彩陶罐类，也有个别绳纹罐，发现于甘肃广河齐家坪①、武威皇娘娘台②等墓地，还见于兰州崖头、临夏瓦窑头等遗址③，主要分布在甘肃中部至河西走廊东端、青海东缘。彩陶圜底罐多在颈部带双耳，侈口垂腹，在黄色或浅红色陶衣上饰红彩，一般布满器身，以直线、折线、弧线等元素，组成多重波折纹、梯格纹、回纹、网纹、横带纹等（图二，1—4）。绳纹圜底罐花边束颈，颈部刻划菱格纹（图二，5）。齐家文化晚期的绝对年代，大约在

① M. Beltin-Althin, "The Sites of Chi Chia Ping and Lo Hantang in Kansu", *MNFEA*, No. 18, 1946；张朋川：《中国彩陶图谱》图 1217—1220，文物出版社 1990 年版。

② 甘肃省博物馆：《武威皇娘娘台遗址第四次发掘》，《考古学报》1978 年第 4 期。

③ 李水城：《论董家台类型及相关问题》，《考古学研究》（三），科学出版社 1997 年版，第 95—102 页。

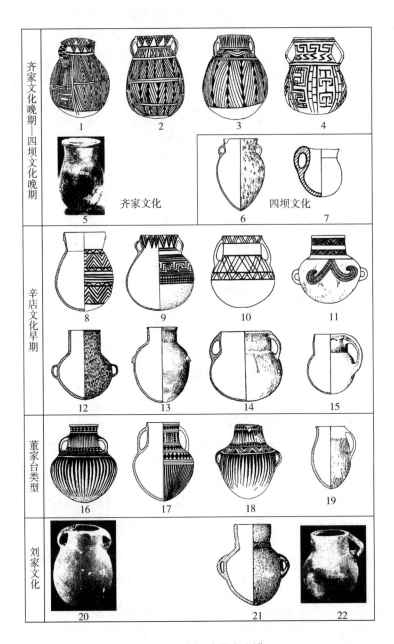

图二 齐家系统圜底陶罐

1. 广河齐家坪（M111） 2. 兰州崖头采集 3. 榆中采集 4. 临夏瓦窑头采集 5. 皇娘娘台（T11:13） 6、7. 东灰山（M132:1、86MD–M1:3） 8、9. 民和山家头（M14:1、M5:2）10. 盐场（74KG15:140） 11、12. 莲花台（LL0012、M15:1） 13—15. 金河（馆藏5、4、6） 16、19. 天祝董家台采集 17. 古浪四墩采集 18. 武山洛门镇采集 20—22. 刘家（M41:3、M37:3、M37:5）

公元前 1900—前 1500 年①，出土这类彩陶圜底罐的墓葬一般都属于该墓地的末期，也就是齐家文化的最后阶段，年代就当在公元前 1500 年前后。

四坝文化仅在甘肃民乐东灰山墓地发现尖圜底双耳陶罐和单耳圜底罐各 1 件（图二，6、7）②，双耳罐颈耳部位与齐家文化彩陶罐近似，年代应当近似。

辛店文化的圜底陶罐彩陶和绳纹者并存，发现于青海民和山家头③、乐都柳湾④，甘肃临夏莲花台⑤、盐场⑥，陕西宝鸡金河⑦，宁夏隆德马家河⑧等墓地，圜底陶罐分布地域向东延伸至陕西关中西部和宁夏南部，属于辛店文化早期山家头类型。彩陶圜底罐分两种，一种花纹与齐家文化者近似，个别不带双耳而带双錾（图二，8、9）；一种圆腹而非垂腹，彩陶花纹较为简朗，有的上饰辛店文化典型的羊角形花纹（图二，10、11）。绳纹圜底罐直颈圆腹，腹部带单双耳或者颈部带双耳，遍体饰中偏细绳纹，有的带花边，有的附加细泥条纹——即所谓蛇纹（图二，12—15）。辛店文化山家头类型是齐家文化秦魏家类型的直接继承者，其绝对年代当稍晚于公元前 1500 年。

---

① 在《中国西北地区先秦时期的自然环境与文化发展》一书中，我将齐家文化分为早、中、晚三期，提出齐家文化晚期至少存在两个地方类型，即河湟地区的秦魏家类型和关中地区的老牛坡类型。后来磨沟墓地的发掘，表明洮河上游地区也自有特点，可称磨沟类型。见韩建业《中国西北地区先秦时期的自然环境与文化发展》，文物出版社 2008 年版，第 196—200 页。

② 甘肃省文物考古研究所、吉林大学北方考古研究室：《民乐东灰山考古——四坝文化墓地的揭示与研究》，科学出版社 1998 年版，第 112 页；甘肃省文物考古研究所、北京大学考古文博学院：《河西走廊史前考古调查报告》，文物出版社 2011 年版，第 155 页。

③ 青海省文物管理处：《青海民和核桃庄山家头墓地清理简报》，《文物》1992 年第 11 期。

④ 青海省文物管理处考古队、中国社会科学院考古研究所：《青海柳湾——乐都柳湾原始社会墓地》，文物出版社 1984 年版，第 234—237 页。

⑤ 甘肃省文物工作队、北京大学考古系甘肃实习组：《甘肃临夏莲花台辛店文化墓葬发掘报告》，《文物》1988 年第 3 期。

⑥ 甘肃省文物考古研究所、甘肃省博物馆历史部：《甘肃临夏盐场遗址发现的辛店文化陶器》，《考古与文物》1994 年第 3 期。

⑦ 刘宝爱：《宝鸡发现辛店文化陶器》，《考古》1985 年第 9 期。

⑧ 张天恩：《关中商代文化研究》，文物出版社 2004 年版，第 281 页。

所谓董家台类型的圜底陶器以彩陶罐为主，也有绳纹罐，发现于甘肃天祝董家台，榆中朱家沟、白崖沟、黄家庄，民勤荬荬槽，武山洛门镇①，甘谷毛家坪②，古浪四墩③等地，分布范围从河西走廊东端延伸到陇东南。彩陶罐高领鼓腹尖圜底，全身布满由菱格纹、三角纹、下垂的细长三角形条纹组成的红褐色图案，整体饰彩的风格与上述齐家文化圜底彩陶罐近似，但图案不同；与四坝文化的条带纹彩似乎存在一定联系（图二，16—18）。绳纹罐为单耳尖圜底（图二，19）。这类遗存与山家头类型近似，时代也应相当。

刘家文化的圜底陶器仅见绳纹罐，发现于陕西扶风刘家等墓地④，分布于陕西关中西部、甘肃东部和宁夏南部，主要见于其早期阶段，绳纹罐和辛店文化山家头类型者近似（图二，20—22）。

公元前 2 千纪中叶的甘青宁甚至陕西东部地区文化，总体属于一个大的文化系统，可简称齐家系统：早期刘家文化当与关中地区辛店文化早期和郑家坡文化的结合有关，早期辛店文化、董家台类型都应当是继承晚期齐家文化发展而来，而晚期四坝文化大致与晚期齐家文化同时且关系密切⑤。

二

青铜时代晚期圜底陶罐的第二个分布区域，是阿尔泰、南西伯利

---

① 李水城：《论董家台类型及相关问题》，《考古学研究》（三），科学出版社 1997 年版，第 95—102 页。

② 甘肃省文物工作队、北京大学考古学系：《甘肃甘谷毛家坪遗址发掘报告》，《考古学报》1987 年第 3 期。

③ 甘肃省文物考古研究所、北京大学考古文博学院：《河西走廊史前考古调查报告》，文物出版社 2011 年版，第 67 页。

④ 陕西周原考古队：《扶风刘家姜戎墓葬发掘简报》，《文物》1984 年第 7 期。

⑤ 韩建业：《中国西北地区先秦时期的自然环境与文化发展》，文物出版社 2008 年版，第 196—200 页。

亚、哈萨克斯坦等地区，从叶尼塞河上游地区一直延伸到咸海—鄂毕河流域，大都为装饰刻划压印纹的球腹罐，不见器耳和彩陶，见于卡拉苏克（Karasuk）文化、伊尔曼（Irmen）文化、贝嘎泽—丹杜拜（Begazy-Dandybai）文化等。

卡拉苏克文化分卡拉苏克期和石峡期早晚两个时期。卡拉苏克期的圜底陶罐发现于米努辛斯克盆地的卡拉苏克、道尔噶沙克（Torgažak）等遗址，分布在叶尼塞河上游一带[①]。圜底罐微束颈扁球腹，一般在颈肩部位装饰成排三角纹、折线纹、回纹、阶梯纹、菱形纹、连珠纹，三角纹填以斜线（图三，1—6），这类纹饰与安德罗诺沃文化（Andronovo）有继承关系。卡拉苏克期的年代约在公元前 14—前 11 世纪[②]。中国新疆阿勒泰发现的所谓库希遗存[③]，大致当属卡拉苏克文化文化卡拉苏克期，圜底罐与米努辛斯克地区同类器近似，但颈部更高，有一定地方特色（图三，7、8）。

与卡拉苏克文化近似的扁球腹圜底陶罐，还见于额尔齐斯河至鄂毕河中游的伊尔曼文化，以俄罗斯新西伯利亚伊尔曼[④]、哈萨克斯坦塞梅伊省舒尔宾斯克（Щульбинск）[⑤] 等处遗存为代表（图三，9—16）。圜底罐纹饰总体简化，有的素面。在哈萨克斯坦中部的贝嘎泽—丹杜拜文化当中，也有类似卡拉苏克文化的圜底陶罐，但更

① Hermann Parzinger, *Die frühen Völker Eurasiens：Vom Neolithikum bis zum Mittelater*, Verlag C. H. Beck, München, 2006：463 – 470.

② Jochen Goersdorf, Hermann Parzinger, Anatoli Nagler, "New radiocarbon dates of the North Asian steppe zone and its consequences for the chronology", *Radiocarbon*, 2001（43），pp. 1115 – 1120.

③ 王博：《切木尔切克文化初探》，《考古文物研究——纪念西北大学考古专业成立四十周年文集》，三秦出版社 1996 年版，第 274—285 页；邵会秋：《试论新疆阿勒泰地区的两类青铜文化》，《西域研究》2008 年第 4 期。

④ Hermann Parzinger, *Die frühen Völker Eurasiens：Vom Neolithikum bis zum Mittelater*, Verlag C. H. Beck, München, 2006：456 – 462；J. Schneeweiß, *Die Siedlung Čiča in der westsibirischen Waldsteppe I*, Verlag Philipp von Zabern, Mainz, 2008：109 – 130.

⑤ А. С. Ермолаева, Памятники предгорной зоны Казахского Алтаяб, Алматы, 2012.

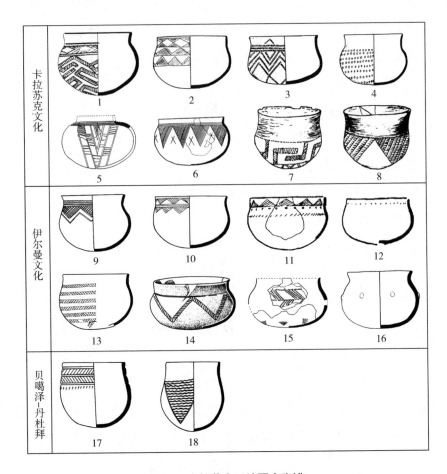

图三　卡拉苏克系统圜底陶罐

1—4. 卡拉苏克（Karasuk）　5、6. 道尔噶沙克（Torgažak）　7、8. 库希　9—12. 伊尔曼（Irmen）　13—16. 舒尔宾斯克（Щульбинск）　17、18. 贝嘎泽（Begazy）

瘦高①（图三，17、18）。

以上阿尔泰、南西伯利亚、哈萨克斯坦等地区青铜时代晚期的圜底罐彼此近似，可能都与卡拉苏克文化存在密切联系，可简称卡拉苏克系统。

---

① Hermann Parzinger, *Die frühen Völker Eurasiens：Vom Neolithikum bis zum Mittelater*, Verlag C. H. Beck, München, 2006：489 – 501.

三

青铜时代晚期圜底陶罐的第三个分布区域是天山及其以南地区，从中国新疆中南部延伸到吉尔吉斯斯坦、乌兹别克斯坦东部、塔吉克斯坦南部，基本都是素面的球腹圜底陶罐，见于哈密天山北路文化晚期—焉不拉克文化早期、四道沟文化—苏贝希文化早期、新塔拉类遗存—察吾呼沟口文化早期以及伊犁河流域文化（或索墩布拉克文化）早期、流水文化、香宝宝类遗存、楚斯特文化早期、贝希肯特—瓦克什文化晚期等。

哈密天山北路文化晚期的圜底陶罐，发现于新疆巴里坤南湾[1]、东黑沟[2]等遗址（图四，1—3），被称之为南湾类型[3]。圜底陶罐分小口高颈和敛口无颈两种，都在腹部带双耳。

焉不拉克文化、四道沟文化—苏贝希文化早期、新塔拉类遗存—察吾呼沟口文化早期、伊犁河流域文化（或索墩布拉克文化）等早期阶段的圜底陶罐，分布于新疆天山地区，发现于哈密焉不拉克墓地[4]，奇台半截沟[5]和木垒四道沟[6]遗址，乌鲁木齐萨恩萨伊墓地[7]，

---

① 吕恩国、常喜恩、王炳华：《新疆青铜时代考古文化浅论》，《苏秉琦与当代中国考古学》，科学出版社 2001 年版，第 184—187 页。

② 新疆文物考古研究所、西北大学文化遗产与考古学研究中心：《2006 年巴里坤东黑沟遗址发掘》，《新疆文物》2007 年第 2 期；新疆文物考古研究所、西北大学文化遗产与考古学研究中心：《新疆巴里坤县东黑沟遗址 2006—2007 年发掘简报》，《考古》2009 年第 1 期。

③ 郭物：《新疆史前晚期社会的考古学研究》，上海古籍出版社 2012 年版，第 48—49 页。

④ 新疆维吾尔自治区文化厅文物处等：《新疆哈密焉不拉克古墓地》，《考古学报》1989 年第 3 期。

⑤ 新疆维吾尔自治区博物馆考古队：《新疆奇台县半截沟新石器时代遗址》，《考古》1981 年第 6 期。

⑥ 新疆维吾尔自治区文管会：《新疆木垒县四道沟遗址》，《考古》1982 年第 2 期。

⑦ 新疆文物考古研究所：《新疆萨恩萨伊墓地》，文物出版社 2013 年版。

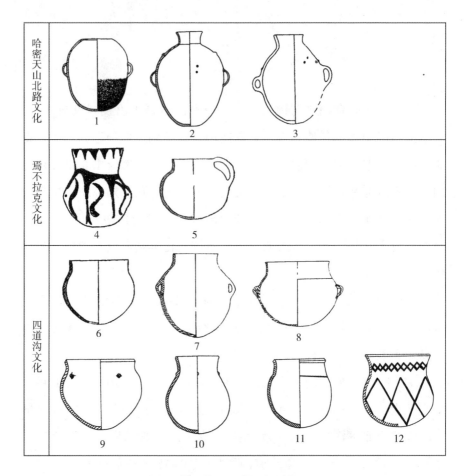

图四　萨恩萨伊系统圜底陶罐（一）

1、2. 东黑沟（GT1Z2①：1、GT1⑥：3）　3. 南湾　4、5. 焉不拉克（M75：11、M30：2）
6. 半截沟　7、8. 四道沟（T6：45、T5：43）　9—12. 萨恩萨伊（M29：1、M68（B）：1、
M85（D）：2、M85（A）：1）

和静察吾呼沟口五号墓地①、拜勒其尔墓地②、哈布其罕Ⅰ号墓地③，
尼勒克穷科克一号墓地④等（图四，4—12；图五，1—6）。圜底罐高

①　新疆文物考古研究所：《新疆察吾呼——大型氏族墓地发掘报告》，东方出版社 1999
年版。

②　新疆文物考古研究所等：《和静拜勒其尔石围墓发掘简报》，《新疆文物》1999 年第 3、4 期。

③　新疆文物考古研究所等：《和静哈布其罕Ⅰ号墓地发掘简报》，《新疆文物》1999 年第 1 期。

④　新疆文物考古研究所：《尼勒克县穷科克一号墓地考古发掘报告》，《新疆文物》2002
年第 3、4 期。

矮不等，圜底或尖圜底，高颈或束颈，个别带流，部分带双腹耳、双肩耳或者单耳。有的装饰红褐彩或黑彩的三角、菱块、垂带、飘带等图案，有的带刻划折线纹等，大部分则为素面。

　　流水文化、香宝宝类遗存早期阶段的圜底陶罐，分布于新疆塔里木盆地西南缘，发现于新疆于田流水墓地①，塔什库尔干香宝宝②、下坂地（第二期）③ 墓地（图五，7—13）。费尔干纳盆地楚斯特文化早期阶段圜底罐，发现于乌兹别克斯坦楚斯特（Chust）、科克特佩（Koktepe）等处④（图五，14—16）。巴克特里亚北部贝希肯特—瓦克什文化晚期阶段的圜底罐，发现于塔吉克斯坦南部贝希肯特（Бешкент）、瓦克什（Вахш）、坎古尔杜特（Кангурттут）、塔恩迪里乌尔（Тандырйул）等墓地⑤。这些文化圜底罐与天山地区者近似，但绝大多数为素面，不见彩陶，流水文化有较多压印、戳印、刻划纹的圜底罐。

　　以上天山山脉及其以南地区大体属于同一大类的圜底罐，最早者除哈密天山北路文化晚期、新塔拉类遗存外，还有以四道沟下层遗存、半截沟遗存以及萨恩萨伊第二组墓葬为代表的四道沟文化或"萨恩萨伊类型"⑥，年代在公元前 1500 年左右。焉不拉克文化、察吾呼沟口文化、伊犁河流域文化（或索墩布拉克文化）、流水文化、香宝宝类遗存早期阶段的圜底罐，年代都在公元前 1000

---

　　① 中国社会科学院考古研究所新疆队：《新疆于田县流水青铜时代墓地》，《考古》2006年第 7 期。

　　② 新疆社会科学院考古研究所：《帕米尔高原古墓》，《考古学报》1981 年第 2 期。

　　③ 新疆文物考古研究所：《新疆下坂地墓地》，文物出版社 2012 年版。

　　④ Hermann Parzinger, *Die frühen Völker Eurasiens*：*Vom Neolithikum bis zum Mittelater*，Verlag C. H. Beck，München，2006：509 – 513；Johanna Lhuillier, Les cultures à céramique modelée peinte en Asie centrale méridionale, Dynamiques socio-culturelles à l'age du Fer ancien（1500—1000 av. n. è.），De Boccard，2013：Planche 101.

　　⑤ Н. М. Виноградова, Юго-Западный Таджикистан в эпоху поздней бронзы, Институт востоковедения РАН，Москва，2004：127 – 131.

　　⑥ 新疆文物考古研究所：《新疆萨恩萨伊墓地》，文物出版社 2013 年版，第 171 页。

年稍前①，楚斯特文化的早期年代最早可到约公元前 1500 年，下限在公元前 900 年左右②，贝希肯特—瓦克什文化晚期约在公元前 1500 年稍后③。由于其中萨恩萨伊墓地圜底罐最多最具代表性，可总称为萨恩萨伊系统。

四

公元前 2 千纪中后叶圜底陶罐在亚洲中部地区的流行，对大部分区域来说是一个颇为突兀的文化现象。

除新疆外的中国西北地区，新石器时代以来的陶器以平底器为主体，在大约公元前 5 千纪中叶至前三千纪中叶的新石器时代晚期和铜石并用时代，仰韶文化、马家窑文化石岭下类型和马家窑类型当中曾经流行过小口尖底瓶，但并无圜底陶罐发现。约公元前 3 千纪中叶以后，在齐家文化早中期以及马家窑文化半山类型和马厂类型中也不见圜底罐。因此，约公元前 2 千纪中叶齐家系统圜底罐的出现显得非常突然，其彩陶图案也颇具新意④。

哈萨克斯坦、俄罗斯西伯利亚、阿尔泰等地区新石器时代至铜石并用时代曾经广泛流行过尖底或圜底的筒形罐类陶器，见于公元前 6 千纪新石器时代以来的克尔特米那尔（Kel'teminar）文化、科兹洛夫·伊夫斯久凯那（Kozlov-Evstjuchina）文化、彻斯特·雅克（Čestzj-Jag）

---

① 韩建业：《新疆的青铜时代和早期铁器时代文化》，文物出版社 2007 年版。

② Hermann Parzinger, *Die frühen Völker Eurasiens：Vom Neolithikum bis zum Mittelater*, Verlag C. H. Beck, München, 2006：509 – 513.

③ Philip L. Kohl, "The Namazga Civilization：An Overview", in *The Bronze Age Civilization of Central Asia*, M. E. Sharpe Inc., Armonk, New York, 1981, pp. vii – xl.

④ 许永杰曾经指出："在齐家文化和马厂文化共存的一期，有一支以祁（齐）家坪圆底彩陶和蛇纹罐为代表的外来遗存进驻河湟地区"。见许永杰《河湟青铜文化的谱系》，《考古学文化论集（三）》，文物出版社 1993 年版，第 200 页。

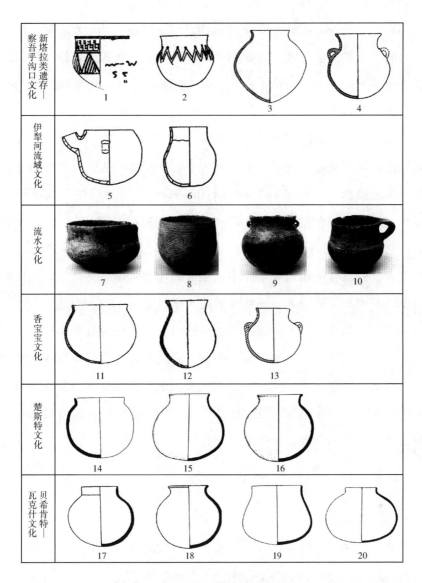

图五 萨恩萨伊系统圜底陶罐（二）

1. 新塔拉　2. 拜勒其尔（M203：3）　3. 哈布其罕 I 号（M21：3）　4. 察吾呼沟口五号（M21：2）　5、6. 穷科克（M39：1、M41：1）　7—10. 流水（M24：5、M18：2、M14：1、M13：6）　11、12. 香宝宝（M10：3、1）　13. 下坂地（AI-IM18C：1）　14. 科克特佩　15、16. 楚斯特　17—20. 塔恩迪里乌尔

文化、伊卡特因宁卡（Ekaterininka）文化，约公元前 4 千纪中叶铜石并用时代以来的博泰（Botai）文化、苏尔旦杜（Surtandy）文化、

巴耶卢克（Bajryk）文化、阿凡纳谢沃（Afanas'evo）文化等。但至公元前3千纪后半叶进入青铜时代以来，这些地区普遍开始流行平底罐，包括辛塔什塔（Sintašta）文化、彼得罗夫卡（Petrovka）文化、萨姆斯（Samus'）文化、科洛托夫（Krotovo）文化、奥库涅夫（Okun-ev）文化，其中奥库涅夫文化早期还有少量圜底罐（图六，1—4），晚期已经基本都是平底罐。公元前2千纪前叶这些地区几乎都被安德罗诺沃·费德罗夫卡（Andronovo-Fedorovka）文化系统的平底罐所占据①，就连之前泽拉夫善河下游存在圜底陶罐的扎曼巴巴（Zamanb-aba）文化，也被平底罐系统文化所代替②。此时这一地区还流行圜底罐者，就仅有中国阿勒泰及附近地区的切木尔切克文化，以及贝加尔湖以西安加拉河（Angara）流域的希维拉（Šivera）文化。

　　天山西部地区铜石并用时代的阿凡纳谢沃文化中有圜底罐，公元前2千纪初期以来，该地区属于流行平底筒形罐的安德罗诺沃·费德罗夫卡文化系统，不见圜底罐。但在天山东部流行带耳彩陶罐的哈密天山北路文化当中则有个别圜底罐③，天山中部昌吉地区的切木尔切克文化自然也包含有圜底陶罐。

五

　　如上所述，在公元前2千纪前叶平底陶罐流行于亚洲中部地区的时候，圜底陶罐只在少数文化中得以延续下来，包括阿尔泰南部和天

---

① Jochen Goersdorf, Hermann Parzinger, Anatoli Nagler, "New radiocarbon dates of the North Asian steppe zone and its consequences for the chronology", *Radiocarbon*, 2001（43），pp. 1115 –1120.

② Hermann Parzinger, *Die frühen Völker Eurasiens：Vom Neolithikum bis zum Mittelater*, Verlag C. H. Beck, München, 2006：41 –441；Christoph Baumer, *The History of Central Asia：The Age of the Steppe Warriors*, I. B. Tauris, London, 2012.

③ 李水城：《从考古发现看公元前二千年东西文化的碰撞和交流》（图五，7），《新疆文物》1999 年第 1 期。

山东中段的切木尔切克文化，以及贝加尔湖以西地区的希维拉文化。

中国阿勒泰及附近地区以切木尔切克早期为代表的切木尔切克文化遗存①，最早发现于新疆阿勒泰切木尔切克墓地②，此后发现于哈巴河县托干拜 2 号墓地③、布尔津县阔帕尔墓葬④，裕民阿勒腾也木勒水库墓地⑤，以及奇台西坎尔子遗址⑥等。所出圜底或尖圜底陶罐一般矮颈蛋形，颈部压光或箍附加堆纹，或刻划网格纹、戳印篦点纹，腹部刻划梯格纹、重鳞纹，填充斜线或圆点的三角纹、菱格纹等（图六，9—12）；也有个别戳印成排点纹的无颈蛋形圜底陶罐（图六，13）⑦。与其共存的还有平底陶罐、豆形香炉等陶器，以及素面蛋形石罐。

对于该文化的性质和年代有很多不同意见，曾被认为分别和颜那亚（Yamnaya）文化、阿凡纳谢沃文化、奥库涅夫文化、安德罗诺沃文化、卡拉苏克文化等早晚不同的考古学文化年代相当⑧。2008 年林

① "切木尔切克原译做克尔木齐，后来地名标准化译作切木尔切克，参考 1995 年新疆维吾尔自治区测绘局编制《中华人民共和国新疆维吾尔自治区地图集》"，见王博《切木尔切克文化初探》，《考古文物研究——纪念西北大学考古专业成立四十周年文集》，三秦出版社 1996 年版，第 285 页。

② 新疆社会科学院考古研究所：《新疆克尔木齐古墓群发掘简报》，《文物》1981 年第 1 期。

③ 新疆文物考古研究所：《新疆哈巴河托干拜 2 号墓地发掘简报》，《文物》2014 年第 12 期。

④ 张玉忠：《布尔津县发现的彩绘石棺墓》，《新疆文物》2005 年第 1 期；张玉忠：《新疆布尔津县出土的橄榄形陶罐》，《文物》2007 年第 2 期。

⑤ 新疆文物考古研究所：《裕民县阿勒腾也木勒水库墓地考古发掘报告》，《新疆文物》2012 年第 3—4 期。

⑥ 新疆昌吉回族自治州文物局：《丝绸之路天山廊道——新疆昌吉古代遗址与馆藏文物精品》，文物出版社 2014 年版，第 56 页。

⑦ 新疆社会科学院考古研究所：《新疆克尔木齐古墓群发掘简报》，《文物》1981 年第 1 期；丛德新、贾伟明：《切木尔切克墓地及其早期遗存的初步分析》，《庆祝张忠培先生八十岁论文集》，科学出版社 2014 年版，第 275—308 页。

⑧ 王炳华：《新疆地区青铜时代考古文化试析》，《新疆社会科学》1985 年第 4 期；[美] 陈光祖：《新疆金属时代》，《新疆文物》1995 年第 1 期；水涛：《新疆青铜时代诸文化的比较研究——附论早期中西文化交流的历史进程》，《国学研究》第一卷，北京大学出版社 1993 年版，第 447—490 页；王博：《切木尔切克文化初探》，《考古文物研究——纪念西北大学考古专业成立四十周年文集》，三秦出版社 1996 年版，第 274—285 页；林梅村：《吐火罗人的起源与迁徙》，《新疆文物》2002 年第 3、4 期；郭物：《新疆史前晚期社会的考古学研究》，上海古籍出版社 2012 年版。

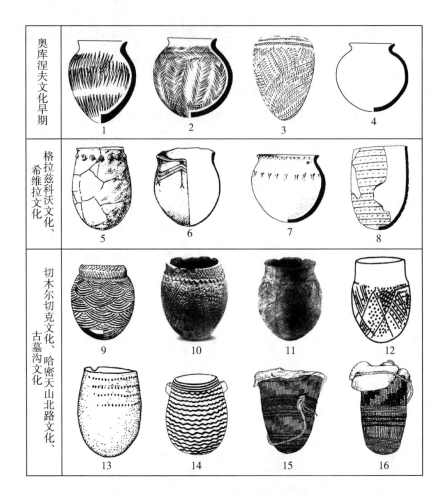

图六　公元前 3 千纪后叶至 2 千纪前叶亚洲中部地区的圜底陶罐

1、2. 贝尔吐鲁［Bel'tyry（Umzäunungen 11）］　　3. 巴特尼·亚凯［Bateni－Jarki（Grab 6）］
　4. 贝尔吐鲁［Bel'tyry（Umzäunungen 10）］　　5. 地点不详　6. 乌兰·哈达　7、8. 希维拉
　9、13. 切木尔切克（M16∶1、3）　　10. 西坎尔子（76QK∶1）　　11. 阔帕尔　12. 阿勒泰
（94AQC∶1）　14. 哈密天山北路　15、16. 小河（M24∶7、M34∶6）
（1—4. 奥库涅夫文化　5、6. 格拉兹科沃文化　7、8. 希维拉文化　9—13. 切木尔切克文化
14. 哈密天山北路文化　15、16. 古墓沟文化）

沄对这段学术史有很好梳理，并强调该文化不可能早到阿凡纳谢沃文
化时期，绝对年代大约在公元前 2000 年前后[①]。我曾根据该文化流

────────────

　① 林沄：《关于新疆北部切木尔切克类型遗存的几个问题——从布尔津县出土的陶器说
起》，《林沄学术文集（二）》，科学出版社 2008 年版，第 143—161 页。

行类似阿凡纳谢沃文化—奥库涅夫文化早期的圜底陶罐，又有少量类似奥库涅夫文化的平底陶罐，以及青铜器较发达等情况，推测其上限或可早到奥库涅夫文化早期，"下限或许可晚至安德罗诺沃文化时期"①，也就是可晚至公元前 1500 年左右。邵会秋有类似认识，认为"该类遗存主体年代范围很可能在公元前 2 千纪初至公元前 2 千纪中叶"②。最近丛德新和贾伟明结合中外考古材料对该文化进行了较为系统的论述，认为其相当于奥库涅夫文化时期，绝对年代在公元前2700—前1800 年之间③，对其上限的估计或许过宽了。

在哈密天山北路文化早期发现的个别圜底陶罐（图六，14），李水城早就指出其可能与切木尔切克文化存在联系④。以哈密天山北路墓地为代表的哈密天山北路文化早期，和河西走廊的四坝文化很接近，年代也应大致相当，约在公元前2100—前1500 年之间。再向南，罗布泊地区的古墓沟文化流行的圜底草篓，被认为与切木尔切克文化存在联系⑤，古墓沟文化的绝对年代也在约公元前 2000—前 1500 年之间⑥。

萨彦岭以东贝加尔湖地区在公元前 3 千纪和前 2 千纪之交为格拉兹科沃（Glazkovo）文化，圜底陶罐矮颈或无颈，蛋形，颈部有刻划折线纹、珍珠纹等（图六，5、6）。此时在米努辛斯克盆地及其以西地区都已经是以平底罐为主的奥库涅夫文化了，此后为流行平底罐的

① 韩建业：《新疆的青铜时代和早期铁器时代文化》，文物出版社 2007 年版，第 46 页。

② 邵会秋：《试论新疆阿勒泰地区的两类青铜文化》，《西域研究》2008 年第 4 期。

③ 丛德新、贾伟明：《切木尔切克墓地及其早期遗存的初步分析》，《庆祝张忠培先生八十寿论文集》，科学出版社 2014 年版，第 275—308 页。

④ 李水城：《从考古发现看公元前二千年东西文化的碰撞和交流》，《新疆文物》1999 年第 1 期。

⑤ 林梅村：《吐火罗人的起源与迁徙》，《新疆文物》2002 年第 3、4 期。

⑥ 新疆社会科学院考古研究所：《孔雀河古墓沟发掘及其初步研究》，《新疆社会科学》1983 年第 1 期；新疆文物考古研究所：《2002 年小河墓地考古调查与发掘报告》，《新疆文物》2003 年第 2 期；新疆文物考古研究所：《新疆罗布泊小河墓地 2003 年发掘简报》，《文物》2007 年第 10 期；王炳华：《古墓沟》，新疆人民出版社 2014 年版。

安德罗诺沃文化系统，但此平底罐传统基本没有延伸到贝加尔湖地区。继格拉兹科沃文化而来的是希维拉文化（Šivera），圜底陶罐与前类似（图六，7、8），上限早于卡拉苏克文化，下限大体与卡拉苏克文化同时①。

既然在公元前 2 千纪前叶亚洲中部大多数地方已经被平底陶罐传统所占据，而仅在切木尔切克文化和希维拉文化等当中延续着圜底罐传统，那么我们有理由推测，公元前 2 千纪中后叶亚洲中部广大地区圜底罐的流行，应当是这些局部地区圜底罐扩展影响的结果。仔细比较，会发现公元前 2 千纪中叶以后的圜底陶罐，和之前切木尔切克文化和希维拉文化的圜底陶罐细致特征也很相似，都有瘦高型和矮胖型两种，一般都有颈部（图七），尤其齐家文化重波折纹、梯格纹等彩陶纹饰，很可能就是切木尔切克文化陶罐上类似刻划纹的移植变体（图七，6—7、9—11）。多年前我曾推测察吾呼沟口文化圜底陶罐"更早的渊源可能在帕米尔地区的香宝宝类遗存"，现在看来并不符合实际②。

特别要提出的是，卡拉苏克文化以流行圜底陶罐著称，以往的研究者论及亚洲中部地区公元前 2 千纪中后叶的圜底陶罐，多将其与卡拉苏克文化的对外影响相联系。现在我们知道，卡拉苏克文化并非亚洲中部所有圜底罐的源头所在，她本身的圜底罐可能是继承贝加尔湖地区希维拉文化的结果，并可能受到阿尔泰南部地区切木尔切克文化的影响。新疆及费尔干纳等地圜底罐应当主要源于切木尔切克文化，同时受到卡拉苏克文化影响。而甘青地区齐家文化等的圜底罐，主要与来自切木尔切克文化的影响相关。

---

① Hermann Parzinger, *Die frühen Völker Eurasiens：Vom Neolithikum bis zum Mittelater*, Verlag C. H. Beck, München, 2006：383 – 386；冯恩学：《俄国东西伯利亚与远东考古》，吉林大学出版社 2002 年版，第 297—303 页。

② 韩建业：《新疆的青铜时代和早期铁器时代文化》，文物出版社 2007 年版，第 108 页。

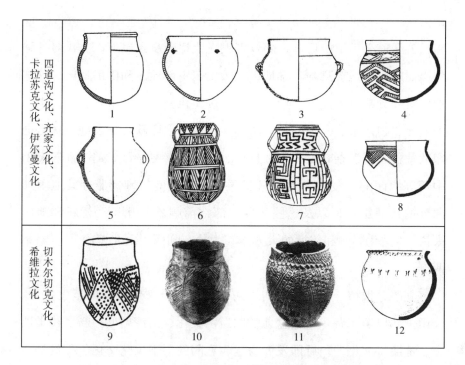

图七　公元前 2 千纪中叶前后亚洲中部地区的圜底陶罐比较

1、2. 萨恩萨伊（M85（D）:2、M29:1）　3. 四道沟（T5:43）　4. 卡拉苏克（Karasuk）
5. 四道沟（T6:45）　6. 兰州崖头采集　7. 临夏瓦窑头采集　8. 伊尔曼（Irmen）　9. 阿
勒泰（94AQC:1）　10. 阔帕尔　11. 西坎尔子（76QK:1）　12. 希维拉
（1—3、5. 四道沟文化　4. 卡拉苏克文化　6、7. 齐家文化　8. 伊尔曼文化　9—11.
切木尔切克文化　12. 希维拉文化）

六

　　亚洲中部地区平底罐和圜底罐的盛衰及其分布区域的变迁，反映
的正是不同文化传统的人群迁徙流动、碰撞融合的历史背景。

　　公元前 3 千纪中叶青铜时代早中期以来，盛行平底罐的辛塔什塔—
安德罗诺沃文化从南西伯利亚地区东进南下，使得东至萨彦岭、南至
兴都库什山的广大地区开始流行平底陶罐，以前的圜底罐文化传统衰
落，这次东南向的文化强势影响过程，被认为与所谓印欧人群的扩张

相关①。

公元前 2 千纪中后叶，随着青铜时代逐渐步入尾声，文化对外强烈影响的风源地转到阿尔泰地区、天山东中部地区和阴山地区，这些地区对外影响显著加强，造成周围地区文化格局出现重要变动，南西伯利亚、阿尔泰、叶尼塞河上游等地也由所谓印欧人群占绝对优势向印欧蒙古人群混杂转变②。除上文所述圜底罐在阿尔泰南部至天山中部等地区的"复兴"和对外扩展，还有彩陶、青铜器等其他因素向外的传播影响，以及这些区域内部空前频繁的互动，就新疆地区来说，"文化影响和传播的大方向转为从东到西、由北至南"③。略举两例。

其一，根植于甘青地区的彩陶，此时从哈密地区扩展至巴里坤、天山中部以至于费尔干纳盆地的四道沟文化、南湾类型、新塔拉类遗存、楚斯特文化，稍后即发展为包含彩陶的焉不拉克文化、苏贝希文化、察吾呼沟口文化、伊犁河流域文化（或索墩布拉克文化）等，使得新疆大部甚至费尔干纳地区从此以后成为彩陶文化区④。

其二，可能主要产生于阴山河套地区的铜兽首、铃首或环首刀、剑⑤，此时西北向远距离影响至蒙古中西部、叶尼塞河上游、阿尔泰等地区⑥，成为卡拉苏克文化青铜器的重要来源之一；东南向近距离

① E. E. Kuz'mina, *The Prehistory of the Silk Road*, edited by Victor H. Mair, University of Pennsylvania Press, 2007, pp. 108–114; David W. Anthony, *The Horse, the Wheel and Language*, Princeton University Press, 2007, pp. 389–457.

② Morten E. Allentoft, Martin Sikora, Karl-Gööran Sjöögren, etc., Population genomics of Bronze Age Eurasia, *Nature*, 2015, 522 (7555): 167–172.

③ 韩建业：《新疆的青铜时代和早期铁器时代文化》，文物出版社 2007 年版，第 118 页。

④ 韩建业：《"彩陶之路"与早期中西文化交流》，《考古与文物》2013 年第 1 期。

⑤ 田广金、郭素新：《鄂尔多斯式青铜器的渊源》，《考古学报》1988 年第 3 期。

⑥ 乌恩岳斯图：《论青铜时代长城地带与欧亚草原相邻地区的文化联系》，《二十一世纪的中国考古学——庆祝佟柱臣先生八十五华诞学术文集》，文物出版社 2006 年版，第 558—586 页；杨建华：《商周时期中国北方冶金区的形成——商周时期北方青铜器的比较研究》，《边疆考古研究》第 6 辑，科学出版社 2007 年版，第 165—197 页。

渗透进燕山南北、西辽河流域、太行山以东等地区，对晚商文化造成很大压力①。阴山河套和叶尼塞阿尔泰地区之间当存在复杂的文化互动，车马以及车马殉葬②，应当就是从叶尼塞阿尔泰地区传入阴山河套，再进一步传入晚商，只是具体线路还不清楚。

阿尔泰、天山东中部和阴山地区文化实力的显著增强，实际上是这些草原地带畜牧经济长足发展、蓬勃繁荣的体现，为稍后公元前 1 千纪进入真正的草原游牧时代奠定了基础，更深层背景或在于欧亚大陆气候干冷化趋势的进一步加强③。其影响所至，使得周边地区文化畜牧成分也显著增强，新疆大部地区马具增多，常见马、牛、羊等殉牲④，甘青地区农业为主的齐家文化分化转变为半农半牧的辛店文化、卡约文化、寺洼文化，朱开沟文化转变为半农半牧的李家崖文化等，夏家店下层文化转变为畜牧色彩浓厚的魏营子文化、围坊三期文化等，就连农业发达的晚商文化也有了马车殉葬现象。

① 林沄：《商文化青铜器与北方地区青铜器关系之研究》，《考古学文化论集》（一），文物出版社 1987 年版，第 129—155 页。

② 关于车马起源及其传播的研究史，参见王海城《中国马车的起源》，《欧亚学刊》第三辑，中华书局 2004 年版，第 1—75 页。

③ 韩建业：《中国西北地区先秦时期的自然环境与文化发展》，文物出版社 2008 年版，第 458—468 页。

④ 韩建业：《新疆的青铜时代和早期铁器时代文化》，文物出版社 2007 年版，第 81—82 页。

先秦时期阿尔泰及以西地区陶壶的来源

——兼论公元前一千纪后半叶阿尔泰及以西地区和阴山—天山地区的文化交流

本文所谓阿尔泰及以西地区，指阿尔泰山脉附近的俄罗斯图瓦共和国、阿尔泰共和国、阿尔泰边疆区、新西伯利亚州，中国新疆阿勒泰地区，蒙古国巴彦乌列盖省、科布多省、乌布苏省，哈萨克斯坦东哈萨克斯坦州，以及阿尔泰以西的中国新疆塔城地区、俄罗斯鄂木斯克州等区域。该地区从新石器时代以来的陶器基本以饰压印、刻划纹的罐类器为主，但至早期铁器时代的公元前 1 千纪后半叶，却突然开始盛行束颈圆弧腹的壶类陶器，并且大致可以分为三群（图一）。

一

第一群即东群，分布在俄罗斯图瓦共和国西南和蒙古西北部。

俄罗斯图瓦共和国境内的陶壶，发现于叶尼塞河上游两岸的冢墓当中，包括其西南地区的萨格利·巴兹（Sagly-Baži）II、IV 号，库茨棱格（Kjuzlengi）I 号，杜彻雷克·考夫卒（Dužerlig-Chovuzu）I

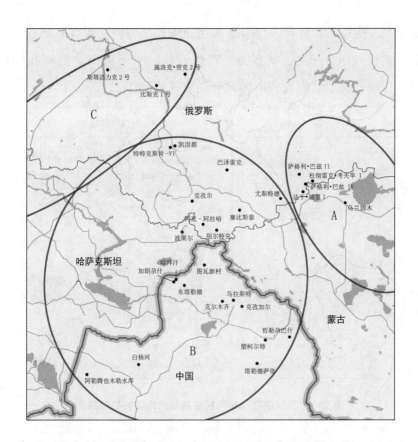

图一 阿尔泰及以西地区巴泽雷克文化随葬陶壶冢墓的分布

A. 第一群：萨格利类型 B. 第二群：巴泽雷克类型 C. 第三群：斯塔洛力克
类型

号等①。陶壶矮领、圆腹、平底，颈腹分界较为明显，有的口沿外带附
加堆纹花边，或者颈部、腹部饰附加堆纹，有的腹部附加云形堆纹，
可划为 A 型。绝对年代在公元前 5 世纪左右②。出土陶壶的冢墓一般地
表外有方形石圈、内有土石堆砌的圆形石堆，地下墓室有方形石棺椁，

① Roman Kenk, *Grabfunde der Skythenzeit aus Tuva*, *Süd-Sibirien*, Verlag C. H. Beck, München, 1986.

② 也有人将这批墓葬分为两段，认为早段在公元前 5—前 4 世纪，晚段在公元前 4—前 3 世纪，但从随葬品上看不出明显差别。А. Д. Грач, *Древние кочевники в центре Азии*, Главная Редакция Восточной Литературы, Москва, 1980。

常为多人侧身屈肢合葬，与陶壶共存的随葬品有陶筒形罐，环首、一字首或双鸟回首短剑，鹤嘴斧，直体刀，单圆环马衔，兽柄或环柄镜，马形、虎形、虎食兽形牌饰等铜或铁器（图二）。

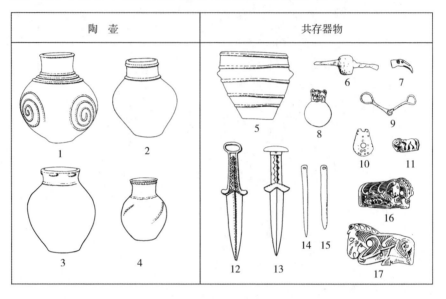

陶　壶	共存器物

图二　俄罗斯图瓦共和国西南部冢墓内陶壶等随葬品

1、2、6、7、11、12、14、15. 杜彻雷克·考夫卒 I，冢墓 2（Dužerlig-Chovuzu I, Kurgan 2）　3、8、13、17. 萨格利·巴兹 II，冢墓 13（Sagly-Baži II, Kurgan 13）　4、10. 萨格利·巴兹 II，冢墓 8（Sagly-Baži II, Kurgan 8）　5. 萨格利·巴兹 IV，冢墓 2（Sagly-Baži IV, Kurgan 2）　9. 萨格利·巴兹 II，冢墓 1（Sagly-Baži II, Kurgan 1）　16. 达干·德里 I，冢墓 3（Dagan-Téli I, Kurgan 3）

　　蒙古西北部陶壶，以乌兰固木（Ulagom）冢墓出土者为代表[1]，冢墓及随葬品和图瓦基本相同。陶壶属于 A 型，有的带花边，多在口沿或肩腹饰附加堆纹，有的在器身饰大角羊、鹿等动物形象和卷云纹、"卐"字纹等，绝对年代在公元前 5—前 3 世纪。墓室内为木或石棺椁，与陶壶共存的随葬品有铜鍑，陶筒形罐、圜底罐、单耳杯、钵等，有的环柄镜上有鹿等动物形象，还有动物首铜钩（图三）。

---

① E. A. Novgorodova, V. V. Volkov, et al. , Mit einem Vorwort von Karl Jettmar, *Ulangom*：*Ein skythenzeitliches Gräberfeld in der Mongolei*, Harrassowitz, 1982.

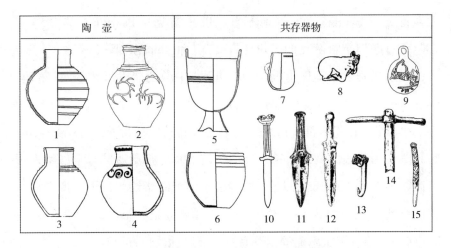

图三 蒙古乌兰固木冢墓内陶壶等随葬品

1、3. 墓23 2. 墓1 4、6、8. 墓47 5、12、13. 墓33 7、9. 墓31 10. 墓26
11. 墓37 14. 墓53 15. 墓36

二

第二群即中群，分布在俄罗斯阿尔泰共和国，中国阿勒泰、塔城地区，以及哈萨克斯坦东哈萨克斯坦州。

俄罗斯阿尔泰共和国境内的陶壶，发现于鄂毕河上游两岸的冢墓当中，包括西北部戈尔诺阿尔泰（Gorny Altai）地区冢墓[1]，东南部乌科克高原（Ukok-Plateau）的塞比斯泰（Sebýstei）、莫伊纳克（Moinak）、克孜尔（Kizil）、阿克—阿拉哈（Ак-Алаха)[2]、别尔特克（Bertek)[3]、

---

① Ю. Ф. Кирюшин, Н. Ф. Степанова, *Скифская эпоха горного Алтая*, *Часть III：Погребальные комплексы скифского времени Средней Катуни*, Издательство Алтайского госунивергоситета, оформление，2004.

② Ignace Bourgeois, etc., *Ancient Nomads of the Altai Mountains：Belgian-Russian Multidisciplinary Archaeological Research on the Scytho-Siberian Culture*, Musées Royaux d'Art et d'Histoire, Bruxelles，2000.

③ N. V. Polos' mak, "Investigations of a Pazyryk Barrow at Kuturgunta", *Ancient Cilvilizations from Scythia to Siberia*，1995，2（1），pp. 92－111；马健：《公元前8～前3世纪的萨彦—阿尔泰——早期铁器时代欧亚东部草原文化交流》，《欧亚学刊》第八辑，中华书局2008年版，第38—84页。

尤斯特德（Юстыда）① 等地冢墓，巴泽雷克（Pazyryk）冢墓等②。在哈萨克斯坦东哈萨克斯坦州还有波莱尔（Berel）冢墓等③。

戈尔诺阿尔泰地区卡通河（Katun）中游两岸发现约 30 处墓地，随葬陶壶可分胖瘦两型，总体鼓腹、平底，颈腹分界不显，可划为 B 型。可以分为以凯因都（Кайнду）墓地和特特克斯肯-VI（Тыткескень-VI）墓地为代表的两组：第一组两型陶壶总体都更矮胖，第二组都更瘦高，常在外表饰云纹、逗点纹等凌乱曲线纹彩绘。根据发掘者对年代的判断，第一组大约在公元前 6—前 4 世纪，第二组约在公元前 3—前 2 世纪。出土陶壶的冢墓有圆形石坟丘，长方形竖穴土坑，长方形木棺，有的棺外殉牲，单人葬为主，只是第一组多为仰身直肢葬，第二组多为侧身屈肢葬。与陶壶共存的随葬品与图瓦冢墓相似，但有更多陶小口罐和双鸟回首剑，而基本不见兽形牌饰（图四）。

阿尔泰共和国南部乌科克高原地区塞比斯泰（Sebystei）河流域 2 号冢墓随葬陶壶④，鼓腹、平底，颈腹分界不显（图五，1），与上述卡通河中游第一组陶壶中的胖型陶壶近似，¹⁴C 测年校正数据为公元前 491 年。与其大致同时的还有口外饰压印纹和一圈圆形穿孔的大口筒形罐，同类器物主要流行于鄂毕河流域西部。莫伊纳克（Moinak）2 号墓的 ¹⁴C 测年校正数据为公元前 390—前 170 年⑤，克孜尔（Kiz-

① 杨建华、包曙光：《俄罗斯图瓦和阿尔泰地区的早期游牧文化》，《西域研究》2014 年第 2 期。

② Sergei I. Rudenko（Author），M. W. Thompson（Translator），*Frozen Tombs of Siberia：The Pazyryk Burials of Iron-Age Horsemen*，J. M. Dent & Sons LTD，London，1970.

③ 马健：《公元前 8～前 3 世纪的萨彦—阿尔泰——早期铁器时代欧亚东部草原文化交流》，《欧亚学刊》第八辑，中华书局 2008 年版，第 38～84 页。

④ Ignace Bourgeois，etc.，*Ancient Nomads of the Altai Mountains：Belgian-Russian Multidisciplinary Archaeological Research on the Scytho-Siberian Culture*，Musées Royaux d'Art et d'Histoire，Bruxelles，2000：145.

⑤ Ignace Bourgeois，etc.，*Ancient Nomads of the Altai Mountains：Belgian-Russian Multidisciplinary Archaeological Research on the Scytho-Siberian Culture*，Musées Royaux d'Art et d'Histoire，Bruxelles，2000：60–61.

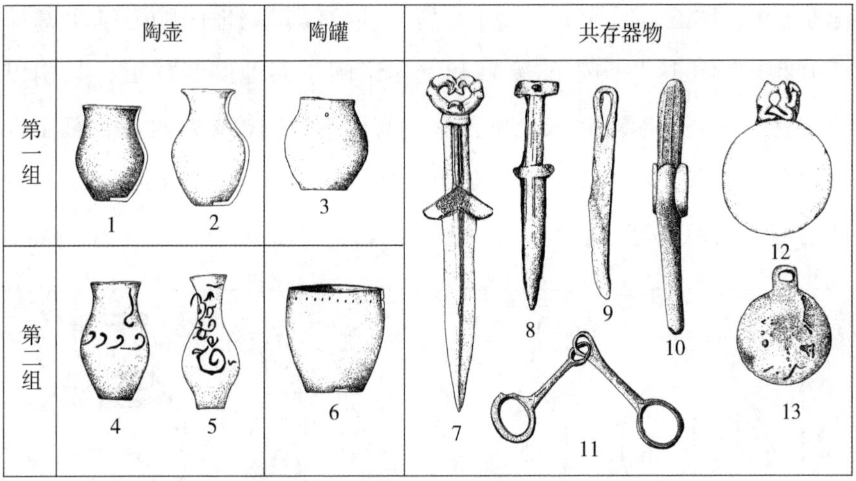

图四　俄罗斯阿尔泰共和国卡通河中游冢墓内陶壶等随葬品

1—3、7、8、10、11、13. 凯因都（Кайнду）（冢墓2、冢墓43、冢墓14、冢墓2、冢墓13、冢墓6、冢墓7、冢墓18）　4—6、9、12. 特特克斯肯－VI（Тыткескень-VI）（冢墓47、冢墓73、冢墓14、冢墓43、冢墓2）

il）河流域 2 号冢墓（Kurgan 2 of Kizil）的年代数据大致为公元前400—前200 年[1]，这两处所出陶壶与上述卡通河中游第二组陶壶中的两种陶壶分别接近，只是后者有卷云纹彩（图五，2、3）。阿克—阿拉哈3 号（Ак-Алаха-3）墓地冢墓中所出陶壶[2]，与上述卡通河中游第二组陶壶中的瘦型近似，但口沿外有附加堆纹花边，颈部有两或三周附加堆纹，似图瓦的某些陶壶，而更瘦高（图五，4）。巴泽雷克墓葬所出陶壶与莫伊纳克（Moinak）2 号墓陶壶近似而颈部更加细长，其中一件腹部雕刻 6 只公鸡图案，共存器物有来自中国的"山"字纹铜镜、凤鸟纹丝织品、漆器等，时代当在战国晚期的公元前 3 世

① Ignace Bourgeois, etc., *Ancient Nomads of the Altai Mountains：Belgian-Russian Multidisciplinary Archaeological Research on the Scytho-Siberian Culture*, Musées Royaux d'Art et d'Histoire, Bruxelles, 2000：80－81.

② А. П. Деревянко, В. И. Молодин, *Феномен Алтайских Мумий*, Издательство Института археологин и этнографин СО РАН, Новосибирск, 2000：141.

纪左右①（图五，5、6）。乌科克高原至巴泽雷克地区陶壶基本都属于 B 型。出土这些陶壶的冢墓和戈尔诺阿尔泰地区者接近，其中巴泽雷克等大墓坟冢下竖穴土坑墓室内有棚木、棺椁、殉马等，墓主人多仰身直肢葬，和陶壶共存的随葬品还有一字首短剑、鹤嘴斧、单圆环马衔、有柄镜等。

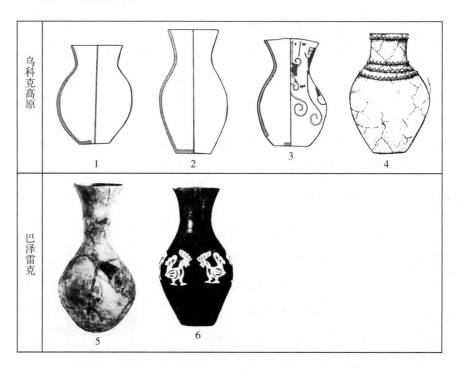

图五　俄罗斯阿尔泰共和国东南部地区冢墓内随葬陶壶

1. 塞比斯泰冢墓 2（Sebÿstei Kurgan 2）　　2. 莫伊纳克 2 冢墓（Moinak-2 Kurgan）　　3. 克孜尔冢墓 2（Kizil Kurgan 2）　　4. 阿克 - 阿拉哈 3 冢墓 1（Ак - Алаха - 3 Курган 1）　　5. 巴泽雷克墓 6（Pazyryk Barrow 6）　　6. 巴泽雷克墓 2（Pazyryk Barrow 2）

中国阿勒泰地区陶壶，发现于额尔齐斯河上游两岸的冢墓当中，

---

① Sergei I. Rudenko（Author），M. W. Thompson（Translator），*Frozen Tombs of Siberia：The Pazyryk Burials of Iron-Age Horsemen*，J. M. Dent & Sons LTD，London，1970，pp. 71 - 73，115；马健：《公元前 8 ~ 前 3 世纪的萨彦—阿尔泰——早期铁器时代欧亚东部草原文化交流》，《欧亚学刊》第八辑，中华书局 2008 年版，第 38—84 页。

主要包括阿勒泰乌拉斯特①、克尔木齐②、克孜加尔墓地③，富蕴塔勒德萨依④、塑柯尔特⑤、哲勒尕巴什墓地⑥，哈巴河东塔勒德⑦、加朗尕什、哈拜汗墓地⑧，布尔津喀纳斯图瓦新村墓地等⑨。随葬陶壶多鼓腹、平底、素面，颈腹分界不显，属于 B 型，与俄罗斯阿尔泰共和国境内陶壶基本相同；也有的个别陶壶带有錾耳，体现出一定的地方特色。墓葬地表有圆形石土封堆，下有竖穴土坑地下墓室或地面石室，地下墓室有的带木棺或石棺；流行单人仰身直肢葬，也有屈肢葬和二次葬，常见殉牲甚至以整批马殉葬现象。与陶壶共存的随葬品还有陶侈口罐，铜马形、鹿形牌饰，铁或铜质直体刀、单圆环马衔，动物形金箔或包金木器等（图六）。

中国塔城地区陶壶，发现于额敏—和布克赛尔白杨河⑩、裕民阿勒腾也木勒水库⑪等墓地。陶壶和冢墓情况都与阿勒泰地区近似，个

① 新疆文物考古研究所：《阿勒泰市乌拉斯特墓地考古发掘报告》，《新疆文物》2015 年第 2 期。

② 新疆社会科学院考古研究所：《新疆克尔木齐古墓群发掘简报》，《文物》1981 年第 1 期。

③ 新疆文物考古研究所：《2009 年阿勒泰市克孜加尔墓地考古发掘简报》，《新疆文物》2010 年第 1 期。

④ 新疆文物考古研究所、阿勒泰地区文物局：《富蕴县塔勒德萨依墓地发掘简报》，《新疆文物》2006 年第 3—4 期。

⑤ 新疆文物考古研究所：《富蕴县塑柯尔特墓地考古发掘报告》，《新疆文物》2015 年第 1 期。

⑥ 新疆文物考古研究所：《富蕴县哲勒尕巴什墓群考古发掘简报》，《新疆文物》2013 年第 2 期。

⑦ 新疆文物考古研究所：《哈巴河县东塔勒德墓地考古发掘简报》，《新疆文物》2013 年第 1 期。

⑧ 新疆文物考古研究所：《哈巴河县加朗尕什墓地、哈拜汗墓地考古发掘报告》，《新疆文物》2013 年第 2 期。

⑨ 新疆文物考古研究所：《新疆布尔津喀纳斯下湖口图瓦新村墓地发掘简报》，《文物》2014 年第 7 期。

⑩ 新疆文物考古研究所：《新疆塔城地区白杨河墓地发掘简报》，《考古》2012 年第 9 期。

⑪ 新疆文物考古研究所：《裕民县阿勒腾也木勒水库墓地考古发掘报告》，《新疆文物》2012 年第 3—4 期。

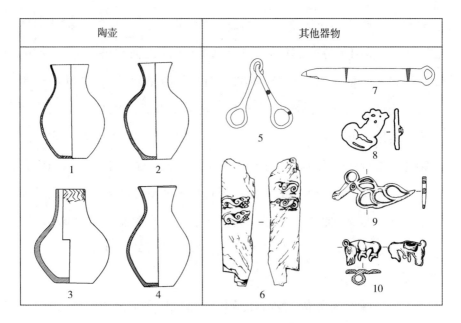

陶壶	其他器物

图六　中国阿勒泰地区冢墓内陶壶等随葬品

1、2、8. 塑柯尔特（M1:2、M1:1、M30:1）　　3、5—7、9、10. 图瓦新村（M5:1、M5:3、M1:7、M5:2、M1:5、M1:3）　　4. 乌拉斯特（M8:1）

别陶壶上饰红色卷云纹彩，类似纹样见于俄罗斯阿尔泰共和国冢墓（图四，4、5；图五，3；图七，4）。与陶壶共存的随葬品还有铜直体刀、单圆环马衔，桥形钮折边铜镜等（图七）。

三

第三群即西北群，分布在俄罗斯阿尔泰边疆区及其附近。

俄罗斯阿尔泰边疆区境内陶壶发现于巴尔瑙尔（Барнаул）北部的斯塔洛力克 2 号（Староалейка 2）[①]、比斯克 1 号（ЦРК Бийск 1）、

①　Ю. Ф. Кирюшин，А. Л. Кунгуроь，*Могильник раннего железного века Староалейка 2*，*Погребальный обряд древних племен Алтая*，Издательство Алтайского государственного университетаб，Барнаул，1996：115 – 134.

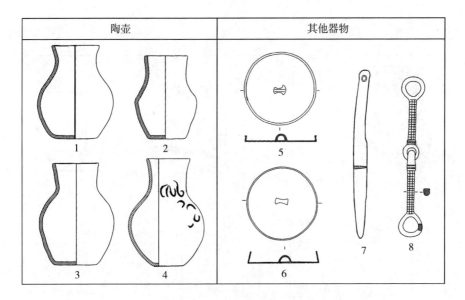

图七　中国塔城地区冢墓内陶壶等随葬品

1—8. 阿勒腾也木勒水库（M13∶1—3、M81∶1、M17∶1、M6∶1、M40∶2、M98∶4）

施洛克·劳克 2 号（Широкий Лог 2）等冢墓①，大约在公元前 5—前 2 世纪，陶壶平底或圜底，有的刻划几何纹，或颈部饰附加堆纹，或口沿外戳印圆孔，或有彩绘，有的带鋬。平底者大致属于 B 型，圜底者可划为 C 型。出土陶壶的冢墓也为圆形土石坟丘、竖穴土坑墓室和木棺，一般仰身直肢葬，常见以整批马殉葬，共存的随葬品有口沿外带圆形穿孔的筒形罐，以及一字首、环首或双鸟回首短剑、兽形带扣、单圆环马衔等（图八）。

四

阿尔泰及以西地区自新石器时代以来就属于欧亚草原—森林地带

---

① М. Т. Абэулганеев, А. Л. Кунгуров, *Курганы быстрянской культуры в междуречье Бии и Чумыша*, *Погребальный обряд древних племен Алтая*, Издательство Алтайского государственного университетаб, Барнаул, 1996：143 – 155.

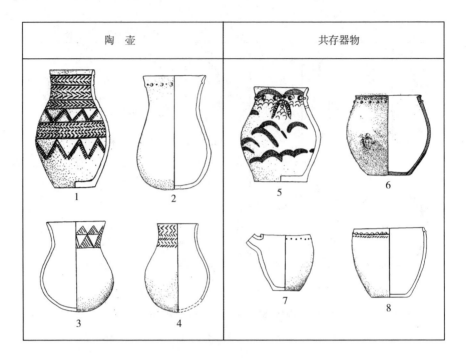

图八　俄罗斯阿尔泰边疆区冢墓内陶壶等随葬品

1、5. 比斯克 1 号（ЦРК Бийск 1），冢墓 2 号（Курган 2）　2—4、7、8. 斯塔洛力克 2 号（Староалейка 2，墓 38、墓 20、墓 52、墓 14、墓 45）　6. 施洛克·劳克 2 号（Широкий Лог 2）

广义的筒形罐文化区。在大约公元前 3500—前 800 年，阿尔泰地区先后出现过阿凡纳谢沃文化（Afanasevo culture）、奥库涅夫文化（Okunev Culture）、切木尔切克文化、安德罗诺沃文化（Andronovo culture）、卡拉苏克文化（Karasuk Culture）等铜石并用时代和青铜时代文化，这些文化的陶器虽有尖底、平底、圜底的差别，但基本都属于装饰压印刻划几何纹的罐类陶器①。至约公元前 800 年进入斯基泰文化阶段，在阿尔泰地区所谓早期巴泽雷克文化（Pazyryk Culture）或马也米尔—库尔图期（Majemir-Kurtu-Stufe），图瓦地区艾尔迪—贝尔文化

---

① Hermann Parzinger，*Die frühen Völker Eurasiens：Vom Neolithikum bis zum Mittelater*，Verlag C. H. Beck，München，2006.

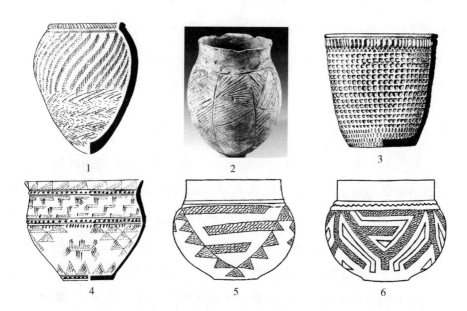

图九 阿尔泰及附近地区公元前 4 千纪至前 5 世纪典型陶器

1. 阿凡纳谢沃文化（Черновая IV к. 1，м. 1） 2. 切木尔切克文化（布尔津）
3. 奥库涅夫文化（Уйбат V к. 1，м. 1） 4. 安德罗诺沃文化（Сухое озеро I к. 430，м. 6）
5、6. 卡拉苏克文化（Могильник Измайловка）

（Aldy-Bel-Kultur）等当中，仍主要为罐类陶器，缺乏陶壶（图九）。至约公元前 5—前 3 世纪，该地区突然出现大量陶壶，如上所述，大致分为 A、B、C 三型，总体上由矮胖向瘦高方向变化。除陶壶之外，其他如圆形坟冢、长方形竖穴土坑墓室、木石棺椁、殉马等葬俗，以及兽形牌饰、直体刀、单圆环马衔等随葬品也彼此类似。这些类似遗存在阿尔泰地区者一般被称为巴泽雷克文化，在西萨彦地区者一般被称为萨格利文化[1]，在中国阿勒泰和塔城地区者尚未命名[2]，其实彼此大同小异，以归入一个考古学文化为宜，可总称巴泽雷克文化，一般认为属于所谓塞克人（Saka）文化。考虑到各区域的差异，至少

---

[1] 马健：《公元前 8 ~ 前 3 世纪的萨彦—阿尔泰——早期铁器时代欧亚东部草原文化交流》，《欧亚学刊》第八辑，中华书局 2008 年版，第 38~84 页。

[2] 于建军和马健讨论过哈巴河东塔勒德墓地遗存和所谓巴泽雷克文化关系问题。于建军、马健：《哈巴河县东塔勒德墓地初步研究》，《新疆文物》2013 年第 1 期。

还可以划分出三个地方类型，如蒙古西北和俄罗斯图瓦地区遗存可称萨格利类型，陶壶颈腹分界明显，流行多人侧身屈肢合葬，随葬环首、一字首或双鸟回首短剑、鹤嘴斧、兽柄或环柄镜等；俄罗斯阿尔泰地区和中国阿勒泰、塔城地区遗存可称巴泽雷克类型，陶壶颈腹分界不显，仰身直肢葬和侧身屈肢葬并存，随葬双鸟回首剑、一字首短剑、鹤嘴斧、有柄镜、桥形钮折边镜等；俄罗斯阿尔泰边疆区及附近遗存可称斯塔洛力克类型，陶壶除平底外常见圜底者，与筒形罐共存，多仰身直肢葬，随葬一字首、环首或双鸟回首短剑。

与之形成鲜明对照的是，其南的阴山—天山沿线地区则为包含陶壶的农业或半农半牧文化区。壶类陶器公元前 6000 多年前的新石器时代中期就开始流行于中原的裴李岗文化，此后通过仰韶文化和马家窑文化，传承至阴山—天山沿线地区青铜时代和早期铁器时代的齐家文化晚期、四坝文化、哈密天山北路文化、辛店文化、卡约文化、寺洼文化、焉不拉克文化、苏贝希文化、察吾呼沟口文化、伊犁河流域文化、骟马文化、沙井文化、杨郎文化、桃红巴拉文化等当中[①]。另外，虽然中西亚地区也有陶壶传统，但天山西部七河至咸海以东地区早期铁器时代陶壶还是和天山东部地区近似，源头应在东亚。

比较阿尔泰及以西地区和阴山—天山沿线地区公元前 500 年左右的陶壶，会发现彼此近似，如都为束颈圆弧腹，而且彼此邻近的区域有更大的相似性。从东至西而言，东部的萨格利类型为颈腹分界明显的 A 型平底陶壶（图一〇，7），而中国内蒙古中南部的桃红巴拉文化的平底陶壶同样颈腹分明[②]（图一〇，1、2）；中部的巴泽雷克类型，B 型平底陶壶颈腹分界不很明显（图一〇，8—10），甘青以至于

---

① 韩建业：《中国西北地区先秦时期的自然环境与文化发展》，文物出版社 2008 年版。
② 内蒙古文物工作队：《毛庆沟墓地》，《鄂尔多斯式青铜器》，文物出版社 1986 年版，第 227—315 页；内蒙古文物考古研究所：《凉城崞县窑子墓地》，《考古学报》1989 年第 1 期。

新疆东中部沙井文化①、焉不拉克文化②、苏贝希文化③等的平底陶壶也多颈腹分界不够明显（图一○，3—5）；西北部的斯塔洛力克类型乃至于新疆西部伊犁河流域、哈萨克斯坦咸海以东等地则都流行 C型圜底陶壶（图一○，6、11、12），就连遥远的鄂木斯克（Омск）北部地区也有类似伊犁河流域文化的圜底陶壶，甚至模拟缝线痕迹的仿皮囊圜底壶④。当然阿尔泰及以西地区和阴山—天山沿线地区陶壶也存在差异，如后者常见器耳、彩陶而后者罕见，这当然是因为两者此前的文化大传统存在基本差别的缘故。

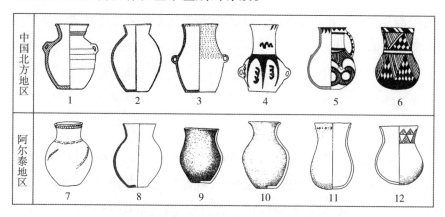

图一○　中国北方地区和阿尔泰地区陶壶比较

1. 毛庆沟 M59：1　2. 崞县窑子 M26：1　3. 西岗 M115：1　4. 焉不拉克 M2：3　5. 洋海二号墓地 M2054：4　6. 穷科克 M46A：1　7. 萨格利·巴兹 II（Sagly – Baži II）　8. 塞比斯泰冢墓 2（Sebÿstei Kurgan 2）　9. 凯因都冢墓 2（Кайнду Курган 2）　10. 凯因都冢墓 43（Кайнду Курган 43）　11. 斯塔洛力克 2 墓 38（Староалейка 2 Могил 38）　12. 斯塔洛力克 2 墓 20（Староалейка 2 Могил 20）

---

① 甘肃省文物考古研究所：《永昌西岗柴湾岗——沙井文化墓葬发掘报告》，甘肃人民出版社 2001 年版。

② 新疆维吾尔自治区文化厅文物处等：《新疆哈密焉不拉克古墓地》，《考古学报》1989 年第 3 期。

③ 吐鲁番地区文物局：《鄯善洋海墓地采集文物》，《新疆文物》1998 年第 3 期；新疆文物考古研究所、吐鲁番地区文物局：《鄯善县洋海一号墓地发掘简报》，《新疆文物》2004 年第 1 期；新疆文物考古研究所、吐鲁番地区文物局：《鄯善县洋海二号墓地发掘简报》，《新疆文物》2004 年第 1 期；新疆文物考古研究所、吐鲁番地区文物局：《新疆鄯善县洋海墓地的考古新收获》，《考古》2004 年第 5 期。

④ Т. Н. Троицкая，А. П. Бородовский，*Большереченская Культура Лесостепного Приобья*，Новосибирск：Во «Наука» Сибирская издательская Фирма，1994.

由于陶壶类器在阴山—天山沿线地区源远流长，而在阿尔泰及以西地区则是突然出现，且彼此类似，因此有理由推测阿尔泰及以西地区陶壶类器的出现，与来自阴山—天山沿线地区的文化影响有关，而且这种影响更可能就在邻近地区之间发生，比如图瓦共和国—蒙古西北、阿尔泰共和国—阿勒泰—塔城地区、阿尔边疆区，就可能分别受到内蒙古中南部、新疆中东部和新疆伊犁河流域及以西的影响。仅就图瓦和蒙古西北地区来看，在陶壶出现同时或稍后，还新出马形、虎形、虎食兽形铜牌饰等，乌恩早就指出这类牌饰的来源在内蒙古中南部的桃红巴拉文化①，而更早的源头则为西辽河流域的夏家店上层文化②。

四

阴山—天山沿线地区和包括阿尔泰在内的西西伯利亚地区间的文化交流，至少可以追溯到旧石器时代晚期，但全新世以来的情况尚不甚清楚。不过从公元前 2000 年左右青铜时代以来，西伯利亚地区的阿凡纳谢沃文化、奥库涅夫文化、切木尔切克文化、安德罗诺沃文化、卡拉苏克文化等，都明确和阴山长城沿线文化发生程度不同的交流，其青铜器、车、马等对中国青铜时代的形成甚至夏商文明的兴起都有重要刺激作用③，反过来，中国境内的朱开沟文化、夏家店上层文化等也为西西伯利亚这些青铜时代—早期铁器时代文化发展不断注

① 乌恩指出，"形成于长城地带中段偏西地区早期铁器时代的动物纹青铜带饰，首先传播到巴泽雷克文化并对相邻地区早期游牧文化产生了影响"。乌恩岳斯图：《北方草原考古学文化比较研究——青铜时代至早期匈奴时期》，科学出版社 2008 年版，第 185 页。

② 乌恩：《论夏家店上层文化在欧亚大陆草原古代文化中的重要地位》，《边疆考古研究（第 1 辑）》，科学出版社 2002 年版，第 139—155 页。

③ 韩建业：《略论中国的"青铜时代革命"》，《西域研究》2012 年第 3 期。

入新鲜血液①。不过总体说来，早期西方对中国的文化影响更大一些。公元前1千纪中期前后，中国北方地区文化的影响显著增强，上述阿尔泰地区陶壶类器的出现就是一个标志，此外还有差不多同时马形、虎形、虎食兽形铜牌饰的出现，战国晚期以后还有中国式铜镜、丝织品、漆器等典型中国文化因素的出现。

公元前1千纪中期中国北方地区文化的西北向影响，与战国时代形成前后秦、赵、燕各国实力增强并逐步北逐长城沿线游牧民族的背景吻合，或许正是在此背景下这些长城沿线游牧民族西北向移动影响，使得阿尔泰及以西地区出现陶壶等。当然，秦、赵、燕的北渐离不开战国前后气候略趋暖湿这个大的环境背景。

---

① 田广金、郭素新：《鄂尔多斯式青铜器的渊源》，《考古学报》1988年第3期；乌恩：《论夏家店上层文化在欧亚大陆草原古代文化中的重要地位》，《边疆考古研究（第1辑）》，科学出版社2002年版，第139—155页。

彩陶时代与亚欧世界

全新世亚欧大陆的三大文化圈

引 言

亚欧大陆，是人类起源和早期发展的中心地带，也是早期文明的主要舞台。亚欧大陆各地理区域互相连属，却又因天然障碍而相对独立，自然环境千差万别，早期人类文化颇多共性而又异彩纷呈。如果着眼于文化多样性的一面，可将丝绸之路出现前全新世大部时段的亚欧大陆①，大致划分为三大文化圈，即以中国黄河和长江"大两河流域"为中心的"早期东方文化圈"，以底格里斯河和幼发拉底河"小两河流域"为中心的"早期西方文化圈"，以及东、西两大文化圈以北以亚欧草原为主体的"早期北方文化圈"（彩图二）。

---

① 按照国际地质科学联合会（IUGS）最新发布的国际地质年代表，从约距今 11700 年进入全新世早期，约距今 8200 年进入全新世中期，约距今 4200 年进入全新世晚期。而丝绸之路被认为始于公元前 139 年张骞出使西域。全新世年代参见 Cohen, K. M. , Finney, S. C. , Gibbard, P. L. , Fan, J. -X. , "International Chronostratigraphic Chart", *International Commission on Stratigraphy*, Retrieved July 10, 2018. 丝绸之路论述参见 Ferdinand von Richthofen, *China*, *Ergebnisse eigener Reisen und darauf gegründeter Studien*, Erster Band, Einleitender Theil, Berlin: Dietrich Reimer, 1877, pp. 504 – 510。

彩陶时代与亚欧世界

以往学术界早有亚欧大陆存在东、西两大文明中心的观点，并从宏观角度分别对东、西两大文化区进行过研究①。也有对北方欧亚草原地区的研究②，有时称其为"内欧亚（Inner Eurasia）"③。但从全局角度讨论三大文化圈者还很少见④。有些学者提出青铜时代"欧亚"⑤，青铜时代"世界体系"或者史前"全球化"这样的概念⑥，其实质不过强调早期西方文化通过欧亚草原的东向拓展，由于较少考虑北

① 严文明说，如果我们着眼于陶器和农业的起源和发展道路，"可以在恒河流域和印度河流域之间清楚地划出一条分界线"（严文明：《长江文明的曙光——与梅原猛对谈录》，《长江文明的曙光》，湖北教育出版社 2004 年版，第 104 页）。伦福儒以农作物的传播论述印欧民族起源，所涵盖实际范围接近本文所谓早期西方文化圈（Colin Renfrew, *Archaeology and Language: The Puzzle of Indo-European Origins*, New York: Cambridge University Press, 1987.）张光直以陶器等的相互交流，提出"中国相互作用圈"的概念（张光直：《中国相互作用圈与文明的形成》，《庆祝苏秉琦考古五十五年论文集》，文物出版社 1989 年版，第 1—23 页）。贝尔伍德以陶器、水稻等的传播，将东南亚和太平洋诸岛与中国长江流域和华南联系起来（Peter Bellwood, "The checkered prehistory of rice movement southwards as a domesticated cereal-from the Yangzi to the Equator", *Rice*, 2011, Vol. 4, No. 3 – 4, pp. 93 – 103; Peter Bellwood, "Southeast Asian islands: archaeology", in *The Global Prehistory of Human Migration*, Wiley-Blackwell, 2015, pp. 284 – 292.）

② E. N. Chernykh, *Ancient Metallurgy in the USSR: The Early Metal Age*, Transl. by Sarah Wright, Cambridge University Press, 1992, p. 236; Hermann Parzinger, *Die frühen Völker Eurasiens: Vom Neolithikum bis zum Mittelater*, Verlag C. H. Beck, München, 2006.

③ David Christian, "Inner Eurasia as a Unit of World History", *Journal of World History* 5, 1994, pp. 173 – 211.

④ 叶舒宪曾将亚欧大陆的早期文明发生史从整体上划分为"三大文化互动圈"，即"南部文化圈""北部文化圈""东部文化圈"，与本文的划分方案近似，但缺乏对其空间范围和发展过程的具体讨论（叶舒宪：《中华文明探源的神话学研究》，社会科学文献出版社 2015 年版，第 207 页）。李旻划分的三个文化圈，只涉乏中国、中亚南部、欧亚草原中部地区（李旻：《重返夏墟：社会记忆与经典的发生》，《考古学报》2017 年第 3 期）。

⑤ P. L. Kohl, *The making of Bronze Age Eurasia*, Cambridge World Archaeology, Cambridge: Cambridge University Press, 2007; Barry Cunliffe, *By Steppe, Desert, and Ocean: The Birth of Eurasia*, Oxford University Press, 2015.

⑥ P. L. Kohl, "The Ancient Economy, Transferable Technologies and the Bronze Age World-system: A View from the Northeastern Frontier of the Ancient Near East", in M. Rowlands, M. Larsen and K. Kristiansen, et al. eds., *Centre and Periphery in the Ancient World*, Cambridge University Press, Cambridge, 1987, pp. 13 – 24; Toby C. Wilkinson, Susan Sherra and John Bennet eds., *Interweaving Worlds: Systemic Interactions in Eurasia, 7th to 1st Millennium BC*, Oxbow Books, 2011; 易华：《青铜时代世界体系中的中国》，《全球史评论（第五辑）》，中国社会科学出版社 2012 年版，第 68—96 页；Nicole Boivin, Michael D. Frachetti eds., *Globalization in Prehistory: Contact, Exchange, and the "People Without History"*, Cambridge University Press, 2018。

方文化圈本身的文化基础，也几乎完全忽略了东方文化圈的西向作用，所以这样的"欧亚""世界体系"，主要还局限在西方文化圈的范围。

本文拟以陶容器为主要依据，结合其他遗存状况，对三大文化圈的范围、特征和发展脉络略作讨论。自新石器时代以后，陶容器在亚欧大陆分布颇为普遍，形态复杂多样，敏感易变，而且很大程度上能够体现当时人群的生活习俗，这是本文将其作为首要依据的原因。但陶容器等因素并非同时出现于亚欧各地，其起源、发展、传播、交流的过程颇为复杂，因此不同时期三大文化圈的范围自然会有一定变化。此外，由于文化的碰撞和交流，三大文化圈之间还存在较大范围的交汇区域。

一 早期东方文化圈

早期东方文化圈的地理范围，中心在黄河、长江流域，主体是涵盖中国大部地区的"早期中国文化圈"[①]，东南包括东南亚及太平洋诸岛屿，东部涉及朝鲜半岛和日本岛，北向波及亚欧草原，西向触及中亚。

东亚陶容器最早发现于华南地区（包括长江流域南缘），已有两万年左右历史[②]。这些世界上最早的陶器基本都是圜底的釜、罐类，不少在制作时留下绳纹，或许与模仿或者依托编织物制陶有关。约公元前 9000 年以后，面貌各异的陶器开始在中国中东部扩展开来，尤以长江下游上山文化素雅的圈足盘、豆、壶等最为复杂精致；上山文化陶器多着艳丽红衣，甚至出现简单的白色和红色彩，是世界上最早

---

① 韩建业：《早期中国——中国文化圈的形成和发展》，上海古籍出版社 2015 年版。

② 其中玉蟾岩陶器的年代集中在距今 18500—17500 年。见吴小红《中国南方早期陶器的年代以及新石器时代标志的问题》，《考古学研究（九）——庆祝严文明先生八十寿辰论文集》，文物出版社 2012 年版，第 49—68 页。仙人洞最早陶器的年代约距今 20000—19000 年。见 Xiaohong Wu, Chi Zhang, Paul Goldberg, et al., "Early Pottery at 20,000 Years Ago in Xianrendong Cave, China", *Science*, 2012, 336 (6089), pp. 1696 – 1700.

的彩陶。虽然后来长江流域及其以北的陶器形态和华南的不尽相同，但很可能都是在华南陶器启示影响下所产生①，并且随着时间的推移不断向四周拓展。中国还是稻作和粟作农业的发源地。水稻在长江流域南缘的栽培可能有 15000 年以上的历史②，黍在华北地区的栽培历史也应该在 10000 年以上③，随后向四周的狩猎采集区域传播，逐步形成"南稻北粟"的农业格局。至公元前 4000 年左右，在长江、黄河和辽河流域大部地区，农业经济已成主体。家猪的饲养也至少可早到距今 9000 年以前④，后来在大江南北广泛分布。

陶器和农作物的传播，有着大体一致的范围和路线。

（1）向北 庙底沟式的花瓣纹彩陶于公元前 4000 年之后，到达内蒙古中南部北缘，甚至不排除到蒙古东南部的可能性。粟作农业也有传播至这些地区的可能。公元前 1500 年以后，源于中国北方地区的陶鬲则最北见于蒙古中东部和外贝加尔地区⑤。

（2）向东北 后冈式陶器于公元前 5000 年后到达西辽河流域⑥，最远到达第二松花江流域⑦。公元前 3000 年后大汶口—龙山风格陶

---

① 张弛：《中国南方的早期陶器》，《古代文明》（第 5 卷），文物出版社 2006 年版，第 16 页；陈宥成、曲彤丽：《中国早期陶器的起源及相关问题》，《考古》2017 年第 6 期。

② Zhao Zhijun, "The Middle Yangtze region in China is one place where rice was domesticated: Phytolith evidence from the Diaotonghuan cave, northern Jiangxi", *Antiquity*, 1998, 278, pp. 885–897.

③ 北京东胡林遗址大约 10000 年前可能开始栽培黍类植物。Xiaoyan Yang, Zhiwei Wan, Linda Perry, et al., "Early millet use in Northern China", *Proceedings of the National Academy of Sciences of the United States of America*, 2012, 109 (10), pp. 3726–3730。

④ 李有恒、韩德芬：《广西桂林甑皮岩遗址动物群》，《古脊椎动物与古人类》1978 年第 16 卷第 4 期；［英］凯斯·道伯涅：《家猪起源研究的新视角》，《考古》2006 年第 11 期；罗运兵、张居中：《河南舞阳县贾湖遗址出土猪骨的再研究》，《考古》2008 年第 1 期。

⑤ 蒙古中东部和外贝加尔地区的蛇纹鬲，源于内蒙古中南部的朱开沟文化，最早蛇纹鬲的年代上限大约在公元前 1700 年。参见李水城《中国北方地带的蛇纹器研究》，《文物》1992 年第 1 期；冯恩学《俄国东西伯利亚与远东考古》，吉林大学出版社 2002 年版，第 337—338 页。

⑥ 在赵宝沟文化中就有少量源自仰韶文化下潘汪类型的泥质红陶，红山文化更是包含了大量类似仰韶文化后冈类型的陶器。参见张星德《后冈期红山文化再考察》，《文物》2015 年第 5 期。

⑦ 见于左家山下层文化。吉林省文物考古研究所：《吉林农安县元宝沟新石器时代遗址发掘》，《考古》1989 年第 12 期。

器出现在朝鲜半岛北部①，大汶口式的螺旋纹陶器装饰一度见于黑龙江下游②。公元前2000年后陶鬲见于嫩江流域③。粟作农业公元前6000年左右已经出现于西辽河流域的兴隆洼文化④，公元前3000多年抵达朝鲜半岛。

（3）向东南 约公元前4000年以后，大陆东南沿海陶器已经传至对岸的台湾岛⑤；约公元前2500年以后，类似华南的圜底釜、豆等扩展到菲律宾一带⑥；约公元前1500年后圜底釜、豆等因素抵达美拉尼西亚和波利尼西亚西部地区⑦。这一陶器传播路线，大致也就是稻作传播路线，被认为与南岛语族的起源和扩散有关⑧。

（4）向西 约公元前4000年之后，庙底沟式彩陶最西扩展至青海东部和四川西北部。约公元前3500年以后，甘青等地的马家窑文化西进河西走廊，西南踏上青藏高原，其影响余绪甚至一度抵达克什米尔地区。约公元前2500年以后，马家窑文化最终扩展至新疆东部。约公元

---

① 见于新岩里一期文化、西浦项文化晚期。参见赵宾福《中朝邻境地区的新石器文化比较研究》，《边疆考古研究》第9辑，科学出版社2009年版，第25—48页。

② 见于孔东文化。参见冯恩学《俄国东西伯利亚与远东考古》，吉林大学出版社2002年版，第204—211页。

③ 见于小拉哈文化。黑龙江省文物考古研究所、吉林大学考古学系：《黑龙江肇源县小拉哈遗址发掘报告》，《考古学报》1998年第1期；黑龙江省文物考古研究所、吉林大学考古学系：《肇源白金宝——嫩江下游一处青铜时代遗址的揭示》，科学出版社2009年版。

④ Zhijun Zhao, "New Archaeobotanic data for the study of the origins of agriculture in China", *Current Anthropology*, Vol. 52, No. S4, The Origins of Agriculture: New Data, New Ideas (Oct 2011), pp. S295 – 306.

⑤ 台湾的大坌坑文化，与福建的壳坵头遗存、昙石山一期关系密切。见福建省博物馆《福建平潭壳坵头遗址发掘简报》，《考古》1991年第7期；福建博物院《闽侯县昙石山遗址第八次发掘报告》，科学出版社2004年版。

⑥ Peter Bellwood, Eusebio Dizon, "The Batanes archaeological project and the 'Out of Taiwan' hypothesis for Austronesian dispersal", *Journal of Austronesian Studies*, 2005, Vol. 1, No. 1, pp. 1 – 32.

⑦ 见于拉皮塔文化（Lapita）。参见 *Peter Bellwood, Prehistory of the Indo-Malaysian Archipelago*. University of Hawai'i Press, 1997；焦天龙、范春雪《福建与南岛语族》，中华书局2010年版，第16—28页。

⑧ Peter Bellwood, "New Perspectives on Indo-Malaysian Prehistory", *Bulletin of the Indo-Pacific Prehistory Association*, 1983, 4, pp. 71 – 83；[美] 张光直：《中国东南沿海考古与南岛语族起源问题》，《南方民族考古》第1辑，1987年版，第1—14页。

前 1500 年以后，源于甘青的彩陶，从新疆东部西扩至天山南北大部地区，最远到达费尔干纳盆地甚至土库曼斯坦西南①。这些彩陶文化所至之处，大致也就是粟作农业到达之地。在哈萨克斯坦和克什米尔地区发现公元前 2000 多年的黍②，很可能就通过这一路线传播而去。

东方的玉器、漆器、丝织品等都是独具特色的器物。玉器最早出现于旧石器时代晚期的阿尔泰和外贝加尔地区，公元前 5000 多年后从中国东北传到江浙、海岱等地③，为河姆渡文化、马家浜文化、大汶口文化、崧泽文化、良渚文化等中国东部新石器时代文化增添了不少温润之气；公元前 2500 年后东部玉器趋于衰落的同时，中原、江汉、陕北都有了较为发达的玉器，甚至一度向西传播到甘青地区。约公元前 2000 年以后，源于黄河中下游的玉牙璋甚至远距离扩散到东南亚地区④。漆器至少在公元前 6000 年左右的跨湖桥文化、河姆渡文化等当中已经出现，良渚文化时期已很流行。丝织品的产生至少可以追溯到公元前五千纪，商周时期已经非常发达。至战国晚期，漆器和丝织品已经西传到新疆天山和俄罗斯阿尔泰地区⑤。

青铜器和铁器虽然都是西方起源，但传播到东亚以后，形成了自

---

① Han Jianye, "'The Painted Pottery Road' and Early Sino-Western Cultural Exchanges", *ANABSASIS-Studia Classica et Orientalia* 3, 2012, pp. 25 – 42；韩建业：《再论丝绸之路前的彩陶之路》，《文博学刊》2018 年第 1 期。

② Michael Spate, Guilin Zhang, Mumtaz Yatoo, "Alison Betts. New evidence for early 4th millennium BP agriculture in the Western Himalayas：QasimBagh, Kashmir", *Journal of Archaeological Science：Reports*, 2017, 11, pp. 568 – 577；Spengler, R. N., Nigris, I., Cerasetti, B., Carra, M., Rouse, L. M., "The breadth of dietary economy in Bronze Age Central Asia：case study from AdjiKui 1 in the Murghab region of Turkmenistan", *Journal of Archaeological Science：Reports*, 2018, 22, pp. 372 – 381.

③ 邓聪：《东亚玦饰四题》，《文物》2000 年第 2 期。

④ 香港中文大学中国考古艺术研究中心编：《南中国及邻近地区古文化研究——庆祝郑德坤教授从事学术活动六十周年论文集》，香港中文大学出版社 1994 年版。

⑤ 新疆社会科学院考古研究所：《新疆阿拉沟竖穴木椁墓发掘简报》，《文物》1981 年第 1 期；Sergei I. Rudenko (Author), M. W. Thompson (Translator), *Frozen Tombs of Siberia：The Pazyryk Burials of Iron-Age Horsemen*, J. M. Dent & Sons LTD, London, 1970。

己的特色。大约公元前 2500 年以后，已经在中原地区形成复合陶范铸造青铜容器的独特传统[1]。公元前 1600 年以后，商式青铜器已经向北传到西辽河流域，向南至长江流域，向西达青海地区。铁器传入中国后，在约公元前 8 世纪，已经在中原地区形成独特的铸铁技术[2]。公元前 5 世纪以后，铸铁技术向东北传播到朝鲜半岛和日本[3]，向西传播至新疆大部地区[4]。

东方建筑形态多样，但最具特色的建筑技术有两项，一是榫卯结构的木构建筑技术，一是夯土技术。从公元前 7000 年前后中国东部各地出土的锛、凿等石器来看，当时在长江和黄河流域应当已经出现木材加工和榫卯技术，并且很可能主要用于房屋建筑。公元前 5000 年以后榫卯技术已经比较成熟，仅从石凿的分布来看，北达西辽河流域，南到东南亚，西至甘青地区，这应该也是榫卯技术所能辐射到的范围。夯土技术大约出现于公元前 3000 多年的黄河和长江中下游地区，不但建房，而且筑城，就连土坯也用夯打模制技术，其影响向北至少到达西辽河流域。中国黄河中游地区在公元前 7 千纪就出现较大规模墓地，墓葬排列整齐，大致分区埋葬，以长方形竖穴土坑墓占据绝对优势，每个墓地同时期墓葬在头向、墓室形态、葬式、随葬品等方面表现出大体一致的习俗。这种墓葬习俗后来扩大到上述陶器所确定的东方文化圈的大部地区。

总体来说，东方文化圈上述诸要素之间，互相有着密切联系，其根本在于定居和农业。东方陶器的出现早到 2 万年前，原初功能

---

[1]　以山西襄汾陶寺遗址的铜铃铸造技术为代表。中国社会科学院考古研究所山西工作队、临汾地区文化局：《山西襄汾陶寺遗址首次发现铜器》，《考古》1984 年第 12 期。

[2]　韩汝玢：《附录六天马—曲村遗址出土铁器的鉴定》，《天马—曲村 1980—1989》，科学出版社 2000 年版，第 1178—1180 页。

[3]　王巍：《东亚地区古代铁器和冶铁术的传播与交流》，中国社会科学出版社 1999 年版；白云翔：《先秦两汉铁器的考古学研究》，科学出版社 2005 年版。

[4]　韩建业：《新疆地区的早期铁器和早期铁器时代》，《社会科学战线》2018 年第 7 期。

当与对植物种子、鱼蚌等资源的烹煮食用有关，也应当是在一种较为稳定的攫取性经济条件下，定居程度增加的体现。距今 1 万多年后，随着原初农业的诞生，定居程度进一步提高，陶器也越发丰富起来。最早出现的斧、锛、凿等磨制石器，主要为木工工具，当与定居所需木构建筑的木料加工、榫卯结构制作等有关①。大约公元前 4000 年后，黄河、长江、辽河流域大部已经确立农业主体，形成南稻北粟二元农业体系，以及世界上最大的农业文化区。陶器复杂多样，彩陶盛行，漆器和丝织品开始常见，日常生活丰富，出现中心聚落，社会分化，形成早期中国文化圈。中国文化向四周的大规模拓展影响，大致也在这个时候。约公元前 3000 年人群间冲突空前激烈，社会急剧复杂化，早期中国文明正式诞生②，表意文字也应该在这个时候已经出现③，尽管大量甲骨文、金文等的发现是在晚商以后。另外，公元前 3 千纪末期出现的复合陶范青铜器铸造技术，公元前 1 千纪早期发明的铸铁技术，也都应当与中国悠久成熟的陶器烧造技术相关。

超大规模的定居社会和农业经济，长期以来潜移默化形成东亚地区稳定内敛、敬天法祖的观念，至少公元前 6000 年左右出现祭天仪式④、观象授时⑤和象数思维⑥，以及排列整齐的多代"族葬"所体现的祖

---

① 钱耀鹏：《略论磨制石器的起源及其基本类型》，《考古》2004 年第 12 期。

② 严文明：《略论中国文明的起源》，《文物》1992 年第 1 期。

③ 王晖：《中国文字起源时代研究》，《陕西师范大学学报》（哲学社会科学版）2011 年第 40 卷第 3 期。

④ 湖南洪江高庙遗址的"排架式梯状建筑"，与白陶上的"天梯"图案互相对应，加上兽面纹、鸟纹等与"天"有关的图案，以及可能为燎祭后瘗埋的动物牲坑、人牲坑等，足以复原出一副可信的通天祭祀场景。见湖南省文物考古研究所《湖南黔阳高庙遗址发掘简报》，《文物》2000 年第 4 期；湖南省文物考古研究所《湖南洪江市高庙新石器时代遗址》，《考古》2006 年第 7 期；贺刚《湘西史前遗存与中国古史传说》，岳麓书社 2013 年版，第 254—262 页。

⑤ 贺刚：《湘西史前遗存与中国古史传说》，岳麓书社 2013 年版，第 330—344 页；冯时：《文明以止：上古的天文、思想与制度》，中国社会科学出版社 2018 年版，第 46—77 页。

⑥ 宋会群、张居中：《龟象与数卜：从贾湖遗址的"龟腹石子"论象数思维的源流》，《大易集述：第三届海峡两岸周易学术研讨会论文集》，巴蜀书社 1998 年版，第 11—18 页。

先崇拜、慎终追远和悠久的历史记忆传统，约公元前 4000 年后出现原初形态的礼制①。玉器虽然发源于西伯利亚地区，但在中国中东部最为发达，应该与玉所蕴含的温润、柔美、坚硬等内在特质相关，后来甚至演化为中国人的理想精神品质②。源自西方的青铜器技术，到中国则演变为铸造容器类礼器，成为物化社会秩序的中国特色器物。

二　早期西方文化圈

早期西方文化圈，核心在西亚，包括北非、中亚南部、南亚和欧洲南部地区。

广义西方最早的陶容器发现于北非，最早距今约 12000 年，但仅见碎片，与此后文化的发展关系不明。西亚地区最早的陶器，迟至约公元前 6900 年才出现，开始主要是一些素面的平底罐类器物③，或为模仿之前该地区早已存在的石容器而来。西亚陶器出现不久，就开始流行彩陶，其发达程度超过同时期的中国彩陶，并向四周迅速扩展。西方农业和家畜饲养至少产生于约公元前 9500 年的黎凡特、土耳其至伊朗西北山地的"新月形"地带，主要种植小麦、大麦，养殖绵羊、山羊、黄牛等④，之后即向四周传播⑤。公元前 6900 年之

---

① 韩建业：《西坡墓葬与"中原模式"》，《仰韶和她的时代——纪念仰韶文化发现 90 周年国际学术研讨会论文集》，文物出版社 2014 年版，第 153—164 页。

② 费孝通：《中国古代玉器与中华民族多元一体格局》，《思想战线》2003 年第 6 期。

③ Chris Scarre, *The Human Past: World Prehistory and the Development of Human Societies* (Third Edition), Thames & Hudson, 2013；杨建华：《两河流域——从农业村落走向城邦国家》，科学出版社 2014 年版。

④ Bar-Yosef, Ofer, and Richard H. Meadow, "The origins of agriculture in the Near East", in *Last hunters, first farmers: new perspectives on the prehistoric transition to agriculture*, T. Douglas Price and Anne-Birgitte Gebauer eds., Santa Fe, NM: School of American Research Press, 1995, pp. 39 – 94；Melinda A. Zeder, "The Origins of Agriculture in the Near East", *Current Anthropology*, Volume 52, Supplement 4, 2011, pp. S221 – S235.

⑤ Colin Renfrew, *Archaeology and Language: The Puzzle of Indo-European Origins*, New York: Cambridge University Press, 1987.

后，陶器、农作物和家畜以组合（包裹）的形式向四周的狩猎采集地区传播，多数情况下还伴随着人群的迁徙与交融①。

（1）向北　源自安纳托利亚和黎凡特地区的线纹陶器，以及小麦、大麦等农作物，绵羊、黄牛等家畜，公元前5500年左右出现于欧洲中部，公元前5000年左右传播至斯堪的纳维亚半岛南部②。

（2）向西　陶器以及小麦、大麦等农作物，公元前5500年左右已经抵达地中海东岸的法国、西班牙等地，公元前4000年左右抵达不列颠群岛③。

（3）向南　黎凡特风格的陶器，和小麦、大麦等农作物，绵羊等家畜，于公元前5000年左右扩散至包括尼罗河三角洲在内的北非地区④；其后发展起来的古埃及文明，向南影响到尼罗河上游地区。

（4）向东　小麦、大麦等农作物，绵羊、黄牛等家畜，在约公元前6000年，东向—东南向到达中亚南部地区⑤。公元前3500年以后，绵羊、黄牛所代表的畜牧文化，可能包括小麦种植，通过亚欧草原已经向东扩展到新疆西部至叶尼塞河中游⑥。南线的农业、家畜等，公元前7000年以后逐渐扩展至印度河流域⑦。再向东，中亚式彩陶

---

① Zuzana Hofmanová, Susanne Kreutzer, Garrett Hellenthal, et al. , Early farmers from across Europe directly descended from Neolithic Aegeans, *PNAS*, 2016, 113（25）: 6886 – 6891.

② T. Douglas Price, *Ancient Scandinavia: An Archaeological History from the First Humans to the Vikings*, Oxford University Press, 2015.

③ Nicki J. Whitehous, Rick J. Schulting, Meriel McClatchie, "Neolithic agriculture on the European western frontier: the boom and bust of early farming in Ireland", *Journal of Archaeological Science*, Volume 51, November, 2014, pp. 181 – 205.

④ D. W. Phillipson, *African Archaeology*, Cambridge University Press, 2005.

⑤ A. H. Dani, V. M. Masson eds. , *History of Civilizations of Central Asia*, Volume I: The Dawn of Civilization: Earliest Times to 700 B. C. , UNESCO Publishing, Paris, 1992.

⑥ Hermann Parzinger, *Die frühen Völker Eurasiens: Vom Neolithikum bis zum Mittelater*, Verlag C. H. Beck, München, 2006: 169 – 243；李水城：《从新疆阿依托汗一号墓地的发现谈阿凡纳谢沃文化》，《新疆文物》2018年第1—2期。

⑦ Jarrige, C. , Jarrige, J. -F. , Meadow, R. & Quivron, G. eds. , *Mehrgarh*, *Field reports 1974—1985, From Neolithic Times to the Indus Civilization*, Karachi: The Department of Culture and Tourism, Government of Sind, Pakistan, in Collaboration with the French Ministry of Foreign Affairs, 1995.

图案等传播至中国甘青地区①，绵羊、黄牛、小麦等扩散至中国大部地区②。

特别值得指出的是，约公元前 3000 年亚欧草原中部马的驯化，是受西亚绵羊和黄牛驯养技术影响的结果。约公元前 3 千纪末期在哈萨克斯坦西北部地区发明的轻型马拉双轮战车，源头也应当是西亚于公元前 4 千纪发明的黄牛、驴等牵引的实心轮车③。西亚式的实心轮车后传播至早期西方文化圈各处，最东到达中国的新疆地区，而马和马车则流播至亚欧大陆大部地区。

青铜器和铁器是早期西方文化圈影响深远的发明。这两种金属器除作为装饰品、容器、雕塑外，最主要的功能还是作为工具和武器，对于早期西方生产力的发展和对外大幅度拓展，起到了关键性作用。自然铜锻打的铜器在西亚最早出现于 1 万多年以前，人工冶铜在南欧和西亚至少始于公元前 5 千纪初④，青铜器冶铸可早到公元前 5 千纪中叶⑤。铜器技术差不多和绵羊、黄牛、小麦一道，向四周扩散，约公元前 3 千纪已经传播到中国中原等地⑥，公元前 2 千纪到达东南亚。陨铁的使用大约有 5000 年的历史，人工冶炼的铁器至少开始于公元

① 韩建业：《再论丝绸之路前的彩陶之路》，《文博学刊》2018 年第 1 期（创刊号）。

② 傅罗文、袁靖、李水城：《论中国甘青地区新石器时代家养动物的来源及特征》，《考古》2009 年第 5 期；董广辉等：《农作物传播视角下的欧亚大陆史前东西方文化交流》，《中国科学：地球科学》2017 年第 47 卷第 5 期；Tengwen Long, Christian Leipe, Guiyun Jin, et al., "The early history of wheat in China from ^{14}C dating and Bayesian chronological modelling", *Nature Plants*, Volume 4, 2018, pp. 272 – 279。

③ E. E. Kuz'mina, *The Prehistory of the Silk Road*, Philadelphia: University of Pennsylvania Press, 2008; David W. Anthony, *The Horse, the Wheel and Language: How Bronze-Age Riders from the Eurasian Steppes Shaped the Modern World*, Princeton University Press, 2007.

④ D. Šljivar, The earliest copper metallurgy in the Balkans, *Metalurgija-Sisak then Zagreb*, 2006, 12（2）：93 – 104.

⑤ Thornton, C., Lamberg-Karlovsky, C. C., Liezers, M., et al., "On pins and needles: tracing the evolution of copper-based alloying at Tepe Yahya, Iran, via ICP-MS analysis of Commonplace items", *Journal of Archaeological Science*, 2002, 29（12），pp. 1451 – 1460.

⑥ 李水城：《西北与中原早期冶铜业的区域特征及交互作用》，《考古学报》2005 年第 3 期。

前 3 千纪，公元前 2 千纪中叶已经传播到中国新疆和甘青地区①。

印章、雕塑、金器、釉砂等也是西方世界的典型文化因素。印章是具有凭证、象征意义的器物，于公元前 7 千纪已经出现于西亚②，此后影响到埃及、伊朗、中亚、印度河流域等地；其与西亚楔形文字、埃及象形文字等的出现有密切联系，而楔形文字最后发展为表音的字母文字。人形和动物形雕塑早在旧石器时代晚期就已在西方世界流行，最早的陶质女人像（维纳斯）已有近 3 万年历史③；进入新石器时代以后，雕塑传统绵延不断，最具代表性者如埃及和希腊的雕塑，其影响则几乎及于早期西方文化圈大部区域。金器至少在距今 1 万多年以前就被西亚人认识和使用，其后这种阳光一样灿烂的金属深受西方人青睐，公元前 5 千纪的瓦尔纳（Varna）墓地就有大量金器随葬④。釉砂（费昂斯）在大约公元前 3 千纪左右出现于西亚，后在埃及发扬光大，并扩散至西方各地，公元前 2 千纪中期已经传播至新疆北部，公元前 1 千纪中叶已广见于中国黄河长江流域。此外，西方还很早就出现和流行香炉、香水、灯具等。有人还认为欧洲和中亚—中东分别是琥珀和青金石的主要分布区域⑤。

西方典型建筑以土石为特点，以土坯（日晒砖）、砖或石块垒砌墙体承重，就连柱子也常为石质，这在西亚、埃及、中亚都颇为流行。土坯（日晒砖）出现于距今 1 万年前的西亚，此后向四周扩展，向东于公元前 3 千纪末期已经传播到新疆东部和河西走廊。当然像欧

① 陈建立等：《甘肃临潭磨沟寺洼文化墓葬出土铁器与中国冶铁技术起源》，《文物》2012 年第 8 期；韩建业：《新疆地区的早期铁器和早期铁器时代》，《社会科学战线》2018 年第 7 期。

② 马欢欢、杨建华：《西亚史前印章记录系统的发展和演变》，《考古》2018 年第 6 期。

③ Conard，Nicholas J.，"A female figurine from the basal Aurignacian of Hohle Fels Cave in southwestern Germany"，Nature，2009，459（7244），pp. 248 – 252.

④ David W. Anthony，Jennifer Y. Chi eds.，The Lost World of Old Europe：The Danube Valley，5000—3500 BC.，Princeton University Press，2009.

⑤ David A. Warburton，"What might the Bronze Age World-System Look Like?" Interweaving Worlds：Systemic Interactions in Eurasia，7th to 1st Millennia BC，Oxbow Books，2011，pp. 120 – 144.

洲平原地区，由于森林广布，自然多为木屋或者木骨泥墙房屋。早期西亚墓葬不见如裴李岗文化那样排列整齐的墓地，常见居室葬和天葬①；后来在西亚、欧洲、伊朗、中亚等地还都常见火葬；直到公元前4000年前后，才在西亚、埃及、中亚等地开始较多出现族葬墓地。

早期西方文化圈的各要素之间互相也存在有机联系。西亚虽然也是最早的农业地区之一，但主要只是麦类农业体系，并未出现中国那样两大农业体系并存的格局。西方能够发展农业的地方自然也不小，但农业中心区比较分散，两河流域、尼罗河流域、印度河流域、阿姆河流域由于彼此相隔较远，分别在公元前3千纪早中期形成相对独立的文明中心，而不像中国黄河长江流域那样连成一片，形成体量庞大的多支一体的早期中国文明。西亚最早驯养的绵羊和黄牛，是需要较大草场牧放的家畜，从一开始就奠定了畜牧业的基础，其影响下在亚欧草原驯化的马更是典型的草原动物，使其文化从根本上具备了游动性更大的特点，与中国依附于农业的家猪饲养不同。西方文明中心区之一就是地中海沿岸，交通多利用舟船和四轮车，后在亚欧草原又次生发明了双轮马车，其移动速度、距离，都非步行可比。

这些都使得西方文化具有相对更大的移动性和风险性。西方陶器不如中国发达，便于携带的金属器却更发达；西方居室葬和火葬更流行，神祇偶像崇拜优先于祖先崇拜，神祠、神庙繁多；西方青铜器和铁器发达，崇尚黄金、玻璃等具有耀眼光泽的器物，以及香炉、香水等挥发性强烈的物品，加上西方经济贸易发达，这也都会锻造出西方

---

① 居室葬多位于"神祠"平台下面及附近，尸骨多不甚完整，估计有向神灵奉献的性质。从恰塔尔·休于遗址壁画来看，有鹰啄食人的图像，当在描述天葬场景。见 J. Mellaart, *Catal Hüyük: A Neolithic Town in Anatolia*, McGraw-Hill, New York, 1967, pp. 204 – 209；J. Mellaart ed., *Excavations at Hacilar*, Edinburgh: University Press, 1970；F. el-Waïlly and B. Abu es-Soof, "The Excavations at Tell es-Sawwan: First Preliminary Report (1964)", *Sumer*, 1965, 21, pp. 17 – 32。

尚武、外向的文化特质。

三 早期北方文化圈

早期北方文化圈，主体就是亚欧草原，波及更北的森林—草原地带，以勒拿河和乌拉尔山为界，可将其分为东、中、西三部分，东南部延伸到中国东北、日本岛和朝鲜半岛，南部波及中国长城沿线，西南部至北高加索地区，西北部抵达斯堪的纳维亚半岛。

约公元前 14500 年以后，在日本、黑龙江流域和外贝加尔地区出现陶器①。其中外贝加尔和黑龙江中游地区陶器多为尖底或圜底罐类，饰绳纹、篦纹等②，和华南最早陶器近似，甚至口沿外饰一周珍珠纹的做法也更早见于玉蟾岩陶器，很可能是受到华南制陶技术影响的结果。日本最早的尖圜底素面陶罐、黑龙江下游最早的篦纹平底陶罐，虽和华南陶器差别稍大一些，但也不排除接受华南启示的可能性，当然具体器物形态或许与模仿或者借助当地编织物、树皮桶制陶有关。之后这类圜底罐就开始了难以置信的远距离扩展过程。向北于公元前 4 千纪抵达勒拿河中游③；向西于公元前 5000 年后抵达芬兰，公元前 4000 年后最远抵达瑞典北部④，被称作篦纹陶文化，先于西

---

① D. J. Cohen, "The Advent and Spread of Early Pottery in East Asia: New Dates and New Considerations for the World's Earliest Ceramic Vessels", *Journal of Austronesian Studies*, 2013, 4 (2), pp. 55 – 90; Yaroslav V. Kuzmin, "Chronology of the Earliest Pottery in East Asia: Progress and Pitfalls", *Antiquity*, 2006, 80 (308), pp. 362 – 371.

② O. V. Yanshina, "The earliest pottery of the eastern part of Asia: Similarities and differences", *Quaternary International*, Volume 441, Part B, 2017, pp. 69 – 80.

③ Мочанов Ю. А, *Многослойная стоянка Белькачи I и периодизация каменного века Якутии*, Наука, Москва, 1969.

④ Ove Halén, *Sedentariness during the stone age of Northern Sweden: in the light of the Alträsket site, c. 5000 B. C., and the Comb Ware site, Lillberget, c. 3900 B. C.: source critical problems of representativity in archaeology*, Acta archaeologica Lundensia: Series in 40. No 20. Almqvist & Wiksell International, 1994.

亚文化传统陶器抵达这些地区；西南向，于公元前 6000 年左右穿插到内蒙古锡林郭勒盟、乌兰察布市东部和河北张家口市①，于公元前 5000 年左右渗透进中亚阿姆河流域②。此外，中国东北地区和朝鲜半岛北部距今 13000 年以后的平底筒形罐③，也当属于这个大文化圈，可看作是圜底罐的变异形式。就连中国太行山以东流行陶盂或直腹盆的磁山文化，实际上也和平底筒形罐甚至圜底罐有着千丝万缕的联系。

　　早期北方文化圈有着发达而绵长的细石器传统，最主要的经济方式是狩猎采集，其农作物和家畜主要源于其南的早期东方文化圈和早期西方文化圈，中国东北西辽河等地的黍、粟，虽然可早到公元前 6 千纪之初④，但应当是从中国华北传播而来。亚欧草原西部里海和黑海北岸地区的小麦、绵羊、黄牛等，是从西亚地区传播而来。更为重要的是，如上所述，在西亚影响下，在亚欧草原驯化了马，次生发明了双轮马车，马和马车的出现及其向亚欧大陆各地的扩展，显示了亚欧草原的特殊地位和强大动力。

　　玉器是早期北方文化圈最重要的原创性文化因素，最早出现于旧

---

　　① 所谓坝上地区公元前 6000 年的这类遗存，可称裕民文化。参见内蒙古自治区文物考古研究所、乌兰察布市博物馆、化德县文物管理所《内蒙古化德县裕民遗址发掘简报》，《考古》2021 年第 1 期；张家口市文物考古研究所《河北尚义县四台新石器时代遗址发掘简报》，《考古》2018 年第 4 期。

　　② 捷尔特米纳尔文化（Kelteminar）。见 A. H. Dani, V. M. Masson eds., *History of Civilizations of Central Asia*, Volume Ⅰ: The Dawn of Civilization: Earliest Times to 700 B. C., UNESCO Publishing, Paris, 1992。

　　③ 中国东北地区最早的陶器发现于吉林后套木嘎一期，平底，饰栉齿纹，年代上限约距今 13000 年。参见吉林大学边疆考古研究中心、吉林省文物考古研究所《吉林大安市后套木嘎遗址 AⅢ区发掘简报》，《考古》2016 年第 9 期；王立新《后套木嘎新石器时代遗存及相关问题研究》，《考古学报》2018 年第 2 期。

　　④ Zhijun Zhao, "New Archaeobotanic data for the study of the origins of agriculture in China", *Current Anthropology*, Vol. 52, No. S4, The Origins of Agriculture: New Data, New Ideas (Oct 2011), pp. S295 - 306.

石器时代晚期的阿尔泰和贝加尔湖地区①，全新世之初传入中国黑龙
江地区②，公元前6000年左右南渐至西辽河流域的兴隆洼文化，公
元前3500年以后盛行于红山文化和哈民忙哈文化。玉器的文化源头，
应该就是最早产生于北非和亚欧大陆西部旧石器时代晚期的穿孔装饰
品③，当这类装饰品偶以西伯利亚玉石制作就成为玉器，并可能在使
用过程中逐渐突出了其作为玉器的特性，实际上与水洞沟的鸵鸟蛋壳
珠饰、山顶洞的骨石饰等，一开始并无本质区别。

　　雕塑传统也是这个文化圈的重要特征。中国东北地区红山文化素
以"女神"像著称，其实还有很多其他男性或者性征并不明显的人
像，以及各种动物形象，往前还可追溯至公元前6000年以来兴隆洼
文化、磁山文化、赵宝沟文化的石像、陶塑、人形"面具"等。西
伯利亚草原中部的米努辛斯克盆地、阿尔泰至鄂毕河流域，公元前
2000年前后在奥库涅夫文化、切木尔切克文化等当中常见各种人形
石雕或陶塑。中国东北地区的雕塑传统，或许有着东北亚旧石器时代
的基础，红山文化的一些玉人和陶质"女神"像，就和贝加尔地区
马耳他等遗址2万多年前的人物形象神似④。西伯利亚的雕塑传统年
代很晚，传承关系不明，可能同时受到过来自早期西方文化圈和中国

---

① 早先在贝加尔湖的马尔他（Мальта）和布雷提（Буреть）遗址，就发现有距今20000
多年的玉环、珠等〔Герасимов М. М. Палеолитическая стоянка Мальта（раскопки 1956-57
годов），*Советская этнография*，1958，No 3；Okladnikov A. P，Paleoliticheskiye zhenskiye statuet-
ki Bureti（Paleolithic female statuettes from Buret），*Paleolit i neolit SSSR*，Vol. 4，MIA 79：280 -
288. 〕，近来在阿尔泰地区的丹尼索瓦洞穴，发现可早到4万年前甚至更早的绿玉手镯。

② 小南山文化玉器年代可早到公元前7000年。佳木斯市文物管理站、饶河县文物管理
所：《黑龙江饶河县小南山新石器时代墓葬》，《考古》1996年第2期；黑龙江省文物考古研究
所、饶河县文物管理所：《黑龙江饶河县小南山遗址2015年Ⅲ区发掘简报》，《考古》2019年
第8期。

③ 魏屹、Francesco D'ERRICO、高星：《旧石器时代装饰品研究：现状与意义》，《人类学
学报》2016年第35卷第1期。

④ Anatoliy，P.，Derev'anko，Demitri B. Shimkin and W. Roger Powers eds.，*The Paleolithic
of Siberia：New Discoveries and Interpretations*，Inna P. Laricheva Trans. University of Illinois Press，
Urbana and Chicago，1998，pp. 122 - 128.

东北地区的影响。

作为早期北方文化圈主体的亚欧草原地带，实际上更是一个东、西文化交流的快速通道。举凡西方发源的青铜器、铁器、金器、釉砂，以及小麦、绵羊、黄牛等，多半都是通过这个通道向东传播。而发源于中国华北的黍和粟等农作物，也顺此通道向西传播。而这些东、西方的典型要素，也成为早期北方文化圈的重要文化成分。

早期北方文化圈的狩猎采集和畜牧经济方式，决定了其定居程度不高，主要居住在简便易建的棚屋、帐篷等里面，但在南缘也有更为稳定的聚落和房屋，如8000年前张家口地区的半地穴式房屋，4000年前乌拉尔东南缘的圆形向心的多屋聚落等①。总体社会复杂程度有限，缺乏真正的文明中心。公元前2千纪中叶新疆伊犁地区的吉仁台沟口大墓②、公元前1千纪前期图瓦地区的阿尔然游牧贵族大墓③，代表了早期北方文化圈社会复杂化的最高水准，但还难以论定这背后是否存在一个文明社会。该文化圈受东、西文化圈影响，墓葬情况东西有别，西部火葬成为一大特色。

总体而言，早期北方文化圈自具特色，含蓄内敛的玉器，宗教色彩浓厚的雕塑，都是萨满原始宗教的重要物质载体，萨满信仰所包含的万物有灵、三界联通等观念，也就成为早期北方文化圈的信仰核心，而萨满一般被认为与狩猎采集经济正相适应。当然，早期北方文

---

① 以辛塔什塔（Синташта）聚落为代表。参见 В. Ф. Генинг，Г. Б. Зданович，В. В. Генинг，*Синташта. Археологический памятник арийских племен Урало-Казахстанских степей*，Челябинск，1992。

② 袁晓、罗佳明、阮秋荣：《新疆尼勒克县吉仁台沟口遗址2019年发掘收获与初步认识》，《西域研究》2020年第1期。

③ Michail Petrovič Grjaznov，*Der Großkurgan von Arßan in Tuva, Südsibirien*，München：Verlag C. H. Beck，1984；Konsgtantin，V. Č ugunov，Hermann Parzinger，und Anatoli Nagler，*Der Skythenzeitliche Fürstenkurgan Aržan2 in Tuva*，Archäologie in Eurasien Band 26，Steppenvölker Eurasiens Band 3，Verlag Philipp Von Zabern・Mainz，2010.

化圈的确深受东、西两大文化圈的影响，从而使其东西有别。由于狩猎采集—畜牧经济的不稳定，文化延续性较差，人群游动性大，致使其不稳定性最高。

结　语

全新世亚欧大陆三大文化圈的形成，深层背景在于自然地理环境。早期东方和西方文化圈的区分，关键在于青藏高原隆起造成的巨大障碍①，从而分割出各自相对独立的两大地理单元和两大文化单元，使其人群长期主要在自己的文化圈内发展和交融。当然东、西两大地理单元的自然环境本身也有差别，存在西风带—地中海式气候和东亚季风气候的差别，以及地形地貌、动植物资源等的差别，从而为两大文化圈的各具特色奠定了基础。另一方面，两大地理单元都属于中纬度地区，温度降水适中，土壤丰厚，所以都能发展出谷物农业，以及以其为基础的文明社会。早期北方文化圈则不一样，它和南部两个文化圈之间并无特别大的障碍，阴山、天山、高加索等一系列东、西向山脉构成的大致的南北分界线，远不如帕尔米高原那样难以逾越。北方的相对独立，主要源于其高纬度、低温度，以及大体类似的草原—森林环境，整体更适合狩猎采集和畜牧经济。

三大文化圈虽然显著于全新世，但其实在旧石器时代早期就已现端倪，著名的"莫维斯线"就大致以帕米尔为界分出东、西两大石器技术传统②。其实在两大传统以北的亚欧草原西部地区，还有一个

---

① 王幼平：《青藏高原隆起与东亚旧石器文化的发展》，《人类学学报》2003 年第 3 期。

② Movius, H. L., "Early Man and Pleistocene Stratigraphy in Southern and Eastern Asia", *Papers of Peabody Museum of American Aachaeology and Ethnology*, 1944, 19 (3), pp. 1 – 125; Stephen J. Lycett, Christopher J. Bae, "The Movius Line controversy: the state of the debate", *World Archaeology*, Volume 42, 2010-Issue 4, pp. 521 –544.

与前二者都有一定差别的传统。进入旧石器时代晚期，这三个传统的区别仍然大致存在。西方传统下，从旧石器时代早期精致规范的阿舍利手斧，到晚期的石叶技术、雕塑艺术、佩戴装饰艺术，早已体现出将人类意识强加于自然的精神，以及偶像崇拜的原始宗教观念。东方传统下，整个旧石器时代大体延续石片石器技术，罕见雕塑艺术，显示出质朴自然的风格。这些都与其后的西、东两大文化圈分别气韵相连。至于北方地区，旧石器时代晚期以来有着发达的细石器工业，受早期西方文化圈影响而出现雕塑艺术、佩戴装饰艺术（包括玉器），形成萨满传统，传承到新石器时代，后期受东、西传统的影响较大，成为东、西交流的重要通道。

文化交流是三大文化圈发展演变的重要机制。早期北方文化圈和南部两大文化圈的交流，开始于全新世之初，开始主要是南部农作物和家畜的北传，约公元前 2000 年后随着北方畜牧经济走向成熟，反过来对南方产生压迫，东、西长距离大范围的南北对峙局面在这时候初步形成。东、西两大文化圈的交流主要发生在公元前 4 千纪中期以后，彩陶、金属器、农作物、家畜等的交流，推动了东、西方文明的形成和发展。更进一步，日益增加的文化交流①，使得三大文化圈之间的共性越来越多，终于在公元前 2000 年左右形成第二阶段的"欧亚世界"——如果说旧石器时代晚期的"全球化"造就了第一阶段"欧亚世界"的话。当然，文化交流并不总是以和平的方式进行。三大文化圈之间存在较大范围的交互地带，这些地带是文化交流的结果，往往也是文化碰撞和人群冲突的前沿。

附记：2014 年夏季，应德国考古研究院欧亚研究所副所长王睦

---

① Peter Bellwoo ed. , *The Global Prehistory of Human Migration*, Wiley-Blackwell, 2015.

（Mayke Wagner）教授的邀请，我在德国考古研究院做访问学者，期间收集了大量关于早期欧亚考古方面的资料，有了"亚欧大陆三大文化圈"的构想。2015年春季我在美国盖蒂研究所（Getty Research Institute）做客座学者，期间绘制了"亚欧大陆三大文化圈"的示意图，并应罗泰（Lothar von Falkenhausen）教授邀请到洛杉矶加州大学（UCLA）就上面的题目和研究生们进行了交流。感谢王睦和罗泰教授等对我的帮助！

彩陶时代与前文明社会

狭义的彩陶，是指在器坯表面绘彩，然后一次性烧成的陶器。在烧好的陶器表面绘彩的一般叫彩绘陶。本文所谓"彩陶时代"指狭义彩陶流行的时代，而"前文明社会"指文明起源阶段的社会。在亚欧大陆的中纬度地区，彩陶时代大致对应于前文明社会（彩图三）。这是一个颇值得关注的重要现象，本文拟加以分析。

一

亚欧大陆东半部，仅中国境内有过彩陶时代[①]，主体在大约公元前 7000—前 3000 年，对应新石器时代和铜石并用时代早期，大致可分四个时期，主要分布于黄河流域和长江中下游地区，波及西辽河流域。

1. 肇始期（约公元前 7000—前 5000 年）。公元前 7000 年左右，就已在浙江的上山文化中出现原始彩陶[②]，这也是目前世界上最早的

---

① 王仁湘曾指出："（中国）彩陶的繁荣期大致是在距今 6500—4500 年前，延续也有 2000 年之久，有些学者为了强调彩陶艺术的成就，甚至将这个时段径直称为'彩陶时代'"。见王仁湘《史前中国的艺术浪潮——庙底沟文化彩陶研究》，文物出版社 2011 年版，第 3 页。

② 蒋乐平：《义乌桥头遗址（考古进行时）》，《人民日报》2020 年 1 月 5 日第 8 版。

彩陶。如果考虑到长江流域南部和华南地区的陶器已有 2 万年的历史，则上山彩陶的出现就反而显得姗姗来迟。到了约公元前 6000 年，初步形成以钱塘江流域的跨湖桥文化①和渭河—汉水上游的白家文化②为代表的东、西两大彩陶系统，前者多色鲜丽、图案复杂，后者崇尚红褐、点染随意，但都基本为几何纹和符号。

2. 发展期（约公元前 5000—前 4200 年），基本仍分东、西两大系统，以西系更加发达。西系以渭河流域和汉水上游地区的仰韶文化半坡类型最具代表性③，崇尚黑彩，以直笔几何纹为主，拘谨，舒朗，常见鱼纹、拟人面鱼纹题材；偏东的河北平原地区的仰韶文化后岗类型则仅有少量简单红彩，并影响到西辽河流域红山文化彩陶的出现。东系彩陶以江淮东部的龙虬庄文化为代表，数量较少，黑或红彩，有四分构图内彩，有的题材略似半坡类型的拟人面鱼纹④；长江中游的大溪文化初期也有少量彩陶，与长江下游存在较多联系。

3. 繁荣期（约公元前 4200—前 3300 年），西系的弧笔花瓣纹彩陶虽有"一统天下"之势，但东系彩陶因素也向西流播，两系趋于融合。花瓣纹彩陶的中心，在豫、晋、陕三省交界处的仰韶文化东庄—庙底沟类型⑤，彩陶比例和半坡类型相若⑥，仍主要为黑彩，构图弧笔旋幻、灵动活泼，常见鸟纹。花瓣纹彩陶还大范围流布到整个仰韶文

---

① 浙江省文物考古研究所、萧山博物馆：《跨湖桥》，文物出版社 2004 年版。

② 中国社会科学院考古研究所：《临潼白家村》，巴蜀书社 1994 年版；甘肃省文物考古研究所：《秦安大地湾——新石器时代遗址发掘报告》，文物出版社 2006 年版。

③ 半坡类型彩陶约占全部陶容器的 1.4%—8.83%。参见严文明《半坡类型彩陶的分析》，《仰韶文化研究》（增订本），文物出版社 2009 年版，第 320—349 页。

④ 龙虬庄遗址考古队：《龙虬庄——江淮东部新石器时代遗址发掘报告》，科学出版社 1999 年版。

⑤ 中国科学院考古研究所：《庙底沟与三里桥》，科学出版社 1959 年版；中国科学院考古研究所山西工作队：《山西芮城东庄村和西王村遗址的发掘》，《考古学报》1973 年第 1 期；北京大学考古学系：《华县泉护村》，科学出版社 2003 年版。

⑥ 庙底沟期彩陶的比例约为 4—8%。参见张鹏程《仰韶时代彩陶的量化研究》，《考古与文物》2014 年第 5 期。

化区，西至青海东部、四川西北部，南达汉水中游，北到阴山以北；影响则东北至西辽河流域红山文化，东至沿海地区的大汶口文化、崧泽文化、北阴阳营文化，南达洞庭湖至峡江地区的大溪文化①。

4. 变革期（约公元前 3300—前 3000 年），东衰西盛。晋南、豫西、关中等仰韶文化核心区彩陶数量逐渐减少，纹样简化，终至基本消失，海岱和长江中下游地区更已罕见彩陶；仰韶文化边缘地区彩陶仍然较多，并分化为不同的地方风格②；甘青地区彩陶反而更加发达，纹样繁缛，以至于和仰韶文化有了较大区别，被称为马家窑文化石岭下类型③。

有趣的是，彩陶时代的上述四期，恰好对应早期中国文明化进程的四个阶段。

彩陶时代的肇始期或新石器时代中期，上山文化晚期和白家文化已有原始农业；"卦画"、太阳、对顶三角、箭镞、×等形状的彩陶符号，或许已具特殊含义，与文字的起源当有关系；白家文化排列较有秩序的"族葬"，体现祖先崇拜、社会秩序和历史记忆。说明虽然当时尚处于平等社会阶段，但文明要素已经涌现，开始了中国文明起源的第一阶段。彩陶时代的发展期或新石器时代晚期早段，在半坡类型出现成组布局、门朝中央广场的环壕聚落④，显示对于向心凝聚社会秩序的强化⑤；半坡类型黑彩带钵上有较多

---

① 王仁湘：《史前中国的艺术浪潮——庙底沟文化彩陶研究》，文物出版社 2011 年版；韩建业：《庙底沟时代与"早期中国"》，《考古》2012 年第 3 期。

② 韩建业：《早期中国——中国文化圈的形成和发展》，上海古籍出版社 2015 年版。

③ 严文明：《马家窑类型是仰韶文化庙底沟类型在甘青地区的继续和发展——驳瓦西里耶夫的"中国文化西来说"》，《史前考古论集》，科学出版社 1998 年版，第 167—171 页；谢端琚：《论石岭下类型的文化性质》，《文物》1981 年第 4 期。

④ 中国科学院考古研究所、陕西省西安半坡博物馆：《西安半坡——原始氏族公社聚落遗址》，文物出版社 1963 年版；半坡博物馆、陕西省考古研究所等：《姜寨——新石器时代遗址发掘报告》，文物出版社 1988 年版。

⑤ 巩启明、严文明：《从姜寨早期村落布局探讨其居民的社会组织结构》，《考古与文物》1981 年第 1 期。

刻划符号，后岗类型有蚌塑龙虎墓①，可见记录系统、天文观测、原始宗教进一步发展。彩陶时代的繁荣期或新石器时代晚期晚段，仰韶文化出现具有军权象征意义的石钺②，纪念碑性的彩陶"鹳鱼钺图"③，几十万上百万平方米的中心聚落，数百平方米的大型"宫殿式"房屋④；大汶口文化和崧泽文化出现随葬玉石钺等的富有大墓。显示战争日益频繁，军事首领地位凸显，社会复杂化进程加速，迎来中国文明起源的第二阶段。彩陶时代的变革期或铜石并用时代早期早段，仰韶文化有了秦安大地湾⑤、巩义双槐树⑥等大型中心聚落和大型"宫殿式"房屋，崧泽文化出现随葬大量玉器的大墓⑦，红山文化形成牛河梁大型宗教中心⑧，社会复杂化和文明化程度进一步提高，很多区域已经站在了文明社会的门槛。特别值得注意的是，半坡类型的直笔彩陶拘谨有序，而社会崇尚秩序和集体主义；庙底沟类型的弧笔彩陶旋幻灵动，而社会趋于分化、崇尚威权。彩陶风格和社会形态也正相吻合。

约公元前 3000 年进入铜石并用时代早期晚段，除西部地区外，

---

① 张光直：《濮阳三蹻与中国古代美术上的人兽母题》，《文物》1988 年第 11 期；冯时：《河南濮阳西水坡 45 号墓的天文学研究》，《文物》1990 年第 3 期。

② 河南省文物考古研究所、南阳市文物考古研究所：《河南西峡老坟岗仰韶文化遗址发掘报告》，《考古学报》2012 年第 2 期。

③ 严文明认为河南汝州阎村"伊川缸"上的"鹳鱼石斧图"或"鹳鱼钺图"，可能是白鹳氏族战胜鲢鱼氏族的"具历史意义的图画"。严文明：《〈鹳鱼石斧图〉跋》，《文物》1981 年第 12 期。

④ 河南省文物考古研究所等：《河南灵宝西坡遗址 105 号仰韶文化房址》，《文物》2003 年第 8 期；陕西省考古研究院、白水县文物旅游局：《陕西白水县下河遗址仰韶文化房址发掘简报》，《考古》2011 年第 12 期。

⑤ 甘肃省文物考古研究所：《秦安大地湾——新石器时代遗址发掘报告》，文物出版社 2006 年版。

⑥ 《河南郑州巩义双槐树古国时代都邑遗址考古获重大发现：揭开五千年前"河洛古国"神秘面纱》，《光明日报》2020 年 5 月 8 日第 1 版。

⑦ 安徽省文物考古研究所：《安徽含山县凌家滩遗址第五次发掘的新发现》，《考古》2008 年第 3 期。

⑧ 辽宁省文物考古研究所：《牛河梁——红山文化遗址发掘报告（1983—2003 年度）》，文物出版社 2012 年版。

中国大部地区彩陶已基本退出日常社会，彩陶时代结束；残留的个别彩陶，以及相对更多的彩绘陶，主要用于明器、祭器等。这时期以良渚古城为中心的良渚文化已经明确进入早期国家和文明社会阶段①，黄河和长江中下游其他地区的社会发展程度也都和良渚文化相仿佛，西辽河流域社会则全面衰落。

约公元前 3000 年后，西部甘青宁地区的马家窑文化彩陶更加发达②，一枝独秀，经历了马家窑、半山、马厂等不同阶段③，扩展影响到四川西部、西藏东部和新疆东部，并与克什米尔和中亚南部等地互动交流，形成早期中西文化交流的"彩陶之路"④。约公元前 1900—前 500 年，在甘青和新疆还存在许多包含彩陶的青铜时代和早期铁器时代文化。西部地区这些彩陶文化的社会，虽然存在一定的贫富分化，有的墓葬随葬上百件陶器，但并未出现大型中心聚落和王权，社会分化程度有限，基本都属于前文明社会。

二

亚洲大陆西半部，最先在西亚开始出现和流行彩陶，彩陶时代的主体在大约公元前 6800—前 3500 年，主要对应有陶新石器时代和铜石并用时代，大致也可分四个时期。和中国相比，西亚的早期彩陶产生以后，短时期内就比较发达，可谓后来居上。

---

① 严文明：《良渚随笔》，《文物》1996 年第 3 期；张忠培：《良渚文化墓地与其表述的文明社会》，《考古学报》2012 年第 4 期；科林·伦福儒、刘斌、陈明辉等：《中国复杂社会的出现：以良渚为例》，《南方文物》2018 年第 1 期。

② 马家窑文化的马家窑类型、半山类型和马厂类型，无论生活用品还是随葬品，彩陶器占全部陶容器的比例都在 50% 左右。参见张朋川《中国彩陶图谱》，文物出版社 1990 年版；严文明、张万仓《雁儿湾和西坡山瓜》，《考古学文化论集》（三），文物出版社 1993 年版，第 12—31 页；李水城《半山与马厂彩陶研究》，北京大学出版社 1998 年版。

③ 严文明：《甘肃彩陶的源流》，《文物》1978 年第 10 期。

④ 韩建业：《再论丝绸之路前的彩陶之路》，《文博学刊》2018 年第 1 期（创刊号）。

彩陶时代与亚欧世界

1. 肇始期（约公元前 6800—前 6500 年）。西亚虽然迟至公元前 7000 年左右才出现陶器，但在约公元前 6800 年后，就在扎格罗斯山地和迪兹河流域的古兰（Gulan）①、乔加·博努特（Chogha Bonut）②、耶莫（Jarmo）③、萨腊卜（Sarab）④ 等遗址有了原始彩陶，主要为简单的几何纹红、褐彩⑤。

2. 发展期（约公元前 6500—前 6000 年）。在伊朗西南苏萨地区的古苏西亚那期（Archaic Susiana），两河流域偏早的哈苏纳（Hassuna）文化、萨马拉（Samarra）文化，流行各种题材的红、褐、黑色彩陶。古苏西亚那期彩陶直笔拘谨的风格类似半坡类型，但构图却要细密繁缛得多，尤其密集平行的直线、斜线、波线图案令人印象深刻，还有动物、人物形象⑥。哈苏纳文化彩陶也是直线元素为主，但构图比较疏朗⑦。萨马拉文化典型彩陶块体元素增加，复杂而充满韵律，活泼多样，四分

① J. Meldgaard, P. Mortensen, and H. Thrane, "Excavations at Tepe Guran, Luristan", *Acta Archaeologica*, 1963, 34, pp. 98 – 133; J. Mellaart, *Earliest Civilizations of the Near East*, London: Thames and Hudson, 1965, pp. 50 – 51.

② A. Alizadeh, *Excavations at the Prehistoric Mound of Chogha Bonut, Khuzestan, Iran: Seasons 1976/77, 1977/78, and 1996* (Oriental Institute Publications, volume 120), Oriental Institute of the University of Chicago, 2003.

③ R. M. Adams, "The Jarmo Stone and Pottery Vessel Industries", in *Prehistoric Archaeology Along the Zagros Flanks* (Oriental Institute Publications, volume 105), edited by R. J. Braidwood, etc., Oriental Institute of the University of Chicago, 1983, pp. 209 – 232.

④ C. C. Lamberg-Karlovsky, J. A. Sabloff, *Ancient Civilization: The Near East and Mesoamerica*, Menlo Park, CA: The Benjamin/Cummings Publishing Co, 1979.

⑤ 杨建华：《两河流域：从农业村落走向城邦国家》，科学出版社2014 年版，第60—63 页。

⑥ P. Delougaz, H. J. Kantor, *Choga Mish volume 1: The First Five Seasons of Excavations 1961—1971*, (Oriental Institute Publications, volume 101), Oriental Institute of the University of Chicago, 1996; A. Alizadeh, *Chogha Mish II: The Development of a Prehistoric Regional Center in Lowland Susiana, Southwestern Iran: Final Report on the Last Six Seasons of Excavations 1972—1978*, (Oriental Institute Publications, volume 130), Oriental Institute of the University of Chicago, 2008.

⑦ S. Lloyd, F. Safar and R. J. Braidwood, "Tell Hassuna Excavations by the Iraq Government Directorate General of Antiquities in 1943 and 1944", *Journal of Near Eastern Studies*, 1945, Vol. 4, No. 4, pp. 255 – 289; R. M. Munchaev, N. Ya. Merpert, and N. O. Bader, "Archaeological Studies in the Sinjar valley, 1980", *Sumer* 43, 1984, pp. 32 – 53; N. Ya., "Merpert The Archaic Phase of the Hassuna Culture", in N. Yoffee, J. J. Clark eds., *Early Stages in the Evolution of Mesopotamian Civilization, Soviet excavations in Northern Iraq*, The University of Arizona Press, Arizona, 1993, pp. 115 – 127.

内彩图案最具代表性，流行各种动物题材，充满旋动意象①。

3. 繁荣期（约公元前 6000—前 4000 年）。伊朗西南的苏西亚那期早、中、晚段和巴昆（Bakun）遗存②，两河流域北部的哈拉夫（Halaf）文化③，南部的欧贝德（Ubaid）文化④，安纳托利亚的哈奇纳尔遗存（Hacilar）⑤、堪哈桑遗存（Canhasan）等⑥，盛行彩陶，各种大小、直弧、纵横不同的纹样灵活组合，复杂多变，弧笔纹样尤其是花瓣纹增多，仍有较多四分构图的内彩，出现了仅在肩部装饰徽章式花纹的简化彩陶。其中哈拉夫文化彩陶弧线纹增多，流行比较写实的飞禽、走兽、人物、植物等题材，尤以牛头形象最多。哈奇纳尔文化以大色块元素和图案化的兽头（牛头）形象最具特色。

4. 衰落期（约公元前 4000—前 3500 年）。作为西亚核心区的两河流域进入乌鲁克文化前期，彩陶已很少见。只是有些边缘地区彩陶仍然较多，如伊朗高原中北部的锡亚尔克三期（Sialk）⑦、希萨尔

————————

① J. Mellaart, *The Neolithic of the Near East*, (The World of Archaeology Series.), London：Thames and Hudson, 1975；杨建华：《试论萨玛拉文化》，《考古学文化论集（一）》，文物出版社 1987 年版，第 233—275 页。

② A. Alizadeh, *The Origins of State Organizations in Prehistoric Highland Fars, Southern Iran：Excavations at Tall-E bakun* (Oriental Institute Publications, volume 128), Oriental Institute of the University of Chicago, 2006.

③ M. E. L. Mallowan, and J. C. Rose, *Prehistoric Assyria：The Excavations at Tall Arpaichyah*, 1933, Oxford University Press, 1935；R. M. Munchaev, N. Ya. Merpert, "Excavations at Yarim Tepe 1972", *Sumer* 29, 1973, pp. 3 – 16；I. Hijjara, *The Halaf Period in Northern Mesopotamia*, Nabu Publications, 1997.

④ E. A. Speiser, *Excavations at Tepe Gawra 1*, University of Pennsylvania Press, 1935；A. J. Tobler, *Excavations at Tepe Gawra 2*, University of Pennsylvania Press, 1950；R. A. Carter, Graham Philip eds., *Beyond the Ubaid：Transformation and Integration in the Late Prehistoric Societies of the Middle East* (Studies in Ancient Oriental Civilization, Number 63), The Oriental Institute of the University of Chicago, 2010.

⑤ J. Mellaart, *Excavation at Hacilar*, Published for British Institute at Ankara, Edinburgh University Press, 1970.

⑥ D. French, *Canhasan Sites 1, Canhasan I：Stratigraphy and Structures* (BIAA Monograph Series No. 23), The British Institute of Archaeology at Ankara, 1998.

⑦ R. Ghirshman, *Fouilles de Sialk, Près de Kashan*, 1933, 1934, 1937, 2 vols., Musée du Louvre, Département des antiquités orientales, Série archéologique tome IV, Paul Geuthner, Paris, 1938/1939.

彩陶时代与亚欧世界

早期（Hessar）① 彩陶，构图纵横相间，流行成排成列的动物、人物纹样。

西亚彩陶时代的四期，也大体对应文明化进程的四个阶段。

彩陶时代的肇始期或有陶新石器时代早期，西亚农业和畜牧业初步发展，流行大乳肥臀的女性雕像和祭室，出现权杖头、铜器、印章、符号、原始筹码等，已经孕育着神祇崇拜、权利象征、青铜器、文字、商业等早期西方文明的因素，开始了文明起源的第一阶段。彩陶时代的发展期或有陶新石器时代中期，两河流域中南部地区有了灌溉农业②，刀、凿等铜工具，偏早阶段哈苏纳文化的村落有公共陶窑作坊、公共库房和中央广场，和半坡类型的社会类似；偏晚阶段在萨马拉文化出现带围墙和"瓮城"的聚落，高度一致的"品"字形建筑格局，家庭或家族地位开始凸显，社会等级出现。彩陶时代的繁荣期，或有陶新石器时代晚期至铜石并用时代早期，偏早的哈拉夫文化村落内建筑缺乏秩序，氏族社会趋于解体，出现跨村落的宗教区③，社会复杂化趋势加强，进入文明起源的第二阶段；偏晚的欧贝德文化等出现大量易于制作的收割工具陶镰，农业产量迅速提高，聚落内部和聚落之间出现等级差别，神庙建筑规模不断扩大，出土石权杖头、泥质筹码、原始的泥版文书等，可能已经有了兼具神权和世俗权力的酋邦首领，两河流域南北空前统一。彩陶时代的衰落期或铜石并用时代晚期，出现以灌溉为基础的集约化农业，农产量大增；村镇和人口数量迅速增加，聚落层级增多，西亚历史上第一个真正的城市乌鲁克

① E. F. Schmidt, *Excavation at Tepe Hissar*, *Damghan*, Philadelphia: University of Pennsylvania Press, 1937.

② J. Oates, Choga Mami, "1967 – 68: A Preliminary Report", *Iraq* 31, 1969, pp. 115 – 152; H. Helbaek, "Samarran Irrigation Agriculture at Choga Mami in Iraq", *Iraq* 34, 1972, pp. 35 – 48.

③ 杨建华：《两河流域：从农业村落走向城邦国家》，科学出版社2014年版，第142—166、205—210页。

横空出世①，并向周围急剧扩展影响，社会大范围整合，进入高级酋邦社会。至约公元前 3500 年进入乌鲁克文化后期，两河流域发生"城市革命"，出现城邦王权和多个以城市为中心的城邦国家，进入文明社会②。

受西亚的影响，公元前 6000 多年以后在东南欧、东欧、北非、中亚南部和印度河流域也都先后开始出现彩陶。

东欧的特里波列—库库泰尼（Tripolje-Cucuteni）文化有发达的旋纹、花瓣纹彩陶③，与仰韶文化庙底沟类型和马家窑文化彩陶图案近似，流行于约公元前 5000—前 3000 年之间的新石器时代和铜石并用时代。该文化偏晚阶段出现面积三四百万平方米的超大型聚落，但这些聚落是有中央广场的环形向心结构，聚落和房屋都只有大小之别而无功能上的显著差异，尚属于前城市或前文明社会阶段④，之后逐渐消融于草原畜牧文化当中。

中亚南部彩陶流行于约公元前 6000—前 2500 年的新石器时代、铜石并用时代和青铜时代早期，从早到晚依次为哲通文化（Jeitun，

---

① J. Schmidt, "Uruk-Warka", *Sumer* 33/1, 1977, pp. 105 – 118; H. J. Nissen, "Uruk-eine Großstadt des 4, Jahrtausends v. Chr.", *Seipel-Wieczorek*, 1999, pp. 189 – 221; M. Liverani, *Uruk: The First City*, edited and translated by Z. Bahrani and Marc Van De Mieroop, London: Equinox, 2006.

② 《剑桥古代史》对埃利都（Eridu）陶器和建筑之间的发展关系进行了很好的概括："尽管在埃利都的底层发现的彩陶在艺术上高度发达，设计精巧，但最初的建筑物本身却很简单……而当建筑渐趋精巧，在布局上也更趋标准化时，陶器却丧失了图案丰富的特征，趋向重复，变成类型相对有限的、更加机械而呆板的制品"。参见 [英] I. E. S. 爱德华兹（I. E. S. Edwardz）、[英] C. J. 嘉德（C. J. Gadd）、[英] N. G. L. 哈蒙德（N. G. L. Hammond）等编，汪连兴等译《剑桥古代史（第一卷第一分册）：导论与史前史》，中国社会科学出版社 2020 年版，第 355 页。

③ V. G. Zbennovič, *Siedlungen der frühen Tripol'e-Kultur zwischen Dnestr und Südlichem Bug*, Verlag Marie Leidorf GmbH, Espelkamp, 1996; C. -M. Lazarovici, G. -C. Lazarovici, and S. Țurcanu, *Cucuteni: A Great Civilization of the Prehistoric World*, Palatul Culturii Publishing House, Iași, 2009.

④ 如乌克兰的 Talianki 遗址 450 万平方米，Chicherkozovka 遗址 300 万平方米，Maidanetske 遗址 270 万平方米，Dobrovody 遗址 250 万平方米。参见 V. Kruts, "Giant-settlements of Tripolye culture", in Francesco Menotti and Aleksey G. Korvin-Piotrovskiy eds., *The Tripolye Culture, Giant-Settlements in Ukraine Formation, Development and Decline*, Oxbow Books, 2011, pp. 70 – 78。

约公元前 6000—前 4200 年）的细密平行线纹彩陶①，安诺—纳马兹加一期（Anau-Namzga I，约公元前 4200—前 3500 年）文化的粗犷花瓣纹、折线纹彩陶②，纳马兹加二至四期（Namazga II-IV，约公元前 3500—前 2500 年）文化的金字塔纹或锯齿纹彩陶③。青铜时代早期的纳马兹加四期有颇具规模的灌溉农业，出现阿尔丁特佩（Altyn-Depe）、萨拉子目（Sarazm）等初期城市。至青铜时代中期的纳马兹加五期以后彩陶消失，进入较为繁荣的绿洲城市文明阶段④。

北非尼罗河流域彩陶时代约在公元前 4500—前 3300 年，新石器时代晚期的涅伽达一期（Naqada I）文化有交叉线纹彩陶，铜石并用时代的涅伽达二期文化有船、树、女人等题材的装饰彩陶⑤。社会则由氏族社会逐渐演变为拥有众多地方性小国诺姆（Nomes）的前国家社会，再整合成更大范围的初始国家社会。至约公元前 3300 年以后进入涅伽达三期或者"0 王朝"所代表的早期国家时期，彩陶基本消失⑥。

① В. М. Массон，*Поселение Джейтун*（проблема становления производящей экономики）// Материалы и исследования по археологии СССР. № 180. Л.：Наука，1971；J. Coolidge，"Southern Turkmenistan in the Neolithic：A petrographic case study"，*BAR International Series* 1423，Archaeopress，Oxford，2005.

② H. Schmidt，"Archaeological Excavations in Anau and old Merv"，in *Explorations in Turkestan：Expedition of 1904*（R. Pumpelly ed.），Washington，DC.：Carnegie Institution of Washington，1908；P. L. Kohl，"The Namazga Civilization：An Overview"，in *The Bronze Age Civilization of Central Asia*，M. E. Sharpe Inc.，Armonk，New York，1981，pp. vii − xl.

③ L. B. Kircho，G. F. Korobkova，V. M. Masson，*The Technical and Technological Potential of the Eneolithic population of Altyn-Depe as the Basis of the Rise of an early Urban Civilization*，European House，St. -Petersburg，2008；V. M. Masson，*Altyn-Depe*，Translated by Henry N. Michael，The University Museum（University of Pennsylvania），1988，pp. 84 − 89.

④ A. H. Dani，V. M. Masson eds.，*History of Civilizations of Central Asia*，Volume I：The Dawn of Civilization：Earliest Times to 700 B. C.，UNESCO Publishing，Paris，1992；C. Baumer，*The History of Central Asia：The Age of the Steppe Warriors*，I. B. Tauris，London，2012，pp. 60 − 62.

⑤ D. Arnold，J. Bourriau，and H. Nordstroöm，*An Introduction to Ancient Egyptian Pottery*，Mainz am Rhein：Verlag Philipp von Zabern，1993.

⑥ B. Andelkovic，"Political Organization of Egypt in the Prehistoric Period"，in *Before the Pyramids：The Origins of Egyptian Civilization*，Emily Teeter ed. Oriental Institute Museum Publications 33，Chicago：The Oriental Institute of the University of Chicago，2011，pp. 25 − 32.

巴基斯坦西南和印度河流域，在约公元前 4800 年进入铜石并用时代的梅尔伽赫（Mehrgarh）三期以后，开始流行动物、植物纹和几何纹彩陶①，尤以巴基斯坦南部的纳尔（Nal）阶段彩陶最为复杂繁缛、色彩斑斓。至公元前 3 千纪前半叶已经出现卡利邦岗 II（Kalibangan II）等原初城市社会②。在公元前 2600 年左右进入以摩亨佐—达罗（Mohenjo-daro）和哈拉帕（Harappa）为代表的印度河流域城市文明之后③，彩陶并未消失，反而更加奢华精美，只是数量减少，或许主要变成宗教祭祀用品。

东南欧爱琴海地区从约公元前 6400 年以后，就在新石器时代早中期的赛斯克罗（Sesklo）文化等当中出现折线、三角等直笔几何纹彩陶，后出现旋纹等弧笔彩陶，有了防御设施严密的卫城，步入前文明社会④。例外的是，公元前 3 千纪至前 2 千纪的青铜时代，基克拉迪（Cycladic）文化、克里特（Crete）文明和迈锡尼（Mycenaean）文明等仍然流行各种动植物、人物等题材的彩陶，制作愈加精美；公元前 1 千纪的古希腊彩陶更是精美异常，达到顶峰⑤。

---

① C. Jarrige, J -F. Jarrige, R. H. Meadow, and G. Quivron eds. , *Mehrgarh*: *Field Reports 1974—1985, From Neolithic Times to Indus Civilization*, Department of Culture and Tourism, Karachi, 1995.

② B. B. Lal. , "Kalibangan and Indus Civilization", in D. R. Agrawal and D. K. Chakrabarti eds. , *Essays in India Protohistory*, New Delhi: B. R. Publishing, 1979, pp. 65 – 97.

③ J. Marshall etc. eds. , *Mohenjo-Daro and The Indus Civilization*: *Being an official account of Archaeological Excavations at Mohenjo-daro carried out by the Government of India between the years 1922 and 1927*, London: Arthur Probsthain, 1931; G. L. Possehl, *The Indus Civilization*: *A Contemporary Perspective*, Walnut Creek, CA: AltaMira Press, 2002.

④ A. J. B. Wace, M. S. Thompson, *Prehistoric Thessaly*, Cambridge: Cambridge University Press, 1912; A. W. R. Whittle, *Europe in the Neolithic*: *The Creation of New Worlds*, Vol Series: Cambridge World Archaeology, Cambridge: Cambridge University Press, 1996; D. W. Bailey, *Balkan Prehistory*: *Exclusion, Incorporation and Identity*, London: Routledge, 2000.

⑤ R. M. Cook, *Greek Painted Pottery*, London and New York, Routledge, 3d edition, 1997; P. A. Mountjoy, *Regional Mycenaean Decorated Pottery*, Rahden/Westf. : Marie Leidorf, 1999; C. Broodbank, *An Island Archaeology of the Early Cyclades*, Cambridge: Cambridge University Press, 2000; R. F. Willetts, *The Civilization of Ancient Crete*, Reprint, New York: Phoenix Press, 2004; T. N. Richard, *Greek Art and Archaeology*: *A New History, c. 2500-c. 150 BCE*, London: Thames and Hudson, 2011.

三

彩陶时代与前文明社会之所以能够大致对应，有着经济、技术和社会等多方面的原因。

（一）彩陶和前文明社会基本都以农业为基础

农业生产保证了更稳定的定居生活，为彩陶的制作和使用提供了条件；农业促使人口增加、技术进步、社会复杂，是文明起源的必要前提。进一步来说，彩陶和农业都离不开土。彩陶多为泥质陶，所需泥料一般为较细腻的第三纪红土、早期黄土和淤积土，最容易在植被比较稀少的中纬度干旱—半干旱地区获得；而中纬度干旱—半干旱地区，主体为黄土、类黄土以及冲积平原地貌，土壤深厚，水热条件适中，正好适合发展谷物农业。

白家文化、仰韶文化和马家窑文化彩陶，就主要分布在世界上最大最集中的黄土地区——黄土高原，在这里很容易找到制作泥质陶所需的第三纪红土和早期黄土，又有适合粟、黍类旱作农业发展的良好自然条件，粟（黍）作农业保障了该地区彩陶文化数千年的连续发展和文明的起源。仰韶文化还曾被称之为"黄土的儿女"所创造的文化①，或者"黄土高原的产儿"②。特里波列—库库泰尼文化彩陶也基本分布在东欧黄土区，以种植小麦、大麦、黑麦等的麦作农业为主。两河流域、印度河流域彩陶则以有丰厚土壤的冲积平原为基础，有比较发达的麦作农业。

---

① J. G. Andersson, *Children of the yellow earth*: *Studies in prehistoric China*, Kegan Paul, Trench, Trubner, London, 1934.
② 严文明：《略论仰韶文化的起源和发展阶段》，《仰韶文化研究》，文物出版社 1989 年版，第 122—165 页。

（二）彩陶技术和前文明社会的技术水平相适应

由于易熔黏土的易得和制作的简便，陶器自产生之初就作为一种普通的生活用品存在。作为陶器中特殊的种类，彩陶的彩料主要是赤铁矿、锰矿、磁铁矿、石膏等，比一般陶土难寻，却还谈不上珍稀；彩陶多是制作较精细的泥质陶，绘彩更需费心费时，对制作技术的要求比一般陶器要高，但又不像青铜器、玉器那样达到很高的专业化、协作化程度；彩陶陶器本体的颜色多为红色、红褐色、黄色等，一般需要在陶窑中以开放式的氧化焰气氛烧成，但这类陶窑比半封闭式的还原焰陶窑要相对简单。这就决定了彩陶当为人类技术水平发展到一定阶段，尤其是陶器制作积累了较多经验之后的产物，但多数情况下还不属于高技术产品，正好与前文明社会阶段的技术水平相适应。

在文明社会形成期前后这段时间，多数地区彩陶趋于衰落或消亡，但表现方式各有不同。就中国来说，约公元前 3300 年，黄河下游、长江中下游地区的大汶口文化中期、大溪文化晚期、崧泽文化末期—良渚文化早期，在彩陶极度衰落的同时，出现了轮制陶器技术[1]、以还原焰烧制灰陶的技术、窑内渗碳烧制黑陶的技术。轮制陶器坯体更加均匀紧致，标准化程度和制陶效率更高，技术更先进；灰陶比红陶耐碱性、耐久性更好，黑陶更加坚固[2]，烧制灰、黑陶所用的上部变小的半封闭式窑和"饮窑封顶"等方法，技术上更为复杂。这样看来，彩陶的消失和灰、黑陶的流行，一定程度上可视为是技术上的优胜劣汰，而且这些新的制陶技术在进入文明时代后风行于大江南北。而黄河中游地区仰韶文化半坡晚期类型、西王类型等，在彩陶衰落的同时并无轮制出现，陶器反而变得更加粗陋，仅能从陶窑结构

---

① 李文杰：《关于快轮制陶的新概念、新判断和新理论》，《文物春秋》2016 年第 4 期。
② 李仰松：《从瓦族制陶探讨古代陶器制作上的几个问题》，《考古》1959 年第 5 期。

的变化①和灰陶的出现，看得出至少在烧制技术方面发生了革新。

两河流域、尼罗河流域、中亚南部、印度河流域的情况和中国黄河、长江流域近似。在约公元前 4000—前 3500 年的乌鲁克文化前期，彩陶衰落的同时，两河流域开始流行轮制陶器，以实现批量化、标准化的陶器生产，适应城市化快速发展的需要②。尼罗河流域、中亚南部进入文明社会之后，也是彩陶消失、轮制陶器流行；印度河流域进入文明社会以后彩陶大为减少，轮制陶器流行。与中国不同的是，西方这些地区的轮制陶器大部分为红、黄色，少量灰陶也是浅灰、黄灰色，罕见深灰陶和黑陶，可见仍主要采用氧化焰烧陶。例外的是迈锡尼、古希腊文化利用快轮拉坯技术制作彩陶。

（三）彩陶功能和前文明社会相适应。

彩陶多数不仅是普通生活用品，而且是"新石器时代最大众化的艺术形式"③，承载着丰富的信息，具有比一般陶器更突出的界定社会、愉悦民众的功能。进一步来说，彩陶承载的信息比较笼统和模糊，适合表达某些共同的社会习俗和宗教观念，而不方便传达确切、具体的信息；不同的彩陶图案和色彩，更容易界定"横向"的或"族"一类的社会空间④；彩陶艺术的生动绚烂，更适合抒发广大民众

---

① 庙底沟类型期的陶窑一般为横穴式，窑室底部周边有一圈火孔，窑室大体为直筒状；火焰水平进入窑室，升温速度较慢，效率较低，形成氧化焰气氛。半坡晚期类型期和庙底沟二期类型期的陶窑变为斜穴式，窑室底部中间部位也开火孔，窑室下小上大；火焰斜向或接近垂直状进入窑室，升温速度加快，效率变高，形成还原焰气氛。参见宋建忠、薛新民《宁家坡陶窑引发的思考》，《山西省考古学会论文集（三）》，山西古籍出版社 2000 年版，第 217—220 页；张明东《黄河流域先秦陶窑研究》，《古代文明（第 3 卷）》，文物出版社 2004 年版，第 115—149 页。

② P. R. S. Moorey, *Ancient Mesopotamian Materials and Industries*: *The Archaeological Evidence*, Oxford: Oxford University Press, 1994.

③ 王仁湘：《史前中国的艺术浪潮——庙底沟文化彩陶研究》，文物出版社 2011 年版，第 8 页。

④ 张朋川说："彩陶艺术是严格的族文化的表现，绝不是陶工个人任意的即兴创作。所以彩陶艺术随着氏族社会的衰亡而接着衰亡。"见张朋川《彩陶艺术纵横谈》，《美术》1983 年第 8 期。

的劳动和生活热情①。这些都正好与相对平等、崇尚集体、充满热情的前文明社会相适应。进入文明社会以后，以文字来传达宗教、贸易、政治、军事等确切信息，以珍贵物品来界定"纵向"社会空间或强调上层阶级地位，以更奢华铺张的艺术形式来愉悦精英阶级，一定程度上剥夺了非精英阶级的审美权利，彩陶自然就趋于衰落甚至消失了②。

中国的仰韶文化半坡类型，西方的古苏西亚那期、哈苏纳文化、哲通文化等，彩陶都以拘谨的直笔为主，流行致密的平行线纹，显得规矩有序；每种风格的彩陶分布范围都比较有限，多半只占据大河的一两条支流的范围；社会则崇尚和平、平等、秩序和集体主义。中国的仰韶文化庙底沟类型，西方的苏西亚那期、欧贝德文化、安诺—纳马兹加一期文化、特里波列—库库泰尼文化等，彩陶都以灵动的弧笔为主，各种纹样组合复杂，显得变幻多端；某些风格的彩陶范围大为扩展，如庙底沟式彩陶扩展至大半个中国③，欧贝德彩陶北扩至几乎整个两河流域④；社会则趋于暴力、不平等和阶级分化。庙底沟时代或者欧贝德时代之后，中国中东部地区以磨光黑陶和玉器等作为强化社会阶级的"礼器"，这个所谓"玉器时代"⑤，也是文字产生的关键

---

① 李泽厚认为，仰韶彩陶"还没有沉重、恐怖、神秘和紧张，而是生动、活泼、纯朴和天真，是一派生气勃勃、健康成长的童年气派"。林少雄认为，作为女性、母亲象征的彩陶或陶器文化被代表男性、父亲的青铜文化取代，表示整个时代的审美观由崇美变为崇力，阳刚战胜了阴柔。见李泽厚《美的历程》，文物出版社 1981 年版，第 16 页；林少雄《人文晨曦：中国彩陶的文化读解》，上海文化出版社 2001 年版，第 315 页。

② 杨建华说："在农业村落时代，彩陶纹饰可能是人群的标志物，到了城市化的乌鲁克时代，地缘组织取代了血缘组织，彩陶这种象征符号已经不再适用了。"见杨建华《两河流域：从农业村落走向城邦国家》，科学出版社 2014 年版，第 133 页。

③ 韩建业：《庙底沟时代与"早期中国"》，《考古》2012 年第 3 期。

④ 关于欧贝德扩张的论述，参见 R. A. Carter, Graham Philip eds., *Beyond the Ubaid: Transformation and Integration in the Late Prehistoric Societies of the Middle East* (Studies in Ancient Oriental Civilization, Number 63), The Oriental Institute of the University of Chicago, 2010.

⑤ 牟永抗、吴汝祚：《试谈"玉器时代"——中华文明起源的探索》，《中国文物报》1990 年 11 月 1 日第 3 版；曲石：《中国玉器时代》，山西人民出版社 1991 年版；牟永抗、吴汝祚：《水稻、蚕丝和玉器——中华文明起源的若干问题》，《考古》1993 年第 6 期。

时代①。西亚、埃及、中亚南部、印度河流域等地区以青铜器、黄金、青金石等强调上层阶级地位，进入青铜时代，出现楔形文字、象形文字。可见亚欧大陆无论东西，彩陶时代衰落基本都伴随着文明社会兴起。唯一例外的是希腊，精美彩陶和其他珍贵物品一样，成为上流社会追捧的商品和艺术品。

总之，在亚欧大陆的中纬度地区，绚烂的彩陶时代大致对应于前文明社会：虽非每个流行过彩陶的社会都发展为文明社会，但几乎所有早期文明社会都经过了彩陶时代。彩陶可谓是前文明时期最杰出的大众的艺术，彩陶时代拓开了文明社会的先河。

---

① 王晖：《从甲骨金文与考古资料的比较看汉字起源时代》，《考古学报》2013 年第 3 期。

彩陶风格与聚落形态

——以黄河流域和西亚史前几何纹彩陶为中心

彩陶指一次性烧成的表面绘彩的陶器，曾一度流行于亚欧大陆中纬度农业地区的前文明社会。由于彩料来源的限制，彩陶颜色种类有限，但图案却极富变化，形成各种风格，而且我们发现不同的彩陶风格还和一定的聚落形态大致存在对应关系。本文拟以中国黄河流域和西亚史前的几何纹彩陶为中心展开分析。需要说明的是，之所以选择几何纹彩陶，是希望聚焦于彩陶的元素和构图等形式本身，进行"艺术风格学"[①] 或者"考古类型学"这样的"科学"分析，以寻求大尺度时空范围内艺术形式和聚落形态之间互相关联的通例。

——

中国黄河流域的彩陶时代始于公元前 6 千纪的白家文化，而盛于公元前 5 千纪中叶至前 4 千纪中叶仰韶文化前期的半坡类型和庙底沟

---

① ［瑞士］H·沃尔夫林：《艺术风格学》，潘耀昌译，辽宁人民出版社 1987 年版。

类型①。这里所说半坡类型，主要指临潼姜寨一期类半坡类型前期遗存，不包括姜寨二期类半坡类型晚期或者史家类型遗存②，绝对年代约在公元前4500—前4200年之间。半坡类型的几何纹彩陶，无论是线形元素，还是带状、三角形、正方形、长方形、平行四边形等块体元素，基本均为直笔，多以平行和轴对称方式形成单元母题，以同样单元的重复或者二方连续构成图案整体，显得"庄重稳健"③，直爽、刚劲，在很有秩序感的同时也略显拘谨和呆板（图一，1—9）。

约公元前4000—前3500年之间庙底沟类型的几何纹彩陶，最主要的"圆点、勾叶、弧边三角"元素均为弧笔，直线等直笔元素已很少见，"除轴对称外，还采用中心对称的方式"④，互相勾连、彼此旋绕形成类似花朵等的单元母题，仍以二方连续为主，显得流畅活泼，旋转灵动⑤，变幻多端，却又浑然天成（图一，10—22）。庙底沟类型的弧笔彩陶，在更早的东庄类型已开始多见。随着东庄—庙底沟类型的扩张影响，这类弧笔花瓣纹或者旋纹彩陶流播到中国黄河流域、长江流域和西辽河流域广大地区⑥。

① 中国科学院考古研究所、陕西省西安半坡博物馆：《西安半坡——原始氏族公社聚落遗址》，文物出版社1963年版；中国科学院考古研究所：《庙底沟与三里桥》，科学出版社1959年版。

② 半坡博物馆、陕西省考古研究所、临潼县博物馆：《姜寨——新石器时代遗址发掘报告》，文物出版社1988年版。

③ 严文明：《半坡类型彩陶的分析》，《仰韶文化研究》（增订本），文物出版社2009年版，第320—349页。

④ 严文明：《论半坡类型和庙底沟类型》，《考古与文物》1980年第1期。

⑤ 张朋川描述庙底沟类型的彩陶，"以旋风般的律动，舒展出变幻多端的长卷式图案"。王仁湘说，"正是由旋纹图案的传播，我们看到了中国史前时代在距今6000年前后拥有了一个共同的认知体系"。见张朋川《中国彩陶图谱》，文物出版社1990年版，第90页；王仁湘《关于史前中国一个认知体系的猜想——彩陶解读之一》，《华夏考古》1999年第4期。

⑥ 王仁湘：《史前中国的艺术浪潮——庙底沟文化彩陶研究》，文物出版社2011年版；韩建业：《庙底沟时代与"早期中国"》，《考古》2012年第3期。

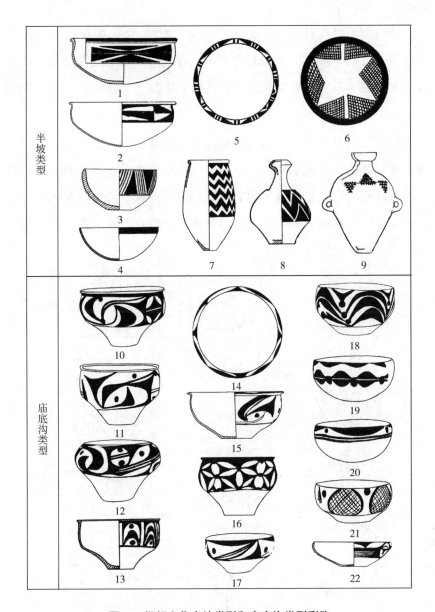

图一　仰韶文化半坡类型和庙底沟类型彩陶

1、2、4、7、9. 宝鸡北首岭　3、6、8. 南郑龙岗寺①　5. 临潼姜寨　10—13、15—22. 陕州庙底沟　14. 灵宝北阳平

---

① 陕西省考古研究所：《龙岗寺——新石器时代遗址发掘报告》，文物出版社 1990 年版。

　　半坡类型发现有宝鸡北首岭①、西安半坡、临潼姜寨等布局较清楚的聚落，每个聚落面积数万平方米，聚落之间没有显著分化。以最具代表性的姜寨一期聚落来说，居住区基本位于环壕以内，同时期房屋围成一圈，门一概朝向中央广场，体现出凝聚、向心的集体主义观念；所有房屋以具有公共活动功能的大房子为中心组成 5 群，可能代表彼此平等的 5 个大家族，全聚落共同构成一个氏族；环壕外面有几片成人墓地，每座墓葬基本都有少数几件随葬品，没有明显的贫富分化；还有较多婴孩瓮棺葬安排在每组房屋附近；村西的窑厂则可能属于全村的产业（图二）②。

图二　姜寨一期环壕聚落遗迹的分布

　　① 中国社会科学院考古研究所：《宝鸡北首岭》，文物出版社 1983 年版。

　　② 巩启明、严文明：《从姜寨早期村落布局探讨其居民的社会组织结构》，《考古与文物》1981 年第 1 期。

庙底沟类型出现了灵宝北阳平①、西坡②等数十万平方米的中心聚落，聚落之间分化明显。在西坡等中心聚落发现数百平方米的大型"宫殿式"房屋，以及年代稍晚的随葬玉、石钺的大型墓葬③，汝州阎村出有战争记功碑性质的"鹳鱼石斧图"（或"鹳鱼钺图"）④，可见当时已经出现阶层分化，战争日益频繁，玉、石钺应当已经具有军权象征意义⑤。以秦安大地湾聚落来看⑥，第二期（史家类型）第一段聚落有环壕，房门基本都朝向中央，和姜寨一期聚落还很接近，第二期第二、三段和第三期（庙底沟期）聚落的房门已经不再具有统一性，表明开始强调各组房屋所代表的家族的地位，氏族社会趋于解体。

半坡类型彩陶直笔、简单、平行、拘谨，聚落近于同质、布局凝聚向心，体现出平等友爱、崇尚集体主义的氏族社会面貌，女性在社会中可能具有重要地位；庙底沟类型彩陶弧笔、复杂、中心对称、灵动变幻，出现中心聚落和高规格建筑，处于氏族社会向复杂社会转变的阶段，家族凸显，男性地位提高，阶层初步分化，社会动荡，对外扩张。两个类型或两个阶段的彩陶风格和聚落形态有很好的对应关系。

---

① 中国社会科学院考古研究所河南第一工作队等：《河南灵宝市北阳平遗址试掘简报》，《考古》2001 年第 7 期。

② 河南省文物考古研究所等：《河南灵宝市西坡遗址 2001 年春发掘简报》，《华夏考古》2002 年第 2 期；河南省文物考古研究所等：《河南灵宝西坡遗址 105 号仰韶文化房址》，《文物》2003 年第 8 期；中国社会科学院考古研究所河南一队等：《河南灵宝市西坡遗址发现一座仰韶文化中期特大房址》，《考古》2005 年第 3 期。

③ 中国社会科学院考古研究所、河南省文物考古研究所：《灵宝西坡墓地》，文物出版社2010 年版。

④ 严文明：《〈鹳鱼石斧图〉跋》，《文物》1981 年第 12 期。

⑤ 吴其昌、林沄认为"王"字本象斧钺之形。见林沄《说"王"》，《考古》1965 年第 6 期。

⑥ 甘肃省文物考古研究所：《秦安大地湾——新石器时代遗址发掘报告》，文物出版社 2006年版。

二

西亚的彩陶时代肇始于公元前 7 千纪之初，至约公元前 6500 年进入发展繁荣时期，一直延续到公元前 4000 年左右，并以约公元前 6000 年为界，可分前后两大阶段。

伊朗西南苏萨地区属于彩陶时代前期的古苏西亚那期（Archaic Susiana）彩陶，大量发现于乔加·米什①等遗址。彩陶元素类似半坡类型，绝大多数为直线，也有直边的三角形、长方形、菱形等块体元素，但少量波线、螺旋线、弧线等元素不见于半坡类型早期；也和半坡类型一样，以平行和轴对称方式形成单元母题，以同样单元的重复或者二方连续构成图案整体，整体风格也是直爽稳健，很有秩序感，尤其常见十数条乃至数十条平行线细密布满器身，令人印象深刻（图三，1—6）。进入彩陶时代后期或者苏西亚那期以后，弧线、圆点增多，出现弧边三角、勾叶、圆圈等新元素，构图仍主要为轴对称，但大小相间、疏密不等，颇多变化，此外也出现了少量中心对称的构图方式，这些和庙底沟类型都有一定的相似之处，总体也是更显生动活泼，但不如庙底沟类型彩陶那样流行弧笔，也缺乏一气呵成之感（图三，7—10）。

两河流域属于彩陶时代前期的哈苏纳（Hassuna）文化②、萨马

---

① P. Delougaz, H. J. Kantor, *Choga Mish Volume 1: The First Five Seasons of Excavations 1961—1971*, (Oriental Institute Publications, volume 101), Oriental Institute of the University of Chicago, 1996; A. Alizadeh, *Chogha Mish II: The Development of a Prehistoric Regional Center in Lowland Susiana, Southwestern Iran: Final Report on the Last Six Seasons of Excavations 1972—1978*, (Oriental Institute Publications, volume 130), Oriental Institute of the University of Chicago, 2008.

② S. Lloyd, F. Safar and R. J. Braidwood, "Tell Hassuna Excavations by the Iraq Government Directorate General of Antiquities in 1943 and 1944", *Journal of Near Eastern Studies*, 1945, Vol. 4, No. 4, pp. 255 – 289; T. Dabbagh, "Hassuna Pottery", *Sumer 21*, 1965, pp. 93 – 111.

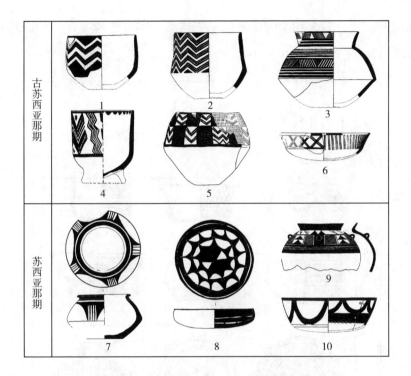

图三　古苏西亚那期和苏西亚那期彩陶

1—10. 乔加·米什（Choga Mish）

拉（Samarra）文化[1]彩陶，彩陶元素多为直笔，构图方式也和古苏西亚那期基本相同，只是偏早的哈苏纳文化构图更加疏朗，偏晚的萨马拉文化典型彩陶块体元素增加，复杂而充满韵律，活泼多样，四分内彩图案最具代表性，充满旋动意象和富于变化（图四，1—9）。至彩陶时代后期早段的哈拉夫（Halaf）文化[2]，和苏西亚那期一样，彩陶弧线纹、弧边三角、圆圈、圆点等元素增多，也出现了中心对称的母

---

① J. Mellaart, *The Neolithic of the Near East*, （The World of Archaeology Series.）, London：Thames and Hudson, 1975；杨建华：《试论萨玛拉文化》，《考古学文化论集（一）》，文物出版社 1987 年版，第 233—275 页。

② I. Hijjara, *The Halaf Period in Northern Mesopotamia*, Nabu Publications, 1997；A. Gómez. Bach, W. Cruells, and M. Molist, Sharing Spheres of Interaction in the 6th Millenniumcal. BC：Halaf Communities and Beyond, *Paléorient* 42, 2016, 2：117 – 133.

题构图方式，多个相同的母题以二方连续、多方连续展开，在繁缛中体现出秩序（图四，10—16）。

图四　哈苏纳文化、萨马拉文化和哈拉夫文化彩陶

1—3. 哈苏纳　4. 马塔拉（Matarrah）①　5—9. 梭万（Sawwan）　10. 高拉（Gawra）②
11—16. 阿尔帕契亚（Arpaichyah）③

---

① R. J. Braidwood, L. Braidwood, J. Smith, C. Leslie, "Matarrah", *Journal of Near Eastern Studies* 11, 1952, pp. 1 – 75.

② A. J. Tobler, *Excavations at Tepe Gawra 2*, University of Pennsylvania Press, 1950, p. 110.

③ M. E. L. Mallowan, and J. C. Rose, *Prehistoric Assyria*：*The Excavations at Tall Arpaichyah*, *1933*, Oxford University Press, 1935.

此外，在中亚南部，大约公元前 6000—前 4200 年的哲通文化彩陶①，主要是细密的平行直线或曲线纹（图五，1—4），而约公元前 4200—前 3500 年的安诺—纳马兹加一期（Anau-Namzga I）文化，彩陶风格则骤变为粗犷的弧边三角、勾叶纹、折线纹（图五，5—8）②。哲通文化源于西亚，且和西亚保持着交流。

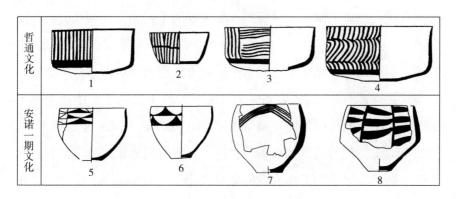

图五　哲通文化和安诺—纳马兹加一期文化彩陶

1—4. 佩塞迪克（Pessedjik）　5—8. 达希列基丘（Dashlidzhi-depe）

西亚的史前聚落，在彩陶时代的前后两大阶段也发生了明显的变革。举例来说，哈苏纳文化时期的耶里姆 1 号丘第 5 层聚落③，由若干房间组成一组建筑，每个小房间是一个居住单元，或许居住核心家庭；每组建筑内共有小院落、储藏室、灶，是一个共同的消费单元，或许为家族组织；整个聚落共有中心广场、北部的成排库房和西南角

① J. Coolidge, "Southern Turkmenistan in the Neolithic：A petrographic case study", *BAR International Series* 1423, Archaeopress, Oxford, 2005：136.

② H. Müller-Karpe, *Neolithisch-kupferzeitliche Siedlungen in der Geoksjur-Oase*, *Süd-Turkenistan*, Nach den Arbeiten von I. N. Chlopin und V. I. Sarianidi. Verlag C. H. Beck：Munich, 1984：34 – 35.

③ R. M. Munchaev, N. Ya. Merpert, "Excavations at Yarim Tepe 1972", *Sumer* 29, 1973, pp. 3 – 16；N. Ya. Merpert and R. M. Munchaev, "Yarim Tepe I", in N. Yaffee and J. J. Clark eds., *Early Stages in the Evolution of Mesopotamian Civilization：Soviet Excavations in Northern Iraq*, Tucson & London：The University of Arizona Press, 1993, pp. 73 – 114；杨建华：《两河流域：从农业村落走向城邦国家》，科学出版社 2014 年版，第 147—149 页。

的陶窑场，或为一个氏族组织。所有居住单元基本形态和功能都近似，看不出明显的分化，呈现出平等的氏族社会状况（图六）。哈拉夫文化时期的梭万聚落①，是一个外有围墙、环壕和"瓮城"的十分注重防卫的长方形聚落，里面最多的时候有十余座建筑，每座建筑都呈"品"字形，将起居室、中心堂屋、储藏室都置于这一座建筑内，有主有次，凸显了每座建筑所代表的家族的重要性，氏族社会正在走向解体（图七）。苏萨的乔加·米什等聚落的演变情况与此类似，至苏西亚那期偏晚阶段已经出现由多个长方形房间组成的布局严整的神庙类仪式性建筑②。再扩大到整个西亚，乃至于巴尔干、中亚南部等地，也大抵如此。比如中亚南部哲通文化的哲通、佩塞迪克等聚落，主要由形态类似的居室构成整个村落，呈现典型的氏族社会面貌；而安诺—纳马兹加一期文化阶段的蒙杜克力（Mondjukli）、达希列基丘等聚落，房屋大小不等，集聚成群，反映出社会的变革③。

西亚彩陶时代前期的彩陶流行直笔，构图平行、简单，聚落体现平等和重视集体利益的氏族社会状况；后期的彩陶出现较多弧笔，构图复杂，富于变化，聚落和社会也在发生重要变革，逐渐朝复杂化方向转变，同样也是家族凸显，阶层初步分化，男性地位上升。两个阶段的彩陶风格和聚落形态，分别和仰韶文化的半坡类型和庙底沟类型有较大相似性。

---

① F. el-Wailly and B. Abu es-Soof, "The Excavations at Tell es-Sawwan: First Preliminary Report (1964)", *Sumer* 21, 1965, pp. 17 – 32; K. A. Al-a'dami, "Excavations at Tell es-Sawwan (Second Season)", *Sumer* 24, 1968, pp. 57 –95; 杨建华：《两河流域：从农业村落走向城邦国家》，科学出版社2014年版，第154—157页。

② A. Alizadeh, *Chogha Mish II: The Development of a Prehistoric Regional Center in Lowland Susiana, Southwestern Iran: Final Report on the Last Six Seasons of Excavations 1972—1978*, (Oriental Institute Publications, volume 130), Oriental Institute of the University of Chicago, 2008, p. 241.

③ F. T. Hiebert, The Kopet Dag Sequence of Early Villages in Central Asia, *Paléorient*, 2002, 28 (2), pp. 25 –41.

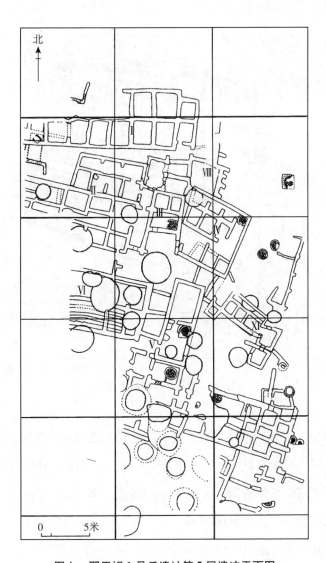

图六　耶里姆1号丘遗址第5层遗迹平面图

三

　　如上所述，我们可以把中国黄河流域和西亚等地史前彩陶简单分为直笔和弧笔两种前后相继的风格类型，也可以把史前聚落分为同质（平

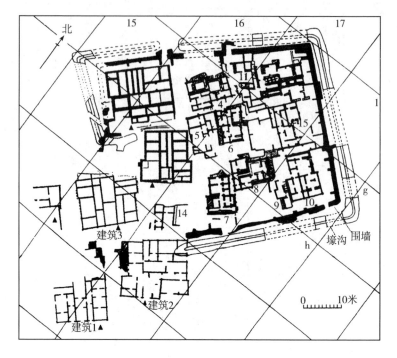

图七　梭万遗址遗迹平面图

等）和异质（分化）两种形态。我们注意到无论东西，都是直笔彩陶对应同质聚落，而弧笔彩陶对应异质聚落；并且中国和中亚南部的直笔彩陶—同质聚落向弧笔彩陶—异质聚落的转变，都大致在公元前4200年，而西亚的转变早至公元前6000年左右。可见，彩陶风格和聚落形态的对应关系，并不受具体地域和时间的限制，具有一定的普遍性。

　　彩陶风格和聚落形态的对应关系或许可在结构主义考古学中找到比较简单的解释。如伊恩·霍德所说，结构主义考古学的证实过程，是"证实在同样的历史情境中各种不同的资料后面存在着相同的结构"[1]。的确，直笔、轴对称、构图简单的彩陶和同质、简单的聚落

---

　　① ［英］伊恩·霍德、［美］司格特·哈特森：《阅读过去》，徐坚译，岳麓书社2005年版，第58页。

（甚至女性中心、平等社会），弧笔、中心对称、构图复杂的彩陶和异质、复杂的聚落（甚至男性中心、复杂社会），都分别具有相同的结构。这种不同材料的相同结构的形成原因，或许与集体的精神的无意识活动有关①，但这样的集体无意识又是如何产生的？又为什么会在一定阶段发生显著变化？却是结构主义本身很难解答的问题。

我们或许可以在经济社会变革本身找到更根本的原因。公元前4000年前后的庙底沟时代，中原核心区气候趋于全新世最佳，粟作农业生产取代采集狩猎经济成为经济主体②，人口急剧增加，这是聚落急剧增多、聚落之间和内部出现分化③，并向周围强烈扩张的根本原因。这样剧烈动荡的社会氛围，必然产生富于变化和更加复杂的集体意识（或无意识），并投射到彩陶艺术等当中，使得不同考古材料中出现了相同结构。西亚的情况与此类似。说到底，仍然是经济基础决定上层建筑，而非相反④。

---

① 皮亚杰说："列维—施特劳斯关于结构的性质，认为是精神的无意识活动在内容上加上了形式所产生的。"见［瑞士］皮亚杰《结构主义》，倪连生、王琳译，商务印书馆1984年版，第9页；［法］列维—施特劳斯《野性的思维》，李幼蒸译，商务印书馆1997年版。

② 赵志军：《中国农业起源概述》，《遗产与保护研究》2019年第1期。

③ 比如2003—2006年在运城盆地东部的聚落考古调查，发现庙底沟类型聚落从半坡期的24处剧增到66处，聚落面积增加、分布范围扩大、分布密度增长，聚落可分为3个等级，90万平方米以上者4处，可分为6个聚落群，调查者认为"类似'酋邦'这样的区域政体当已经形成"。见中国国家博物馆田野考古研究中心、山西省考古研究所、运城市文物保护研究所《运城盆地东部聚落考古调查与研究》，文物出版社2011年版，第385—402页。

④ 恩格斯说："每一时代的社会经济结构形成现实基础，每一个历史时期的由法的设施和政治设施以及宗教的、哲学的和其他的观念形式所构成的全部上层建筑，归根到底都应由这个基础来说明。"见恩格斯《反杜林论》，人民出版社2015年版，第26页。

西风东渐与文化变革

略论中国的"青铜时代革命"

青铜时代是指"以青铜作为制造工具、用具和武器的重要原料的人类物质文化发展阶段"[①]。虽然从铜石并用时代发展到青铜时代以后,欧亚大陆大部社会都发生过程度不同的变革,不少已进入早期文明阶段,但这种变革在不同地区程度不一。比如最早在公元前3500年就率先进入青铜时代的环黑海冶金区[②],铜器技术前后一脉相承,文化格局和社会形态与前并无显著不同,总体变化较为和缓,以致有人从欧亚大陆的视野将其归入"史前时代晚期青铜文化系统"[③]。其他地区则不同。尤其中国在公元前2000年左右进入青铜时代以后[④],大部地区在技术经济、文化格局、社会形态等方面都发生了显著的变革现象,堪称一次"青铜时代革命"。本文对此略作讨论。

---

① 中国大百科全书总编辑委员会《考古学》编辑委员会:《中国大百科全书·考古学》,中国大百科全书出版社1986年版,第399页。

② E. N. Chernykh, *Ancient Metallurgy in the USSR: The Early Metal Age*, Transl. by Sarah Wright, Cambridge University Press, 1992, pp. 1–4.

③ 杨建华:《欧亚大陆青铜文化系统划分初探》,《新果集——庆祝林沄先生七十华诞论文集》,科学出版社2009年版,第274—280页。

④ 关于中国进入青铜时代的时间还存在一定分歧。本文同意公元前2000年左右进入青铜时代的观点。见张光直《中国青铜时代》,生活·读书·新知三联书店1983年版,第1—2页;严文明《论中国的铜石并用时代》,《史前研究》1984年第1期。

一　青铜技术的快速普及和制陶技术盛极而衰

公元前2000年左右，首先在中国西北地区，然后在北方、东北和中原地区，最后在东部沿江海地区，自西而东掀起了青铜之风，标志着生产力水平的一次革命性提升，从而使得这些地区先后进入青铜时代。

最早进入青铜时代的当属新疆地区，年代上限在公元前2000年左右，主要包括分布在东疆的哈密天山北路文化、罗布泊地区的古墓沟文化（也称小河文化）、阿勒泰及其以南的克尔木齐类遗存，以及新疆西部的安德罗诺沃文化等。这些文化虽可分为东部的"带耳罐文化系统"和西部的"筒形罐文化系统"①，但都普遍包含刀、剑、矛、斧、锛、凿、锥、镰、镞、镜、耳环、指环、手镯、铃、牌、泡、扣、珠、管、别针等铜质小件工具、武器和装饰品，以锡青铜和砷青铜为主。其次为甘肃、青海、陕西地区，进入青铜时代的年代上限在公元前1900年前后，主要包括河西走廊中西部的四坝文化，甘肃中南部、青海东部和陕西关中地区的晚期齐家文化。其青铜器与新疆地区尤其是哈密天山北路文化者近似，如都流行刀、斧、锛、锥、镞、镜、耳环、指环、手镯、泡、扣，还有权杖头、臂钏、月牙形项饰等，其中四坝文化还见较多砷青铜。特别值得关注的是这时的晚期齐家文化曾从甘肃地区大幅度扩展至关中，清晰勾勒出早期青铜文化流播的主方向是自西向东②。

至公元前1800年左右，在狭义的中国北方和东北地区出现朱开沟文化和夏家店下层文化。其早期青铜器有刀、镞、手镯、臂钏、耳

①　韩建业：《新疆的青铜时代和早期铁器时代文化》，文物出版社2007年版，第98—121页。
②　韩建业：《中国西北地区先秦时期的自然环境与文化发展》，文物出版社2008年版，第196—200页。

环、指环等，也有镞、连柄戈等较为特殊的器物，主要为锡青铜，与前述中国西北地区青铜器较为接近。尤其朱开沟文化和夏家店下层文化早期所见颇具特色的喇叭口耳环，就都流行于四坝文化、晚期齐家文化甚至新疆地区的安德罗诺沃文化等，其源头当在南西伯利亚地区安德罗诺沃文化[①]。另外，齐家文化的陶双大耳罐、成年男女合葬墓等因素流播到朱开沟文化，而朱开沟文化的蛇纹鬲等因素也见于夏家店下层文化，这也从另一个侧面说明的确存在自西向东的文化影响趋势。当然，我们不能就此否认某些青铜文化因素从河西走廊之外的北方草原通道直接传入朱开沟文化和夏家店下层文化的可能性。

与此同时或稍晚，在中原地区诞生了青铜时代文化——二里头文化。该文化个别环首刀、"戚"（斧）等青铜器可能与上述西方青铜文化传统有较密切的关系[②]，青铜戈也有受到哈密天山北路文化有銎斧影响而产生的可能性[③]，而大量鼎、爵、斝、盉等青铜礼器在东方、中原均有陶器原型且源头深远，所使用的复合泥范铸造技术早在龙山时代已经出现，与西北地区流行的硬型石范铸造技术也明显有别，只是在青铜合金技术上受到西北间接影响。实际正如李水城指出的那样，中亚冶金术"这种外来的影响力对于中原地区而言，经过一站站的中转、筛选和改造而不断地被弱化，而中原地区冶金术的真正崛起并形成独立的华夏风格，则是在二里头文化晚期才最终实现"[④]。通过二里头文化，青铜技术还传播至黄河下游的岳石文化等当中。

恰在此时，绵长发展万余年的陶器制作盛极而衰，最具代表性的

---

① 林沄：《夏代的中国北方系青铜器》，《边疆考古研究》第 1 辑，科学出版社 2002 年版，第 1—12 页。

② 林沄：《早期北方系青铜器的几个年代问题》，《内蒙古文物考古文集》（第 1 辑），中国大百科全书出版社 1994 年版，第 291—295 页。

③ 韩建业：《论二里头青铜文明的兴起》，《中国历史文物》2009 年第 1 期。

④ 李水城：《西北与中原早期冶铜业的区域特征及交互作用》，《考古学报》2005 年第 3 期。

轮制制陶技术落至低谷！这种现象虽于龙山后期偏晚已现端倪，但至二里头文化、岳石文化则顿然明显起来。这或许与齐家文化代表的陶器手制传统的介入，以及西方先进冶金术传入后手工业技术的重点转移都有关系。

二　社会的急剧复杂化和王国文明的出现

大约公元前 2 千纪初期形成的二里头文化——晚期夏文化，拥有二里头这样的超级中心聚落。其宫殿基址规模宏大而又体制严整，数量众多又高下有别，表明当时已形成较为严格的宫室制度。二里头都城聚落对中原腹地文化具有直接控制力，而二里头文化的影响则及于中国大部地区，显示已出现号令"天下"的王权，已由"古国"文明阶段跨入"王国"文明阶段，已经由早期文明社会发展为成熟文明社会①。相应地，周围的岳石文化、夏家店下层文化、朱开沟文化等也都出现墓葬分化、城址增多等明显的社会复杂化趋势，颇有"王国"周缘"方国"林立的态势，只是复杂化程度和达到的水平低一个层次。

青铜时代社会的复杂化，固然以龙山时代早期文明或"古国"文明作为基础，但其剧烈程度前所未见。原因可能有三：一是青铜工具较多出现，引起相关手工业迅猛发展，社会分工加剧，国家通过加强对铜矿资源的控制而提高权势②。二是上述广义北方那些畜牧程度

---

① 苏秉琦：《迎接中国考古学的新世纪》，《华人·龙的传人·中国人——考古寻根记》，辽宁大学出版社 1994 年版，第 236—251 页；严文明：《黄河流域文明的发祥与发展》，《华夏考古》1997 年第 1 期；韩建业：《良渚、陶寺与二里头——早期中国文明的演进之路》，《考古》2010 年第 11 期。

② 石璋如：《殷代的铸铜工艺》，《中央研究院历史语言研究所集刊》第 26 本，1955 年版，第 102—103 页；张光直：《夏商周三代都制与三代文化异同》，《中央研究院历史语言研究所集刊》第 55 本，1984 年版，第 51—71 页；刘莉、陈星灿：《城：夏商时期对自然资源的控制问题》，《东南文化》2002 年第 3 期。

不一的文化（安德罗诺沃文化、哈密天山北路文化、四坝文化、齐家文化、朱开沟文化、夏家店下层文化等）东进南下，对中原、海岱等地造成空前压力，可能伴随频繁战争和人群的移动，由此带动了中国中东部地区文化格局的动荡和调整。而青铜戈、钺、镞等的出现，又使得武器越来越专门化、体系化，加剧了战争惨烈程度，扩大了战争规模，通过战争加速了财富和资源向强势人群的流聚，加强了军事首领的权利，社会地位从而显著分化。

三　畜牧经济的迅猛发展和文化格局的重大调整

与此同时，畜牧经济出现并迅猛发展，从而造成文化格局的重大调整。

新疆地区至今还没有能够确认的新石器时代遗存，即便存在，也很可能还处于比较低的发展水平。但至公元前 2000 年左右，却涌现出一系列畜牧程度不一的青铜时代文化，几乎占据全疆大部分地域。具体来说，北疆阿尔泰等地主要为畜牧狩猎经济的克尔木齐类遗存，未发现明确居址、农作物和农业工具，却有较多细石器镞、骨镞、铜镞、铜刀等工具或武器。天山南北其他文化则是畜牧业和农业并存的半农半牧经济：一方面普遍发现羊、牛、马骨以及皮毛制品，同时期岩画上常见鹿、羊等动物形象，流行铜刀、弓箭、穿孔砺石、铜镜、铜泡（扣）等畜牧狩猎工具或装饰品；另一方面见有小麦、粟等农作物，以及石镰、石磨盘、石磨棒等旱作农业或粮食加工工具。不过即使同为半农半牧经济，其农业畜牧程度也存在诸多差异，其中哈密天山北路文化陶器发达、聚落稳定性高，农业经济更为发达。河西走廊西部的四坝文化也是和哈密天山北路文化近似的农业相对较发达的半农半牧经济。

西风东渐与文化变革

　　河西走廊东部及其以东地区的晚期齐家文化、朱开沟文化和夏家店下层文化等，虽常见粟、家猪、石刀（爪镰）、石镰等，表明仍主要为农业经济，但畜牧狩猎比重显著提升。遗址中绵羊比例明显增多，有随葬羊角或者殉葬绵羊、家猪的习俗，常见骨梗石刃刀、骨柄铜刀、铜刀、刮削器、穿孔砺石、短齿骨梳等畜牧狩猎工具，可见以养羊为主的畜牧业占据重要地位。此外，此时旱作农业向南扩张，尤其是小麦种植范围明显扩大。

　　畜牧、半农半牧和具有较大畜牧成分的农业经济，在干旱半干旱地区有着很强的适应性，尤其半农半牧经济多种形式互相补充，适应性更强。这使得原先文化低迷的新疆、青海中西部、内蒙古锡林郭勒地区、西辽河流域等地短时间内涌现出一系列文化，广大的西北内陆干旱区和内蒙古半干旱草原区等地也终于迎来了人类发展的首次高潮（图一、二），西辽河流域文化再度繁盛。这是自从距今 10000 年左右"新石器时代革命"以后中国文化格局上前所未有的重大变化。

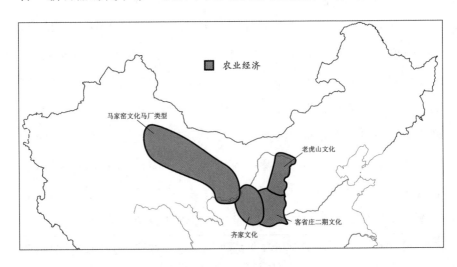

图一　中国西北地区铜石并用时代晚期晚段（龙山后期）

文化分布态势（前 2200—前 2000）

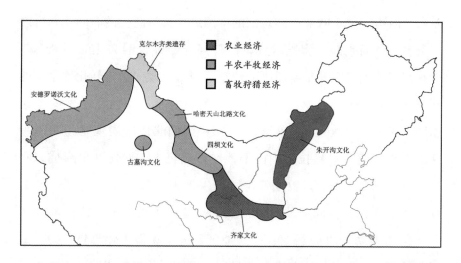

图二　中国西北地区青铜时代前期文化分布态势（前2000—前1500）

这样一次文化格局的重大变化，使得中国首次出现分别以农业经济和畜牧经济为主的人群南北对峙的局面，大致在长城沿线形成农牧交错带。此后随着气候冷暖干湿的波动，农业人群和畜牧人群南北移动，形成血缘和文化上持续不断的深刻交流，在这种战争与和平并存的交流过程当中，畜牧色彩浓厚的广大北方地区和中南部农业区互通有无、相互依存，逐渐融为不可分割的统一体，文化上"早期中国"的范围大为扩展①，文化内容越来越丰富，应对挑战的能力和活力不断增强。这种情况历经商周秦汉一直持续到明清时期。

四

中国青铜时代文化基本上是在当地铜石并用时代文化基础上发展

---

① 文化上的"早期中国"是指新石器时代至商代以前中国大部地区文化彼此交融连系而形成的以中原为核心的相对的文化统一体，也可称为"早期中国文化圈"，简称"早期中国"。见韩建业《论早期中国文化周期性的"分""合"现象》，《史林》2005年增刊。

而来，但由于位于欧亚大陆东部的中国进入青铜时代的时间比西方晚一千多年，因此其"青铜时代革命"当与西方青铜文化的影响和刺激有密切关系。究其根本原因，则在于当时气候向干冷转化这个大的环境背景①。据研究，公元前 2000 年前后发生了一次全球性的"小冰期"事件，降水量也突然减少，在中国西北地区表现尤为明显②。这次"小冰期"对乌拉尔山南部地区影响至大，促使这里形成以马和马拉战车为代表的畜牧业经济，产生青铜时代的辛塔什塔—彼德罗夫斯卡文化。在同样的气候背景下，加上辛塔什塔—彼德罗夫斯卡文化的推动，西伯利亚、中亚地区普遍出现畜牧化趋势。为了追逐草场和耕地资源，这些可能操印度—伊朗语的半农半牧的人群大规模向南方和东南拓展③，并形成强有力的冲击波，将青铜器、战车等各种西方因素传播至沿途各处，并对欧亚大陆北方草原畜牧业经济带的兴起起到重要推动作用④。此后很长时期内农业人群和畜牧业人群在长城沿线的南北移动和交流，也都和气候冷暖干湿的波动变化有密切关系⑤。

---

① 多人已经注意到距今4000年左右气候事件对旧大陆古代文明的重要影响，见吴文祥、刘东生《4000aB. P. 前后降温事件与中华文明的诞生》，《第四纪研究》2001 年第 21 卷第 5 期；王巍《公元前2000 年前后我国大范围文化变化原因探讨》，《考古》2004 年第 1 期；王绍武《2200—2000BC 的气候突变与古文明的衰落》，《自然科学进展》2005 年第 15 卷第 9 期。

② 韩建业：《中国西北地区先秦时期的自然环境与文化发展》，文物出版社 2008 年版，第 18—39 页。

③ E. E. Kuzmina, "The First Migration Wave of Indo-Iranians to the South", *The Journal of Indo-European Studies*, edited by James P. Mallory, Volume 29, Number 1, 2001.

④ V. A. Demkin and T. S. Demkina, "Paleoecological Crises and Optima in the Eurasian Steppes in Ancient Times and the Middle Ages", in *Complex Societies of Central Eurasia from the 3rd to the 1st Millennium BC*, edited by Karlene Jones-Bley and D. G. Zdanovich, Institute for the Study of Man, Washington D. C. , 2002, pp. 389 – 399.

⑤ 韩建业：《中国西北地区先秦时期的自然环境与文化发展》，文物出版社 2008 年版，第 458—468 页。

齐家文化的发展演变:文化互动与欧亚背景

　　齐家文化自发现至今虽已近百年①，但在分期年代、地方类型、来龙去脉、对外关系等一些基本方面，仍然颇多歧见②。本文拟将齐家文化置于欧亚大背景下，重点从文化互动的角度，在我们曾提出的早、中、晚三期说的基础上③，对上述问题做进一步的梳理。

一　形成于甘肃东南

　　齐家文化早期局限于甘肃东南部（图一），以天水师赵村七期遗存为代表④。其高体鬲式鬲、双耳或双鋬斝、小口高领罐、绳纹圆腹罐（有的带花边）、带耳罐、斜腹盆、豆、塔形纽器盖等主要器类和

---

　　①　安特生：《甘肃考古记》，乐森璕译，《地质专报》甲种第五号，1925 年版。
　　②　谢端琚：《论大何庄与秦魏家齐家文化的分期》，《考古》1980 年第 3 期；张忠培：《齐家文化研究（上）》，《考古学报》1987 年第 1 期；张忠培：《齐家文化研究（下）》，《考古学报》1987 年第 2 期；水涛：《甘青地区青铜时代的文化结构和经济形态研究》，《中国西北地区青铜时代考古论集》，科学出版社 2001 年版，第 193—327 页；许永杰：《河湟青铜文化的谱系》，《考古学文化论集》（三），文物出版社 1993 年版，第 166—203 页。
　　③　韩建业：《中国西北地区先秦时期的自然环境与文化发展》，文物出版社 2008 年版，第 151—152、164—166、178、184、196—201、258—260、351—352 页。
　　④　中国社会科学院考古研究所：《师赵村与西山坪》，中国大百科全书出版社 1999 年版。

客省庄二期文化前期者相似；但红褐陶占绝对多数，绳纹多于篮纹，鬲身素面而非篮纹，小口高领罐多鼓肩而非折肩等特征，都和客省庄二期文化有一定差别。甘肃永靖秦魏家遗址虽出有绳纹鬲式鬲①，但应当只是齐家文化因素渗透进了甘肃中部而已，因为当时的甘肃中部以至于青海东北和河西走廊，主要还是马家窑文化半山类型的分布区。

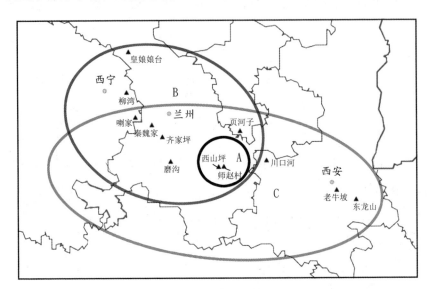

图一　齐家文化分布变化示意图

A. 早期　B. 中期　C. 晚期

　　甘肃东部、东南部至宁夏南部一带，庙底沟二期时分布着常山下层②、大地湾五期遗存③为代表的仰韶文化常山类型④，罐类箍多周附

---

①　绳纹鬲式鬲出于秦魏家 H1。见中国科学院考古研究所甘肃工作队《甘肃永靖秦魏家齐家文化墓地》，《考古学报》1975 年第 2 期。

②　中国社会科学院考古研究所泾渭工作队：《陇东镇原常山遗址发掘简报》，《考古》1981 年第 3 期。

③　大地湾五期遗存并不单纯，其中 H812 类遗存属于常山类型，H500 类遗存稍早于 H812 类遗存而晚于四期遗存。见甘肃省文物考古研究所《秦安大地湾——新石器时代遗址发掘报告》，文物出版社 2006 年版，第 666—683 页。

④　严文明：《略论仰韶文化的起源和发展阶段》，《仰韶文化研究》，文物出版社 1989 年版，第 122—165 页。

加堆纹，有较多平底盆，和齐家文化尚有较大差距。该地区龙山初期
分布着以菜园遗址群早期遗存①、师赵村六期遗存为代表的菜园文
化，有一定数量的繁复彩陶和附加堆纹装饰，有的彩陶饰锯齿纹，流
行屈肢葬，也和齐家文化有别，并非齐家文化的主体来源。齐家文化
应当主要是客省庄二期文化西进陇东南并与菜园文化融合的结果②。
绝对年代应在约公元前2400—前2200年，这个时段在中国内地属于
铜石并用时代晚期。

　　齐家文化早期还吸收了狭义"北方地区"老虎山文化的矮体釜
形斝式鬲、矮体釜形斝、带耳小罐等陶器因素③，以及晋南陶寺文化
和庙底沟二期文化末期的琮、璧、璜等玉（石）器因素④，这都是其
与客省庄二期文化不同的地方。老虎山文化、陶寺文化等的这些因
素，越过关中而远抵陇东南，就极可能是以陕北—陇东为通道。神木
石峁⑤、延安芦山峁⑥等遗址很可能就是玉器西传的关键点。石峁石
城体量庞大，当为龙山时代陕北等地的区域中心，在其强势影响下，

　　①　宁夏文物研究所、中国历史博物馆考古部：《宁夏菜园——新石器时代遗址、墓葬发掘报告》，科学出版社2003年版。

　　②　李水城：《华夏边缘与文化互动：以长城沿线西段的陶鬲为例》，《新世纪的考古学：文化、区位、生态的多元互动》，紫禁城出版社2006年版，第292—313页。

　　③　内蒙古文物考古研究所：《岱海考古（一）——老虎山文化遗址发掘报告集》，科学出版社2000年版；韩建业：《中国北方地区新石器时代文化研究》，文物出版社2003年版，第135、138页。

　　④　胡博曾指出齐家文化玉器来自陶寺。我也说过，"最引人注目的玉琮和玉璧并不见于客省庄二期文化，其出现应当与晋南襄汾陶寺、临汾下靳、芮城清凉寺墓地所代表的玉器传统的西进有关"。见 Louisa G. Fitzgeralad-Huber, "The Qijia Culture: Paths East and West", *Bulletin of the Museum of Far Eastern Antiquities*, 2003, 75, pp. 55–78；韩建业《中国西北地区先秦时期的自然环境与文化发展》，文物出版社2008年版，第152页；中国社会科学院考古研究所、山西省临汾市文物局《襄汾陶寺——1978—1985年发掘报告》，文物出版社2015年版；山西省考古研究所、运城市文物工作站、芮城县旅游文物局《清凉寺史前墓地》，文物出版社2016年版。

　　⑤　陕西省考古研究院等：《陕西神木县石峁遗址》，《考古》2013年第7期；孙周勇、邵晶：《关于石峁玉器出土背景的几个问题》，《发现石峁古城》，文物出版社2016年版，第235—245页。

　　⑥　姬乃军：《延安市芦山峁出土玉器有关问题探讨》，《考古与文物》1995年第1期。

玉器等因素西向波及甘肃，自在情理之中，甚至不排除从甘肃等地获取玉料等资源的可能性。当然，齐家、石峁等西北地区玉器的出现，最终源头还在东方的海岱和江浙地区。

约公元前 2500 年之后，在甘肃中西部、青海东北部分布着马家窑文化半山类型，在新疆北部、蒙古西部和中亚北部草原有切木尔切克文化、奥库涅夫（Okunev）文化等畜牧为主的文化，中亚南部有阿姆河（Oxus civilization）文明或称巴克特里亚·马尔吉亚纳文化系统（Bactria-Margiana Archaeological Complex，缩写 BMAC），属于绿洲农业文化，牧养牛羊，种植小麦、大麦、黍、粟等。和中国内地不同的是，这些文化都已经进入青铜时代早期①。限于资料，目前还看不出齐家文化早期和这些欧亚草原文化的直接交流，但当时源自西方的小麦已经见于黄河流域大部地区②，源于中亚南部的尖顶冠形符号见于青海东北部③，同时期半山类型锯齿纹彩陶的盛行也当与来自中亚南部的影响有关④，说明公元前 3 千纪后期甘青等地已与中亚尤其是中亚南部存在文化交流，齐家文化的早期发展应当离不开这个中西文化交流的大背景。

二 拓展至甘青大部

齐家文化中期从甘肃东南部拓展至河西走廊以东的甘肃大部、青海东缘和宁夏南部，以青海乐都柳湾齐家文化遗存为代表⑤，还包括

---

① A. H. Dani, V. M. Masson eds., *History of Civilizations of Central Asia*, Volume I: The Dawn of Civilization: Earliest Times to 700 B. C., UNESCO Publishing, Paris, 1992; Hermann Parzinger, *Die frühen Völker Eurasiens: Vom Neolithikum bis zum Mittelater*, Verlag C. H. Beck, München, 2006; Christoph Baumer, *The History of Central Asia: The Age of the Steppe Warriors*, I. B. Tauris, London, 2012.

② 赵志军：《小麦传入中国的研究——植物考古资料》，《南方文物》2015 年第 3 期。

③ 韩建业：《公元前 3 至前 1 千纪中国和中亚地区的尖顶冠形符号》，《西域研究》2015 年第 4 期。

④ 韩建业：《马家窑文化半山期锯齿纹彩陶溯源》，《考古与文物》2018 年第 2 期。

⑤ 中国社会科学院考古研究所：《青海柳湾》，文物出版社 1984 年版。

甘肃天水西山坪七期遗存、武威皇娘娘台遗存①，宁夏隆德页河子"龙山时代遗存"②，青海民和喇家遗存等③。主体器类在早期的基础上发生了一定变化，比如斝式鬲变为鬲，小口高领罐由圆肩变为折肩，部分双（三）耳罐器耳变大；绳纹仍远多于篮纹，还有花边圆腹罐、大口双耳高领罐、鸮面罐等。仍流行璧、琮、多孔刀、长体单孔铲等精美玉、石器。常见仰身直肢葬，时见男直肢、女屈肢的现象。

由于分布范围扩大，地方性差异就明显起来，如甘肃东部和宁夏南部的西山坪、页河子等，多见鬲、斝而少见马厂式彩陶，甘肃中部、青海东北部的皇娘娘台、柳湾等正好相反，据此可将齐家文化至少分为两个地方类型，分别为西山坪类型和皇娘娘台类型。究其原因，中期齐家文化自东向西强烈扩张，将马厂类型从甘肃中部和青海东北部逐渐排挤出去，但土著的马厂类型因素毕竟还会被部分继承下来。齐家文化中期的年代，可能大约在公元前 2200—前 1900 年④，仍属于铜石并用时代晚期。

齐家文化中期和客省庄二期文化后期仍有不少相似的方面，璧、琮、多孔刀等和石峁等遗址同时期玉、石器依然接近，可见此时的齐家文化继续与陕西、内蒙古中南部等地存在密切交流。尤其在伊金霍洛旗朱开沟⑤和神木神圪垯梁⑥等朱开沟文化早期遗存中，不时发现

---

① 甘肃省博物馆：《甘肃武威皇娘娘台遗址发掘报告》，《考古学报》1960 年第 2 期；甘肃省博物馆：《武威皇娘娘台遗址第四次发掘》，《考古学报》1978 年第 4 期。

② 北京大学考古实习队等：《隆德页河子新石器时代遗址发掘报告》，《考古学研究》（三），科学出版社 1997 年版，第 158—195 页。

③ 中国社会科学院考古研究所甘青工作队等：《青海民和县喇家遗址 2000 年发掘简报》，《考古》2002 年第 12 期；中国社会科学院考古研究所甘青工作队等：《青海民和喇家遗址发现齐家文化祭坛和干栏式建筑》，《考古》2004 年第 6 期。

④ 以测年数据最多的喇家遗址来说，绝对年代大约在公元前 2200—前 1900 年之间。见张雪莲、叶茂林、仇士华等《民和喇家遗址碳十四测年及初步分析》，《考古》2014 年第 11 期。

⑤ 内蒙古自治区文物考古研究所、鄂尔多斯博物馆：《朱开沟——青铜时代早期遗址发掘报告》，文物出版社 2000 年版。

⑥ 陕西省考古研究院等：《陕西神木县神圪垯梁遗址发掘简报》，《考古与文物》2016 年第 4 期。

男直肢女屈肢的葬式，以及典型的双（三）大耳罐等，明确体现来自齐家文化的影响①。

公元前3千纪末期，在新疆北部和中亚北部草原的青铜时代早期文化，除切木尔切克文化、奥库涅夫文化外，新出辛塔什塔（Sintashta）文化，以及横贯西西伯利亚草原东西的塞伊玛—图宾诺（Seima-Turbino）遗存。此时西方文化影响进一步加强。以皇娘娘台遗存为例，除在其马厂类型末期（或"过渡类型"②）式彩陶上见有来自中亚的尖顶冠形符号外，可能为权杖头的齿轮形石器也当源自西方③，带三角形格纹的条形器类似中亚北部塞伊玛的刀柄④。在皇娘娘台一个遗址就出土如此多的类似中亚的器物，说明偏西的河西走廊地区接受西方文化影响程度更大。

三　变革自西风东渐

齐家文化晚期发生了戏剧性变化，东向远距离拓展到关中和商洛地区，占取了原客省庄二期文化的核心分布区，西南向则渗透到川西北高原⑤。

齐家文化晚期以甘肃广河齐家坪遗存为代表⑥，包括甘肃永靖秦

---

① 田广金、韩建业：《朱开沟文化研究》，《考古学研究》（五），文物出版社2003年版，第227—259页。

② 李水城：《河西地区新见马家窑文化遗存及相关问题》，《苏秉琦与当代中国考古学》，科学出版社2001年版，第121—135页。

③ 李水城：《权杖头：古丝绸之路早期文化交流的重要见证》，《中国社会科学院古代文明研究中心通讯（四）》，2002年版，第54—57页。

④ Louisa G. Fitzgerald-Huber, "Qijia and Erlitou: The Question of Contacts with Distant Cultures", *Early China*, 20, 1995, pp. 17 –67.

⑤ 渗透至岷江、大渡河甚至雅砻江流域。曾在雅砻江上游的炉霍地区采集有双大耳罐等陶器，和齐家文化晚期的几乎完全一样。见故宫博物院、四川省文物考古研究院《2005年度康巴地区考古调查简报》，《四川文物》2005年第6期（图版壹，3）。

⑥ M. Bylin-Althin, "The Sites of Ch'i Chia P'ing and Lo Han", *Tang in Kansu*, （转下页）

魏家、大何庄遗存①，临潭磨沟遗存②，陕西陇县川口河③、西安老牛坡早期④、商洛东龙山"夏代早期遗存"等⑤。主要器类仍为带耳罐、大口高领罐、折肩罐、花边圆腹罐等，但随着空间范围的大扩展，区域性差异更加显著，至少可以分为三个地方类型。一是甘肃中西部和青海东北部的秦魏家类型，流行较高瘦的大口折肩罐、装饰倒三角纹彩的双（三）大耳罐等；二是甘肃西南部的磨沟类型，较多矮胖的带耳罐类，少见双（三）大耳罐；三是关中和商洛地区的川口河类型或老牛坡类型⑥，有更多圜底罐、高领圆腹罐。晚期的绝对年代大约在公元前 1900—前 1500 年，已经进入青铜时代早期⑦。齐家文化晚期仍有玉（石）璧等，尤其在东龙山遗址还发现较多石璧和石芯，说明仍有此类玉、石器手工业存在，但已经远不如以前发达，应该只是之前传统的孑遗。

公元前 2 千纪前期，在新疆北部和中亚北部草原的青铜时代中期文化，除阿勒泰及附近地区的晚期切木尔切克文化外，其余大部地区都由辛塔什塔文化、塞伊玛—图宾诺遗存等演变为安德罗诺沃（An-

（接上页）BMFEA 18，1946，pp. 383 - 498；甘肃省博物馆：《甘肃省文物考古工作三十年》，《文物考古工作三十年（1949—1979）》，文物出版社 1979 年版，第 139—153 页；王辉：《甘青地区新石器——青铜时代考古学文化的谱系与格局》，《考古学研究（九）》，文物出版社 2012 年版，第 210—243 页。

② 甘肃省文物考古研究所、西北大学文化遗产与考古学研究中心：《甘肃临潭磨沟齐家文化墓地发掘简报》，《文物》2009 年第 10 期；甘肃省文物考古研究所、西北大学文化遗产与考古学研究中心：《甘肃临潭磨沟齐家文化墓地》，《考古》2009 年第 7 期。

③ 尹盛平：《陕西陇县川口河齐家文化陶器》，《考古与文物》1987 年第 5 期。

④ 以 H16 和 H24 为代表。见刘士莪《老牛坡》，陕西人民出版社 2002 年版。

⑤ 也包括"龙山文化遗存"中包含花边罐的 H198 等。见陕西省考古研究院、商洛市博物馆《商洛东龙山》，科学出版社 2011 年版，第 32—134 页。

⑥ 张天恩：《试论关中东部夏代文化遗存》，《文博》2000 年第 3 期；张天恩等：《川口河齐家文化陶器的新审视》，《中国史前考古学研究——祝贺石兴邦先生考古半世纪暨八秩华诞文集》，三秦出版社 2003 年版。

⑦ 我曾根据齐家文化晚期与辛店文化、卡约文化和寺洼文化等前后继承关系，判断齐家文化晚期约在公元前 1900—前 1600 年，已经进入青铜时代早期。见韩建业《中国西北地区先秦时期的自然环境与文化发展》，文物出版社 2008 年版，第 196—197 页。

dronovo）文化系统。齐家文化晚期铜器的显著增加，当与欧亚草原地带这些青铜文化的先后影响相关。具体来说，在秦魏家、大何庄、总寨、齐家坪、沈那、新庄坪、杏林、尕马台、商罐地等许多遗址，发现较多青铜或红铜的环首或平首刀、单耳或双耳空手斧等工具，在青海沈那等地还发现带倒钩的大矛，这些都与塞伊玛—图宾诺遗存、安德罗诺沃文化系统的同类器近似①，磨沟所见喇叭口耳环更是将其与新疆和哈萨克斯坦地区的安德罗诺沃文化联系起来②，贵南尕马台等所见青铜镜上的三角纹③也常见于安德罗诺沃文化，可见此时齐家文化主要与中亚北部草原地区发生关系。当然，齐家文化可不只是被动地接受影响，三角纹青铜镜就有可能为其创新之作④，尽管镜类器物更早的源头当在新疆东部乃至于更西方⑤。需要指出的是，齐家文化晚期西与四坝文化为邻，二者陶器尤其青铜器存在不少共性，齐家文化陶器上一种特殊的"蛇纹"装饰，大约不过是四坝文化垂带纹等彩陶装饰的模仿，有理由推测四坝文化是齐家文化中西方式青铜器的中间传播环节之一⑥。无论如何，由于和西方文化交流的加深，齐家文化发生了较大变革，生产力水平提升，畜牧业成分显著增加，为其东向远距离拓展准备了条件。

---

① 李水城：《西北与中原早期冶铜业的区域特征及交互作用》，《考古学报》2005 年第 3 期；杨建华、邵会秋：《中国早期铜器的起源》，《西域研究》2012 年第 3 期；林梅村：《塞伊玛—图宾诺文化与史前丝绸之路》，《文物》2015 年第 10 期。

② 林沄：《夏代的中国北方系青铜器》，《边疆考古研究》第 1 辑，科学出版社 2002 年版，第 1—12 页；王辉：《甘青地区新石器——青铜时代考古学文化的谱系与格局》，《考古学研究（九）》，文物出版社 2012 年版，第 210—243 页。

③ 青海省文物考古研究所、北京大学考古文博学院：《贵南尕马台》，科学出版社 2016 年版。

④ 宋新潮：《中国早期铜镜及其相关问题》，《考古学报》1997 年第 2 期；Mei Jianjun, "Qijia and Seima-Turbino: The Question of Early Contacts between Northwest China and the Eurasian Steppe", *Bulletin of the Museum of Far Eastern Antiquities*, 2003, 75, pp. 31–54。

⑤ 刘学堂：《中国早期铜镜起源研究——中国早期铜镜源于西域说》，《新疆文物》1998 年第 3 期。

⑥ 李水城：《西北与中原早期冶铜业的区域特征及交互作用》，《考古学报》2005 年第 3 期。

　　齐家文化之末，在齐家坪、磨沟、皇娘娘台等墓地，以及兰州崖头、临夏瓦窑头等遗址①，出现一些圜底的彩陶罐或绳纹罐，显得很是突兀，其来源应当在阿尔泰南部和天山东中段的切木尔切克文化，尤其是多重波折纹、梯格纹等彩陶纹饰，很可能就是切木尔切克文化陶罐上类似刻划纹的移植变体②。另外，属于齐家文化和寺洼文化过渡期的大族坪北区遗存双耳罐上的胡须纹③，还广见于中亚北部甚至伊朗地区大体同时或略早遗存④；磨沟发现的中国最早的人工铁器⑤，比西亚东欧等地人工铁器的产生至少晚约千年。说明公元前 15 世纪以后仍然有较多西方文化因素渗透进甘青地区，这或许是促使齐家文化分化转变的原因之一。最终的结果，是秦魏家类型变为辛店文化和卡约文化，磨沟类型变为寺洼文化，而老牛坡类型则融于二里头文化当中。

四　影响到中原腹地

　　晚期齐家文化东缘已至关中东部和商洛地区，与中原腹地相邻，自然就具备对中原产生影响的条件。最显著者，就是为二里头文化带来了花边罐这种陶器。在束颈圆腹罐口沿外或者颈部箍附加堆纹的做法，从仰韶晚期就开始常见于仰韶文化海生不浪类型，沿面压印花边最早见于庙底沟二期阶段的仰韶文化阿善三期类型，至龙山时代，则普遍流行于老虎山文化、菜园文化、客省庄二期文化和齐家文化，而

---

　　① 李水城：《论董家台类型及相关问题》，《考古学研究》（三），科学出版社 1997 年版，第 95—102 页。

　　② 韩建业：《公元前 2 千纪中后叶亚洲中部地区的圜底陶罐》，《考古》2017 年第 9 期。

　　③ 甘南藏族自治州文化局：《甘肃卓尼县纳浪乡考古调查简报》，《考古》1994 年第 7 期。

　　④ E. E. Kuz'mina, *The Prehistory of the Silk Road*, Philadelphia：University of Pennsylvania Press, 2008, Fig. 30；G. Contenau et R. Ghirshman, *Fouilles du Tépé-Giyan près de Néhavend*, *1931 et 1932*, Lib. Orientaliste P. Geuthner, Paris, 1935.

　　⑤ 陈建立等：《甘肃临潭磨沟寺洼文化墓葬出土铁器与中国冶铁技术起源》，《文物》2012 年第 8 期。

基本不见于中原。西来的花边罐，融进东来的作为主体的王湾三期文化新砦类型，就形成了焕然一新的二里头文化。

晚期齐家文化向中原腹地的强烈渗透，带来的当然不只是陶束颈圆腹罐这一种因素。二里头文化的环首刀、"戚"等青铜器①，虽然不排除从北方草原南向渗入的可能性，但更可能是与花边罐一道由齐家文化引入。更重要的是，二里头文化青铜合金技术的发展，也可能与齐家文化的启发不无关系。另外，稍晚二里头文化因素则反向传播至甘肃东部地区，如齐家坪、天水市区等出土的镶嵌绿松石的青铜牌饰②，以及管状流盉等。

总体来看，齐家文化跨越铜石并用时代和青铜时代早期，约当公元前2400—前1500年之间，可分为早、中、晚三期。齐家文化因客省庄二期文化的西进而诞生于陇东南，进而扩展至甘肃大部以及青海、宁夏地区，晚期甚至一度远距离东渐至关中和商洛地区。其与关中甚至山西、河南等中原地区文化一直存在密切交流，又间接受到来自中亚等地西方文化越来越显著的影响，终至将新鲜血液带到中原，促成二里头"王国"文明的诞生，在中国的"青铜时代革命"中发挥了重要的桥梁纽带作用③。如果认为二里头文化是晚期夏文化，那么，齐家文化就对夏文化的晚期发展做出了重要贡献④，但却不能由此得出齐家文化属于早期夏文化的结论。

---

① 林沄：《早期北方系青铜器的几个年代问题》，《内蒙古文物考古文集》（第1辑），中国大百科全书出版社1994年版，第291—295页。
② 张天恩：《天水出土的兽面铜牌饰及有关问题》，《中原文物》2002年第1期。
③ 韩建业：《略论中国的"青铜时代革命"》，《西域研究》2012年第3期。
④ 韩建业：《论二里头青铜文明的兴起》，《中国历史文物》2009年第1期。

论二里头青铜文明的兴起

公元前 2 千纪初期二里头青铜文明的兴起，是自从进入新石器时代以来东亚地区发生的最重要的文化和社会变革。本文拟在前人研究的基础上，综合讨论这一变革的文化基础、外来影响、环境背景及其与文献记载的联系。

一

早在二里头遗址发掘初期，发掘者方酉生就提出"二里头类型应该是在继承中原的河南龙山文化的基础上，吸取了山东龙山文化的一些因素而发展成的"①。并具体指出其中山东龙山文化因素有三足盘和鬶。以后邹衡、李伯谦将二里头文化中的爵、盉、折盘豆、单耳杯等也确定为东方文化因素②。

---

① 中国科学院考古研究所洛阳发掘队：《河南偃师二里头遗址发掘简报》，《考古》1965年第 5 期。

② 邹衡：《试论夏文化》，《夏商周考古学论文集》，文物出版社 1980 年版，第 95—182页；李伯谦：《二里头类型的文化性质与族属问题》，《文物》1986 年第 6 期。

西风东渐与文化变革

1979 年对河南新密新砦遗址的试掘，走出了具体揭示王湾三期文化（即河南龙山文化）向二里头文化过渡的关键一步①。发掘者赵芝荃将新砦发现的这类过渡性遗存称之为"新砦期二里头文化"，指出其略早于二里头遗址第一期文化②。1999 年以来对新砦遗址大规模发掘，再次证明其第二期——"新砦期"遗存，构成该遗址的主体。发掘者赵春青等将这类遗存又分为早、晚两段，指出无论在地层还是陶器序列上，"新砦期"都晚于王湾三期文化而早于二里头文化一期；嵩山东部地区率先经过"新砦期"发展为二里头文化③。也有不同意见。李维明将二里头一期分为早、晚两段，指出新砦期遗存只是二里头文化一期早段的一个地方类型④。

新砦二期早、晚段分别以 2000T4H26 和 2000T6⑧为代表，其实二者只在个别方面略有区别，如深腹罐的折沿凸棱前者比后者更明显，前者还残留圆肩直领瓮，而后者仅见折肩直领瓮等。二里头一期的Ⅱ·ⅤT104⑥和Ⅱ·ⅤT104⑤虽然有叠压关系，而且前者花边罐的花边距口沿比后者略远，平底盆唇部贴边不如后者明显，表明之间的确有细微的早晚之分，但总体上阶段性特征并不很突出；要以此为据将已发表资料归纳为早晚两段，也还很是勉强，不如暂将二里头一期视为一个整体，更易观察其全貌⑤。

比较来看，二里头一期和新砦二期晚段遗存的确近似，它们共有的陶器种类就有深腹罐、深腹缸、罐形鼎、盆形甑、弧腹盆、平底

---

① 中国社会科学院考古研究所河南二队：《河南密县新砦遗址的试掘》，《考古》1981 年第 5 期。

② 赵芝荃：《略论新砦期二里头文化》，《中国考古学会第四次年会论文集》(1983)，文物出版社 1985 年版，第 13—17 页。

③ 北京大学震旦古代文明研究中心、郑州市文物考古研究院：《新密新砦——1999—2000年田野考古发掘报告》，文物出版社 2008 年版，第 541 页。

④ 李维明：《二里头文化一期遗存与夏文化初始》，《中原文物》2002 年第 1 期。

⑤ 中国社会科学院考古研究所编著：《偃师二里头——1959 年—1978 年考古发掘报告》，中国大百科全书出版社 1999 年版。

盆、盆形擂钵、直领瓮、尊形瓮、折腹豆、三（四）足盘、折腹器盖、平底碗、觚、鬶等，这已经构成两类遗存的陶器主体。但它们之间总体形态上还是存在着普遍性的区别：新砦二期晚段的器物胎体厚薄较为均匀，轮制比例较大，折沿转折处棱角分明，有的甚至有凸棱，器腹较深；而二里头一期的器物胎体厚薄不甚均匀，手制轮修比例较大，唇部多有贴边，折沿转折处棱角不显、不见凸棱，器腹变浅。此外，每类器物的具体特征也都存在看得见的差异：前者的深腹罐中腹圆鼓，下腹略内收成小平底；后者的深腹罐中腹较为平直，有的与下腹连接不够圆滑，底较大。前者的敛口罐形鼎有明显的子母口，折沿罐形鼎深垂腹圜底；后者的敛口罐形鼎子母口退化不显，折沿罐形鼎浅弧腹平底。前者的盆形甑深鼓腹小底，近底有一周柳叶形箅孔，底部有五六个小圆孔；后者的盆形甑浅弧腹大底，底面中央一个圆形大箅孔，周边四五个柳叶形、椭圆形或者三角形大箅孔。前者的双鋬或双环耳弧腹盆深鼓腹小平底，后者浅弧腹大平底。前者的直领瓮、尊形瓮下腹急收，后者下腹缓收。前者折腹器盖的盖钮有喇叭状、平顶状、蘑菇状三种，且蘑菇状盖钮顶端多隆起较低，后者只见蘑菇状钮器盖，盖钮顶端隆起较高。前者的平底盆唇外没有贴边，后者有贴边。前者的擂钵和平底碗小平底，腹、底转折分明，后者大平底，腹、底转折不显。只有折盘豆例外，前者转折反不如后者明显（图一）。

新砦二期晚段不同于二里头一期的大部分特点，如薄胎轮制、棱角分明、中腹圆鼓、小底凸出、深腹等特征，以及矮足鼎等器类，都恰好是其与王湾三期文化煤山类型的相似之处。而子母口器（包括子母口缸、子母口鼎、子母口瓮、子母口钵等）、高足罐形鼎、折壁器盖、平底盆、甗等陶器，则同豫东造律台类型有直接联系[①]。这就从类

---

① 北京大学震旦古代文明研究中心、郑州市文物考古研究院：《新密新砦——1999—2000年田野考古发掘报告》，文物出版社 2008 年版，第 540 页。

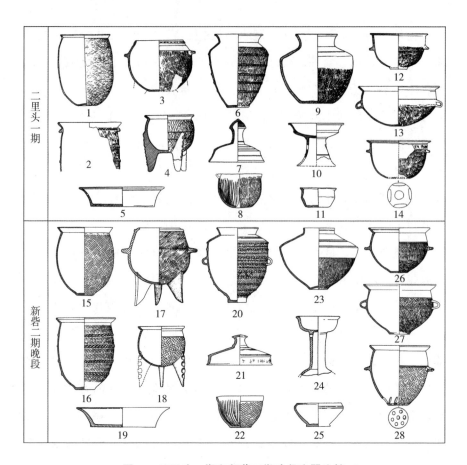

图一　二里头一期和新砦二期晚段陶器比较

1、15. 深腹罐（ⅡH216：13、2000T6⑧：930）　2、16. 深腹缸（ⅧH53：14、2000T6⑧：784）
3、17. 敛口罐形鼎（ⅣH106：12、2000T6⑧：772）　4、18. 折沿罐形鼎（Ⅱ·ⅤT104⑥：
51、2000T6⑧：779）　5、19. 平底盆（Ⅱ·ⅤT104⑥：28、2000T6⑧：598）　6、20. 尊形瓮
（ⅡH216：17、2000T11⑦B：41）　7、21. 器盖（Ⅱ·ⅤT104⑥：48、2000T6⑧：211）
8、22. 擂钵（Ⅱ·ⅤH148：15、2000T6⑧：627）　9、23. 直领瓮（Ⅱ·ⅤH148：12、2000T6⑧：
810）　10、24. 折盘豆（Ⅱ·ⅤH148：20、2000T11⑦A：28）　11、25. 平底碗（Ⅱ·ⅤT203
⑦：13、2000T6⑧：616）　12、26. 双錾弧腹盆（Ⅱ·ⅤT104⑥：47、2000T5⑧：22）
13、27. 双耳弧腹盆（Ⅱ·ⅤH105：18、2000T11⑦A：56）　14、28. 甑（ⅨH1：12、2000T6⑧：
827）

型学上证明新砦二期晚段遗存早于二里头一期，不可能是二里头文化
一期的一个地方类型。二者主体器类又近同，表明二里头文化一期主
体来源于新砦二期晚段类遗存，而且二里头文化一期的东方因素也主
要由新砦期遗存带来。鉴于新砦二期遗存与龙山时代的王湾三期文化

和造律台类型之间的联系更多一些，且尚未出现陶爵、花边罐以及青铜礼器等二里头文化典型要素，还是以将其放在王湾三期文化后期末段为宜①，可称之为王湾三期文化新砦类型。该类型主要分布在郑州、新密和巩义一带。和煤山类型相比，其分布范围"呈现向北、向东南移动的趋势"②，汝州、禹州、登封等地则仍基本为煤山类型的延续。

不过，二里头文化在形成过程中显然还吸收了洛阳盆地及临近地区的文化因素。例如爵这种二里头文化特有的陶器，就不见于新砦类型，也不见得直接来自东方，而应当由洛阳王湾、孟津小潘沟等遗址发现的王湾三期文化后期的平底实足鬶形器发展而来，杜金鹏就直接称其为原始陶爵③。尤其小潘沟的一件高足原始陶爵，已与二里头文化一期的陶爵极为接近④。这类原始陶爵中最早的一件出自上蔡十里铺遗址⑤，属于王湾三期文化前期，大概是早期海岱龙山文化的陶鬶西进豫中南后地方化的产物（图二）。

如果我们不限于二里头文化一期陶器而做整体观察，会发现二里头文化大型宫殿建筑，钺、戚、璋、圭、多孔刀、柄形器等玉礼器，以及兽面纹题材等众多文明要素，也都主要是在以新砦类型为主体的中原文化基础上发展而来。新砦二期发现有大型浅穴式建筑⑥，稍早的新密古城寨城址中更有 380 多平方米的宫殿式建筑⑦。相当于新砦

---

① 韩建业、杨新改：《王湾三期文化研究》，《考古学报》1997 年第 1 期。

② 北京大学震旦古代文明研究中心、郑州市文物考古研究院：《新密新砦——1999—2000 年田野考古发掘报告》，文物出版社 2008 年版，第 537 页。

③ 杜金鹏：《陶爵——中国古代酒器研究之一》，《考古》1990 年第 6 期。

④ 洛阳博物馆：《孟津小潘沟遗址试掘简报》，《考古》1978 年第 4 期。

⑤ 河南省驻马店地区文管会：《河南上蔡十里铺新石器时代遗址》，《考古学集刊》第 3 集，中国社会科学出版社 1983 年版，第 69—80 页。该遗址还出有属于王湾三期文化前期的陶觚（M5:1）。

⑥ 中国社会科学院考古研究所、郑州市文物考古研究所：《河南新密市新砦城址中心区发现大型浅穴式建筑》，《考古》2006 年第 1 期。

⑦ 河南省文物考古研究所等：《河南新密市古城寨龙山文化城址发掘简报》，《华夏考古》2002 年第 2 期。

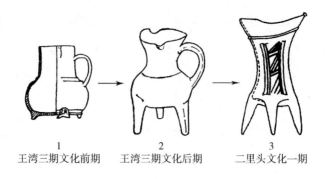

1　　　　　　　　　2　　　　　　　　　3
王湾三期文化前期　　王湾三期文化后期　　二里头文化一期

图二　王湾三期文化原始陶爵和二里头文化一期陶爵比较

1. 十里铺（H5：1）　　2. 小潘沟（T5H44：52）　　3. 二里头（Ⅱ·ⅤM54：7）

二期早段的巩义花地嘴遗存见有钺、铲、璋、琮等玉礼器，璋下端带扉齿，与二里头文化的璋基本一致；还有朱砂绘兽面纹子母口瓮①。

　　陈剩勇和吕琪昌等则强调二里头文化的陶鬶、盉，玉钺、琮、璧、璜、多孔刀，以及兽面纹等重要因素，均发源于江浙一带②。诚然，陶鬶、盉和石钺、玉璜最早诞生在新石器时代晚期的龙虬庄文化、马家浜文化，兽面纹早在新石器时代中期末段就从长江中游传播至跨湖桥文化。至铜石并用时代，陶鬶、盉，玉钺、琮、璧、璜以及兽面纹等包含复杂历史信息的文化特征，集大成于辉煌的良渚早期文明。但应当看到，这些因素中的陶鬶、盉、石钺、玉璜等从公元前3000年左右开始就已经向周围扩散，玉琮、璧和兽面纹则主要在公元前2600年左右良渚文化衰败后向海岱、晋南等地流播，这都与二里头文化的初始有着相当长的时间差距。这些因素先后辗转汇聚中

---

　　①　郑州市文物考古研究所、北京大学考古文博学院：《河南巩义市花地嘴遗址"新砦期"遗存》，《考古》2005年第6期；顾问、张松林：《花地嘴遗址所出"新砦期"朱砂绘陶瓮研究》，《古代文明研究通讯》总第二十三期，北京大学震旦古代文明研究中心编，2004年，第9—21页。

　　②　陈剩勇：《东南地区：夏文化的萌生与崛起——从中国新石器时代晚期主要文化圈的比较研究探寻夏文化》，《东南文化》1991年第1期；吕琪昌：《青铜爵、斝的秘密：从史前陶鬶到夏商文化起源并断代问题研究》，浙江大学出版社2007年版。

原，最后主要通过新砦类型而变成二里头文化的有机组成部分。二里头文化一期时直接来自江浙地区的因素，大概只有鸭形陶壶等少量因素，据此不能得出二里头文明主要源于中国东南地区的结论。

二

二里头文化一期突然出现大量束颈圆腹陶罐，其中口沿外箍一周附加堆纹或直接压印唇面者被称为花边罐。有的带单耳，也有少量下加三足成为束颈圆腹罐形鼎。

这类束颈圆腹罐与中原和东方的侈口深腹罐风格迥异，却和西北地区长期流行的同类器物神似。在束颈圆腹罐口沿外或者颈部箍附加堆纹的做法，从仰韶晚期就开始常见于仰韶文化海生不浪类型，沿面压印花边最早见于庙底沟二期阶段的仰韶文化阿善三期类型；至龙山前期，则普遍流行于内蒙古中南部和陕北的老虎山文化、宁夏南部的菜园文化（图三，1）①，波及客省庄二期文化（图三，2）②和齐家文化（图三，3）；龙山后期扩展到整个甘青齐家文化（图三，4、5）③和渭河流域客省庄二期文化当中④。中原一带只是在王湾三期文化后期偏晚，才于洛阳矬李等遗址出现个别束颈圆腹花边罐⑤，这自然应当是西北地区同类器的进一步东向渗透所致（图三，6）。因此，二里头文化中束颈圆腹罐（包括花边罐）的源头就应当在西北地区。

---

① 宁夏文物研究所、中国历史博物馆考古部：《宁夏菜园——新石器时代遗址、墓葬发掘报告》，科学出版社2003年版。

② 甘肃省博物馆考古队：《甘肃灵台桥村齐家文化遗址发掘简报》，《考古与文物》1980年第3期。

③ 青海省文物管理处考古队、中国社会科学院考古研究所：《青海柳湾——乐都柳湾原始社会墓地》，文物出版社1984年版；北京大学考古实习队等：《隆德页河子新石器时代遗址发掘报告》，《考古学研究》（三），科学出版社1997年版，第158—195页。

④ 韩建业：《中国西北地区先秦时期的自然环境与文化发展》，文物出版社2008年版。

⑤ 洛阳博物馆：《洛阳矬李遗址试掘简报》，《考古》1978年第1期。

但它是在二里头文化形成的时候直接来自西北地区,还是从洛阳盆地
王湾三期文化间接继承的呢?

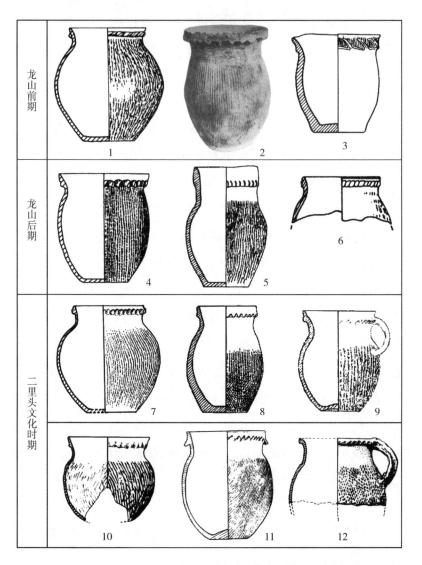

图三 龙山时代和二里头文化时期陶束颈圆腹花边罐

1. 菜园文化(林子梁 LF11⑤:11) 2. 客省庄二期文化(桥村 H4:24) 3—5、
7—9. 齐家文化(师赵村 T317②:6,页河子 H148:12,柳湾 M968:1,老牛坡 88XL
Ⅰ2H24:14,秦魏家,横阵 M9:5) 6. 王湾三期文化(煤李 H22:31) 10—12.
二里头文化(二里头 Ⅱ·ⅤT104⑥:21,西崖村 H4:40、48)

　　还是让我们从对关中地区二里头文化时期遗存的分析入手。这类遗存包括陕西陇县川口河①、西安老牛坡 H16 和 H24②、华县元君庙 M451③ 和南沙村 H12④、华阴横阵 M9⑤ 等。陶器除大量单耳、双耳、三耳或无耳的束颈罐外（图三，7—9），还有双大耳罐、大口高领罐、折肩罐等陶器。实际上与甘肃永靖秦魏家⑥和大何庄遗存⑦为代表的齐家文化大同小异。如果我们将齐家文化分为早、中、晚三期，则此类遗存就属于晚期齐家文化，年代基本和二里头文化相当。其中西部的甘青和渭河上中游地区，流行红褐陶，器体瘦长，不见慢轮旋修陶器，这类遗存可称为"秦魏家类型"；东部渭河下游地区，多为灰陶，花边罐圆腹，有素面旋修陶器，可称为"老牛坡类型"⑧。与其类似的遗存还有丹江流域的商州东龙山早期遗存⑨。

　　正如张忠培和孙祖初指出的那样，"宝鸡地区客省庄文化的消失便是齐家文化向东拓展的结果"⑩。不但宝鸡地区，整个关中地区龙山时代之后文化格局的大变都与晚期齐家文化的大规模东进有关，甚至朱开沟文化早期也受到晚期齐家文化强烈影响。齐家文化继续东进的结果，就是与西进的新砦类型在洛阳盆地碰撞，从而给二里头文化

---

　　① 尹盛平：《陕西陇县川口河齐家文化陶器》，《考古与文物》1987 年第 5 期。

　　② 刘士莪：《老牛坡》，陕西人民出版社 2002 年版。

　　③ 北京大学历史系考古教研室：《元君庙仰韶墓地》，文物出版社 1983 年版，第 45—46 页。

　　④ 北京大学考古教研室华县报告编写组：《华县、渭南古代遗址调查与试掘》，《考古学报》1980 年第 3 期。

　　⑤ 中国社会科学院考古研究所陕西工作队：《陕西华阴横阵遗址发掘报告》，《考古学集刊》第 4 集，中国社会科学出版社 1984 年版，第 1—39 页。

　　⑥ 中国科学院考古研究所甘肃工作队：《甘肃永靖秦魏家齐家文化墓地》，《考古学报》1975 年第 2 期。

　　⑦ 中国科学院考古研究所甘肃工作队：《甘肃永靖大何庄遗址发掘报告》，《考古学报》1974 年第 2 期。

　　⑧ 张天恩：《试论关中东部夏代文化遗存》，《文博》2000 年第 3 期。

　　⑨ 杨亚长：《陕西夏时期考古的新进展——商州东龙山遗址的发掘收获》，《古代文明研究通讯》2000 年第 5 期。

　　⑩ 张忠培、孙祖初：《陕西史前文化的谱系研究与周文明的形成》，《远望集——陕西省考古研究所华诞四十周年纪念文集》，陕西人民美术出版社 1998 年版，第 155 页。

增添了大量束颈圆腹罐这种重要器物，见于偃师二里头、陕县西崖村①等二里头文化一期遗存（图三，10—12）。也就是说，二里头文化的束颈圆腹罐虽不排除继承早先渗入洛阳盆地同类器的可能性，但主要为二里头文化形成之初从甘青—关中一路传入。以前不少人以为关中的花边罐是二里头文化影响的结果，其实正好颠倒了因果关系。

晚期齐家文化向中原腹地的强烈渗透，带来的当然不应当只是陶束颈圆腹罐这一种因素。林沄早就注意到"北方系青铜器在二里头文化晚期已经存在，而且对二里头文化的青铜器发生了影响"②。安志敏据齐家文化铜器发达这一现象，推测中原铜器"很可能是通过史前时期的'丝绸之路'进入中国的"③。美国学者菲兹杰拉德—胡博更明确提出，二里头青铜文明的起源或许与中亚地区巴克特利亚冶金术的东传有密切关系，从西而东的具体传播路线是中亚与西伯利亚—新疆—甘青—中原，最后直接产生作用的正是甘青地区的齐家文化；并推测铜爵和铜斝与伊朗沙赫德遗址的带流罐和铜杯可能存在联系④。王迅还提到二里头文化中马的出现有受西北影响的可能性⑤。

的确，龙山时代的中原（包括东方）地区，还很少有能够确认的专门的青铜器（不包括利用共生矿冶炼的具有青铜性状的所谓青铜器），且只见铃、锥、片状物等个别铜器，而二里头文化青铜冶金技术已经较为成熟，工具、武器、容器种类繁多，这不能不让人将二里头文化青铜器的突然兴起与有着悠久历史的西方冶金术的东传联系起来。西伯利亚、中亚至新疆西部的辛塔什塔—彼德罗夫斯卡文化、

---

① 河南省文物研究所：《陕县西崖村遗址的发掘》，《华夏考古》1989 年第 1 期。

② 林沄：《商文化青铜器与北方地区青铜器关系之研究》，《考古学文化论集》（一），文物出版社 1987 年版，第 129—155 页。

③ 安志敏：《试论中国的早期铜器》，《考古》1993 年第 12 期。

④ Louisa G. Fitsgerald-Huber, "Qijia and Erlitou: The Question of Contacts with Distant Cultures", *Early China*, 20, 1995, pp. 17 – 67.

⑤ 王迅：《二里头文化与中国古代文明》，《考古与文物》1997 年第 3 期。

安德罗诺沃文化、塞伊玛—图宾诺文化、奥库涅夫文化，阿尔泰至东疆的克尔木齐类遗存、哈密天山北路文化，河西走廊的四坝文化，甘青地区的晚期齐家文化，不但普遍流行刀、斧、矛、镜、泡饰等青铜器，而且绝对年代都在公元前 2 千纪初期，构成西方冶金术东传并渐次土著化的坚实链条①。随着束颈圆腹罐所揭示的晚期齐家文化向关中乃至中原的强烈东渐路程的逐渐明朗，西方冶金术对二里头青铜文明的间接影响实际已得到确证。如林沄指出的那样②，二里头遗址三期出土的一件青铜环首刀明确属于北方系③，另一件铜"戚"实即北方系战斧的变体④，这两件器物都可以在晚期齐家文化找到类似器⑤。菲兹杰拉德—胡博也指出二里头三期的十字镂空圆牌与中亚有关。金正耀的分析表明二里头二期的一件锥为砷铜合金⑥，透露出其与四坝文化、哈密天山北路文化砷铜合金可能存在联系的信息，而砷铜早在公元前 4 千纪就已经出现在西亚地区⑦。另外，二里头文化的戈与哈密天山北路文化的管銎斧有相似之处⑧，或许受其启发而产生（图四）。反过来，二里头文化的嵌饰绿松石的兽面纹牌饰以及陶盉等，也反向传播至甘肃的晚期齐家文化⑨。

---

① 李水城：《西北与中原早期冶铜业的区域特征及交互作用》，《考古学报》2005 年第 3 期；韩建业：《新疆的青铜时代和早期铁器时代文化》，文物出版社 2007 年版。

② 林沄：《早期北方系青铜器的几个年代问题》，《内蒙古文物考古文集》（第 1 辑），中国大百科全书出版社 1994 年版，第 291—295 页。

③ 中国社会科学院考古研究所二里头队：《1980 年秋河南偃师二里头遗址发掘简报》，《考古》1983 年第 3 期。

④ 中国科学院考古研究所二里头工作队：《偃师二里头遗址新发现的铜器和玉器》，《考古》1976 年第 4 期。

⑤ 如甘肃广河齐家坪的环首刀和康乐商罐地的双耳斧，见李水城《西北与中原早期冶铜业的区域特征及交互作用》，《考古学报》2005 年第 3 期（图二 18、21）。

⑥ 金正耀：《二里头青铜器的自然科学研究与夏文明探索》，《文物》2000 年第 1 期。

⑦ J. D. Muhly, "The Beginning of Metallurgy in the Old World", in R. Maddin ed. *the Beginning of the Use of Metals and Alloys*, Cambridge, MA：MIT Press, 1988, pp. 2–20.

⑧ 吕恩国、常喜恩、王炳华：《新疆青铜时代考古文化浅论》，《苏秉琦与当代中国考古学》，科学出版社 2001 年版，第 184—187 页。

⑨ 张天恩：《天水出土的兽面铜牌饰及有关问题》，《中原文物》2002 年第 1 期。

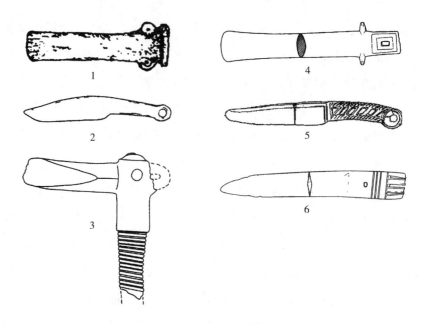

图四　哈密天山北路文化、晚期齐家文化和二里头文化铜器比较

1、3、4. 斧（齐家坪、南湾、二里头 K3:1）　　2、5. 环首刀（商罐地、二里头Ⅲ
M2:4）　　6. 戈（二里头Ⅲ采:60）
（1、2. 晚期齐家文化　3. 哈密天山北路文化　4—6. 二里头文化）

除了青铜器，二里头文化中车的出现也当于西方影响有关①。一般被认为最早的公元前 2 千纪初的双轮马车，出于乌拉尔山南部的辛塔什塔墓葬，轨距 1.25—1.3 米②；而近年在二里头遗址三期发现的双轮车辙印，轨距约 1.2 米③，二者彼此近似。

此外，轮制制陶技术的衰落，虽于龙山后期偏晚已现端倪，但至二里头文化则顿然明显起来。这或许与齐家文化代表的陶器手制传统的介入，以及西方先进冶金术传入后手工业技术的重点转移都有关系。

---

① 在二里头文化发现车辙以前，中国商代马车源自西方的观点就很盛行，见王海城《中国马车的起源》，《欧亚学刊》第三辑，中华书局 2004 年版，第 1—75 页。

② Gening, V. F., Zdanovich, G. B., and Gening, V. V., *Sintashta*, Cheliyabinsk, 1992.

③ 中国社会科学院考古研究所：《中国考古学·夏商卷》，中国社会科学出版社 2003 年版，第 122—123 页。

不过，西方文化只是间接影响到二里头青铜文明的兴起。作为二里头青铜文明象征的爵、斝、鼎等青铜礼器，在东方、中原均有陶器原型且源头深远，与中亚器物风马牛不相及。铸造青铜容器所使用的复合泥范铸造技术，早龙山时代已经出现，与中西亚流行的硬型石范铸造技术也明显有别。这说明二里头青铜文明主要是在中原（包括东方）基础上发展而来。实际正如李水城指出的那样，中亚冶金术"这种外来的影响力对于中原地区而言，经过一站站的中转、筛选和改造而不断地被弱化，而中原地区冶金术的真正崛起并形成独立的华夏风格，则是在二里头文化晚期才最终实现"①。

三

二里头青铜文明的兴起，从根本来说与公元前 2 千纪前后欧亚大陆的气候波动有关。

吴文祥和刘东生归纳指出，距今 4000 年前后的降温事件"被认为可能是新仙女木事件以来最为寒冷的一次降温过程，是历史时期以来最具影响力的一次小冰期，也是世界上许多地区全新世气候演化过程中的一次重要转变，标志着当地气候最适宜期的结束和全新世后期的开始"。他们还指出，这次气候事件影响范围广，涉及包括欧洲、北非和中国在内的欧亚大陆大部地区②。就中国来说，这次干冷事件从大约公元前 2300—前 2200 年开始，引起植被带整体南移，黄河流域则洪水频发③，至公元前 2000 年左右达到干冷极点。当时天山冰

---

① 李水城：《西北与中原早期冶铜业的区域特征及交互作用》，《考古学报》2005 年第 3 期。

② 吴文祥、刘东生：《4000aB. P. 前后降温事件与中华文明的诞生》，《第四纪研究》2001 年第 21 卷第 5 期。

③ 崔建新、刘尚哲：《4000a 前中国洪水与文化的探讨》，《兰州大学学报》（自然科学版）2003 年第 39 卷第 3 期。

川发生冰进①，岱海地区的气温几乎降到 0℃左右，降水也有明显减少②，关中一带气候恶化③。至公元前 1800—前 1700 年气候又稍趋暖湿，岱海盆地温度降水回升④，豫东南地区河谷下切明显⑤。之后转向干冷，至公元前 1000 左右再次到达谷底。

公元前 2300—前 2200 开始的气候恶化事件，对整个欧亚地区古代文明都有深远影响⑥。随着植被带的南移，处于北方草原地带的人们面临很大的生存压力，多数情况下都会选择向南迁徙，同时也适当调整生产方式。当这些南迁的北方人群与南方原有的主要从事农业的人群碰撞在一起的时候，就会冲突不断，从而引起大范围连锁式的文化格局和社会经济结构的调整。

就中国来说，可能是由于北方狩猎人群的南迁，和长城沿线农业生产条件的趋于恶劣，迫使内蒙古中南部和晋中一带的后期老虎山文化向南迁徙，造成临汾盆地曾强盛一时的陶寺类型的衰亡⑦，并使临汾以南的末期庙底沟二期类型向豫中西地区推进，与豫中的前期王湾

① 陈吉阳：《天山乌鲁木齐河源全新世冰川变化的地衣年代学等若干问题之初步研究》，《中国科学》（B 辑）1988 年第 2 期。

② 刘清泗、汪家兴、李华章：《北方农牧交错带全新世湖泊演变特征》，《区域·环境·自然灾害地理研究》，科学出版社 1991 年版，第 1—7 页；刘清泗、李华章：《中国北方农牧交错带（岱海—黄旗海地区）全新世环境演变》，《中国北方农牧交错带全新世环境演变及预测》，地质出版社 1992 年版，第 16—54 页；许清海、肖举乐等：《孢粉资料定量重建全新世以来岱海盆地的古气候》，《海洋地质与第四纪地质》2003 年第 23 卷第 4 期。

③ 贾耀锋、庞奖励：《关中盆地东部李湾剖面全新世高分辨率气候研究》，《干旱区资源与环境》2003 年第 17 卷第 3 期；黄春长、庞奖励、黄萍等：《关中盆地西部黄土台塬全新世气候事件研究》，《干旱区地理》2002 年第 25 卷第 1 期。

④ 许清海等：《孢粉资料定量重建全新世以来岱海盆地的古气候》，《海洋地质与第四纪地质》2003 年第 23 卷第 4 期。

⑤ 北京大学考古学系、驻马店市文物保护管理所编著：《驻马店杨庄——中全新世淮河上游的文化遗存与环境信息》，科学出版社 1998 年版。

⑥ 吴文祥、刘东生：《4000aB. P. 前后降温事件与中华文明的诞生》，《第四纪研究》2001 年第 21 卷第 5 期。

⑦ 韩建业：《唐伐西夏与稷放丹朱》，《北京大学学报》（哲学社会科学版）2001 年第 4 期；韩建业：《老虎山文化的扩张与对外影响》，《中原文物》2007 年第 1 期。

三期文化融合，形成了实力强劲的后期王湾三期文化①。后期王湾三期文化继续大规模南进，造成石家河文化的衰亡，奠定了中原腹心地区文化的核心地位②。另外，洪水灾害可能是造成长江流域石家河文化等衰落的原因之一，而灾害稍轻的中原文化不但没有在洪灾面前倒下，而且治水反过来强化了中原地区的组织管理能力，促进了中原社会的文明化过程③。

就西伯利亚和中亚来说，为了适应气候向干冷方向的转化，在西伯利亚草原兴起了以马拉战车为特征的半农半牧文化——辛塔什塔—彼德罗夫斯卡文化，之后发展为安德罗诺沃文化，并向偏南方向大规模扩展。其中一支扩展到新疆西部，其影响的余波则直达中原。

公元前 1800 年左右气候的稍转暖湿，为中原文化的发展带来了良好机遇，王湾三期文化新砦类型在此背景下西进，与西方半农半牧文化的东进余波在洛阳盆地正撞在一起，从而融合成面貌一新的二里头文化，二里头青铜文明于是兴起。一次大的气候事件，给各地文化都增加了一次大的变革契机，但结局却大不一样。最终中原文化拔得头筹，周围地区黯然失色。

苏秉琦和殷玮璋讨论考古学文化的区系类型，将中国早期文化概括为面向内陆和面向海洋的两个大区④。面向内陆的西北地区以黄河上中游为核心，与欧亚大陆中西部颇多联系，面向海洋的东南地区以长江中下游和黄河下游为核心，与东南亚和太平洋诸岛颇多联系，而在中原兴起的二里头文化是东西两大文化传统汇聚融合的结晶。正是中原地区"天下之中"的优越地理位置，成为兼容并蓄的二里头文

---

① 韩建业：《晋西南豫西西部庙底沟二期—龙山时代文化的分期与谱系》，《考古学报》2006 年第 2 期。
② 杨新改、韩建业：《禹征三苗探索》，《中原文物》1995 年第 2 期。
③ 王巍：《公元前 2000 年前后我国大范围文化变化原因探讨》，《考古》2004 年第 1 期。
④ 苏秉琦、殷玮璋：《关于考古学文化的区系类型问题》，《文物》1981 年第 5 期。

明兴起的前提。此外，中原腹地也大致在中国东部季风区的中央，年均温度、降水量和对气候变化的敏感程度都大致适中，这大约是中原文化既能够长久绵延发展而不至于忽生忽灭，能够始终积极奋进而不会不思进取的主要原因。

四

关于二里头文化和夏商文化的关系，已经热烈讨论了半个多世纪。

1956 年郑州洛达庙遗存发现后，李学勤就认为其最可能是夏代的文化[1]。1959 年徐旭生等调查发现包含洛达庙类遗存的二里头遗址后，结合汤都西亳的记载，认为此遗址"在当时实为一大都会，为商汤都城的可能性很不小"[2]。二里头遗址发掘之后，学术界基本仍遵徐旭生的说法，至少认为其晚期已进入商代。许顺湛则认为其早、中期大概就是夏代文化[3]。20 世纪 70 年代末以后，讨论渐成热潮。最具代表性的有两种观点：其一，邹衡提出"汤都郑亳"说，据此认为二里头文化一至四期均属夏文化[4]。其二，安金槐提出"禹都阳城"说，据此认为河南龙山文化晚期和二里头文化一、二期属于夏文化，三、四期属早商文化[5]。80 年代以后，孙华和田昌五提出二里头文化一至三期为夏文化、四期为商文化的看法[6]，李伯谦则认为河南龙山文化晚期和整个二里头文化都是夏文化[7]。就连曾主张二里头

---

[1] 李学勤：《近年来考古发现与中国早期奴隶制社会》，《新建设》1958 年第 8 期。

[2] 徐旭生：《1959 年夏豫西调查"夏墟"的初步报告》，《考古》1959 年第 11 期。

[3] 许顺湛：《夏代文化探索》，《史学月刊》1964 年第 7 期。

[4] 邹衡：《郑州商城即汤都亳说》，《文物》1978 年第 2 期；邹衡：《试论夏文化》，《夏商周考古学论文集》，文物出版社 1980 年版，第 95—182 页。

[5] 安金槐：《豫西夏代文化初探》，《河南文博通讯》1978 年第 2 期。

[6] 孙华：《关于二里头文化》，《考古》1980 年第 6 期；田昌五：《夏文化探索》，《文物》1981 年第 5 期。

[7] 李伯谦：《二里头类型的文化性质与族属问题》，《文物》1986 年第 6 期。

遗址属于汤都西亳的赵芝荃，也根据新砦遗址和偃师商城的新发现，将其观点修正为河南龙山文化晚期、新砦期和二里头文化一至三期同为夏文化①。可见，至 90 年代以前，在二里头文化主体为夏文化这一点上，已经得到学术界越来越多的认同。我曾经利用"禹征三苗"引起的王湾三期文化对石家河文化的大范围取代，论证王湾三期文化后期之初已进入夏代；又依据二里头文化三期对外影响极大而四期衰败的现象，论证夏商交界在三、四期之间②。稍后高炜等论证夏商文化的分界在二里头文化第四期早晚段之间，就等于进一步确认了二里头文化基本都属于夏文化的观点③。

如果承认王湾三期文化后期、新砦期和二里头文化主体均属于夏文化，那么二里头文化到底是从何时开始的夏文化呢？

田昌五曾指出，"二里头文化当是从少康复国后发展起来的"④。李伯谦认为，二里头类型"很有可能是'太康失国'、'后羿代夏'以后的夏代文化"⑤。而我则从曲尺形镂孔柄豆、贯耳壶等陶器上看到了二里头文化与造律台类型之间更为直接的联系，又考虑到少康中兴所依靠的有虞氏的遗存可能正好对应造律台类型，因此认为"二里头文化就极可能诞生于少康之时，是在王湾三期文化的基础上，随着有仍、有鬲和有虞等东方居民的西进并带来龙山文化因素而形成的。而且如此一来，王湾三期文化后期晚段文化中衰的现象也可以用'太康失国'来解释"⑥。

---

① 赵芝荃：《略论新砦期二里头文化》，《中国考古学会第四次年会论文集》（1983），文物出版社 1985 年版，第 13—17 页。

② 韩建业：《夏文化的起源与发展阶段》，《北京大学学报》（哲学社会科学版）1997 年第 4 期。

③ 高炜、杨锡璋、王巍、杜金鹏：《偃师商城与夏商文化分界》，《考古》1998 年第 10 期。

④ 田昌五：《夏文化探索》，《文物》1981 年第 5 期。

⑤ 李伯谦：《二里头类型的文化性质与族属问题》，《文物》1986 年第 6 期。

⑥ 韩建业：《夏文化的起源与发展阶段》，《北京大学学报》（哲学社会科学版）（转下页）

西风东渐与文化变革

　　近年新砦遗址大规模发掘之后，我们才知道王湾三期文化末期的中衰现象只发生在登封、禹州等早期夏文化的核心地区，嵩山以东郑州、新密等地的新砦类型则异军突起、后来居上。也就是说此时的中原地区只有文化格局调整和重心转移，并未发生普遍的文化衰落。新砦类型本身就包含大量造律台类型等东方因素，二里头文化的造律台类型因素正是通过新砦类型而来。这就从逻辑上提供了这样一种新的可能：新砦类型才可能是少康中兴之后融合大量豫东造律台类型因素而形成的遗存，二里头文化只能是少康数代之后某夏王西迁洛阳盆地而发展起来的文化。我们可以称新砦类型为中期夏文化，二里头文化为晚期夏文化，而早于新砦类型的王湾三期文化后期主体自然就是早期夏文化了。

（接上页）1997年第4期。二里头文化一期的曲尺形镂孔柄豆（东干沟 M1∶1）、贯耳壶（二里头ⅣM26∶3），与豫东王油坊遗址龙山同类陶器很是近似（H5∶42、M3∶9）。

新疆地区的早期铁器和早期铁器时代

中国铁器的出现，有本土起源说，有西来说①。本土起源说的立论之一，就是迟至约公元前 1300 年，才在河北藁城台西②、北京平谷刘家河③等地的铜钺上，出现刃用陨铁的现象，按理说，人工冶铁理应更晚。以前的发现的确更晚。但近年甘肃临潭磨沟却发现早至公元前 15 世纪的人工块炼铁器④，提示西来说可能性更大。不过，甘肃和中西亚相距遥远，中间还隔着广大的新疆地区。新疆的早期铁器说不清楚，西来说就只是个假说。

中国早期铁器时代的开端，多主要从内地着眼，被认为始于公元前 8 世纪的春秋之初⑤。如果考虑到公元前 15 世纪出现的人工铁器技术有在甘肃、青海、陕西等地悠久传承的可能性，则将公元前 8 世纪初作为早期铁器时代的上限就有偏晚的隐忧。新疆的早期铁器时代，

---

① 参见 Donald B. Wagner, *Iron and Steel in Ancient China*, Leiden: E. J. Brill, Leiden, 1993；白云翔《先秦两汉铁器的考古学研究》，科学出版社 2005 年版。

② 河北省博物馆、文物管理处：《河北藁城台西村的商代遗址》，《考古》1973 年第 5 期。

③ 张先得、张先禄：《北京平谷刘家河商代铜钺铁刃的分析鉴定》，《文物》1990 年第 7 期。

④ 陈建立等：《甘肃临潭磨沟寺洼文化墓葬出土铁器与中国冶铁技术起源》，《文物》2012 年第 8 期。

⑤ 白云翔：《先秦两汉铁器的考古学研究》，科学出版社 2005 年版，第 45 页。

被认为始于公元前 1000 年左右①，或者稍晚。我将其起始年代提前到公元前 2 千纪末期②。近年新疆考古发现激增，我们又如何审视新疆的早期铁器时代？如果新疆早期铁器时代的起始年代的确早于内地，那么，整体意义上中国早期铁器时代的上限也理应提前。

一 新疆地区的早期铁器

本文所谓新疆"早期铁器"，也就是新疆"史前铁器"，严格意义上应当指张骞通西域以前新疆地区出土的铁器。但中国内地和新疆的交流早在四五千年以前即已出现，而史书所载张骞通西域的事件，在一般的考古材料中反映并不很明确。进入东汉以后，新疆大部地区的中原文化因素才显著起来，因此，本文涉及的"早期铁器"，实际上是东汉以前的铁器。

新疆的考古工作，虽然可以早到 20 世纪之初，但早期铁器的发现，却基本始于 80 年代，陈戈对其做过总结性研究③。90 年代以后发现更多。近年唐纳德·瓦格纳④、陈建立等⑤做过进一步讨论。根据最新统计，新疆已经发现的东汉以前的早期铁器至少有 600 多件，绝大部分发现于墓葬。以大约公元前 1000 年为界，可以将这些铁器大致分为两个阶段。

第一阶段，也就是公元前 1000 年以前，仅 10 件左右，应该均属

---

① 陈戈：《关于新疆地区的青铜时代和早期铁器时代文化》，《考古》1990 年第 4 期；陈戈：《新疆远古文化初论》，《中亚学刊》第四辑，北京大学出版社 1995 年版。

② 韩建业：《新疆的青铜时代和早期铁器时代文化》，文物出版社 2007 年版。

③ 陈戈：《新疆出土的早期铁器——兼谈我国开始使用铁器的时间问题》，《庆祝苏秉琦考古五十五年论文集》，文物出版社 1989 年版，第 425—432 页。

④ Donald B. Wagner, *Science and Civilisation in China*：Volume 5, Chemistry and Chemical Technology, Part 11：Ferrous Metallurgy, Cambridge University Press, 2008, pp. 91 – 97.

⑤ 陈建立：《中国古代金属冶铸文明新探》，科学出版社 2014 年版，第 192—221 页。

块炼铁。器形明确者有刀、剑、戒指等。哈密焉不拉克墓地一期 M31 出土 1 件铁刀，墓葬内木头测年距今 3240 ± 135 年；同属一期的 M75 出土残铁剑头、铁戒指各 1 件，还有残铁块①。鄯善洋海一号墓地 IM5 出土 1 件铜铁复合的带扣形器物，共存的单耳陶罐小口斜直垂腹，饰成列锯齿纹构成的纵长三角形图案，显示 IM5 属于该墓地最早的墓葬之一，绝对年代或在公元前 1000 年以前②。虽然这些公元前 1000 年以前的铁器的绝对年代还有进一步研究的必要，但断言新疆开始使用铁器的年代在公元前 9—前 8 世纪③，显然过于保守。

第二阶段，也就是公元前 1000 年之后，至少 600 余件，主体当属块炼铁。绝大部分是铁刀，少量镞、锥、马衔、剑、环（镯）、带钩、扣、泡等，个别啄戈、镜、斧、铃，基本都是小件的工具、武器、装饰品，还有个别铁鍑（釜）残件。这些铁器基本都和同时的铜质器物没有什么两样。值得注意的是，潜伟等根据克里雅河流域圆沙古城、鄯善苏贝希、哈密黑沟梁等遗址的发现，认为新疆地区在战国时期应该已经出现坩埚钢（镔铁）的生产④。陈建立等分析认为巴里坤东黑沟遗址战国时期的铁器采用块炼铁、块炼渗碳钢、铸铁脱碳钢制成⑤。近年在新源加嘎村墓地发现一双耳三足铁鍑（釜），绝对年代约在公元前 4—前 3 世纪⑥，器形规整，器壁厚薄均匀，属于生铁铸造⑦。

---

① 新疆维吾尔自治区文化厅文物处等：《新疆哈密焉不拉克古墓地》，《考古学报》1989 年第 3 期。

② 与 IM5 同时或更早的 IM21、IM157，测年校正年代分别约在公元前 1122—前 926 年、公元前 1261—前 1041 年。黎珂、王睦、李肖：《裤子、骑马与游牧——新疆吐鲁番洋海墓地出土有裆裤子研究》，《西域研究》2015 年第 2 期。

③ 陈建立：《中国古代金属冶铸文明新探》，科学出版社 2014 年版，第 220 页。

④ 北京科技大学冶金与材料史研究所、新疆文物考古研究所：《新疆克里雅河流域出土金属遗物的冶金学研究》，《西域研究》2000 年第 4 期；潜伟：《"镔铁"新考》，《自然科学史研究》2007 年第 26 卷第 2 期。

⑤ 陈建立、梅建军、王建新等：《新疆巴里坤东黑沟遗址出土铁器研究》，《文物》2013 年第 10 期。

⑥ 新疆文物考古研究所：《新源县加嘎村墓地考古发掘报告》，《新疆文物》2017 年第 1 期。

⑦ 尚玉平、黄奋：《新源出土战国时期铁鍑的保护修复》，《新疆文物》2017 年第 1 期。

西风东渐与文化变革

在新疆以西，铁器于公元前 5 千纪至前 4 千纪，就零星出现于美索不达米亚北部、伊朗、埃及等地。在美索不达米亚北部的萨马拉（Samarra）、伊朗北部的锡亚尔克（Sialk）发现可早到公元前 5 千纪的铁器，萨马拉甚至有不含镍的铁器①。约公元前 3200 年，在埃及发现陨铁制作的珠子②。在欧亚草原，公元前 3000 年前后的颜那亚（Yamnaya）文化、阿凡纳谢沃（Afanasyevo）文化、洞室墓（Catacombnaya）文化当中，发现过几十件可能属陨铁的铁器和半铁半铜的产品③。这些早期铁制品一般都出自较大墓葬，数量很少，应该很珍贵。一般认为，这些早期的铁器当为陨铁产物④，但也不排除是地球上的含镍铁矿冶炼所得⑤。

约公元前 2800—前 2500 年，在安纳托利亚的安拉卡霍育克（Alaca Höyük）、特洛伊（Troy II）等遗址可能已经出现人工铁器⑥。公元前 2200—前 2000 年，在土耳其卡门卡尔霍育克（Kaman-Kalehöyük）遗址前赫梯时期的 IVa 层，有人工冶炼的铁器残片⑦。公元前 2500 年左右的青铜时代中期，在东欧也可能已经出现人工铁器⑧。印度河流域出现人工铁器的年代曾被认为可以早到公元前 1800 年

---

① Jane C. Waldbaum, "The Coming of Iron in the Eastern Mediterranean: Thirty Years of Archaeological and Technological Research", *Archaeometallurgy of the Asian Old World*, 1999, pp. 27 – 57.

② Rehren T. , et al. , "5000 Years Old Egyptian Iron Beads Made from Hammered Meteoritic Iron", *Journal of Archaeological Science*, 2013, pp. 4785 – 4792.

③ Koryakova, L. V. , Epimakov, A. V. , *The Urals and Western Siberia in the Bronze and Iron Ages*, Cambridge University Press, 2007, pp. 188 – 193.

④ Waldbaum, J. C. , "The First Archaeological Appearance of Iron and the Transition to the Iron Age", in *The Coming of the Age of Iron*, edited by T. A. Wertime and J. D. Muhly, New Haven and London: Yale University Press, 1980, pp. 69 – 98.

⑤ Jane C. Waldbaum, "The Coming of Iron in the Eastern Mediterranean: Thirty Years of Archaeological and Technological Research", *Archaeometallurgy of the Asian Old World*, 1999, pp. 27 – 57.

⑥ Ünsal Yalçın, Early Iron Metallurgy in Anatolia, *Anatolian Studies*, 1999, 49: 177 – 187.

⑦ Hideo Akanuma, The Significance of Early Bronze Age Iron Objects from Kaman-Kalehöyük, Turkey, *Anatolian Archaeological Studies*, 2008, 17: 313 – 320.

⑧ Koryakova, L. V. , Epimakov, A. V. , *The Urals and Western Siberia in the Bronze and Iron Ages*, Cambridge University Press, 2007, p. 190.

左右①，但也有争议②。公元前 1200 年以后，铁器在西亚、埃及、欧洲、印度、中亚北部等地才大量出现。虽然文献记载赫梯帝国铁器最盛，但实际上应当并没有垄断过铁器③。

在新疆以东，如上所述，磨沟墓葬的人工铁器已可早到约公元前 15 世纪，极大地改变了人们对中国内地人工冶铁起源年代的看法。其后存在较长时间的"空白"，至约公元前 8 世纪的西周晚期以后，铁器才先是在陕甘青地区，再在中原等地增多起来，春秋早期中原地区已经出现铸铁④。公元前 5 世纪进入战国时期以后，铁器工业得到迅猛发展⑤。

比较来看，新疆以西的人工铁器，可从公元前 3 千纪早中期延续到公元前 2 千纪中期，而且分布广泛；新疆和甘肃的铁器，最早才可到公元前 2 千纪中期，而且只有零星发现。有理由推测，新疆和甘青地区的人工铁器技术当来源于西方⑥。公元前 4 千纪以来中西文化交流的开始，尤其公元前 2 千纪以来中西文化交流的加剧，当是铁器技术传入中国并扩展至东亚大部地区的历史背景⑦。唐纳德·瓦格纳具

① Rakesh Tewari, "The Origins of Iron Working in India: New Evidence from the Central Ganga Plain and the Eastern Vindhyas", *Antiquity*, 2003, 77, pp. 536 – 545.

② Srinivasan, S., "Indian Iron and Steel, with Special Reference to Southern India", in *The World of Iron*, J. Humphris and T. Rehren eds., Archetype Publications: Oxford, 2013, pp. 83 – 90.

③ Jane C. Waldbaum, "The Coming of Iron in the Eastern Mediterranean: Thirty Years of Archaeological and Technological Research", *Archaeometallurgy of the Asian Old World*, 1999, pp. 27 – 57.

④ 韩汝玢：《附录六天马—曲村遗址出土铁器的鉴定》，《天马—曲村 1980—1989》，科学出版社 2000 年版，第 1178—1180 页。

⑤ 白云翔：《先秦两汉铁器的考古学研究》，科学出版社 2005 年版。

⑥ 早有不少中国学者提出或论证过中国铁器来源于西方的问题。唐际根：《中国冶铁术的起源问题》，《考古》1993 年第 6 期；安志敏：《塔里木盆地及其周围的青铜文化遗存》，《考古》1996 年第 12 期；赵化成：《公元前 5 世纪中叶以前中国人工铁器的发现及其相关问题》，《考古文物研究——纪念西北大学考古专业成立四十周年文集：1956—1996》，三秦出版社 1997 年版，第 289—300 页；刘学堂：《中国冶铁术的起源》，《中国文物报》2004 年 4 月 2 日；Guo, W., "From Western Asia to the Tianshan Mountains: On the Early Iron Artefacts Found in Xinjiang", in *Metallurgy and Civilisation: Eurasia and Beyond*, J. Mei and T. Rehren eds., London: Archetype Publications, 2009, pp. 107 – 115.

⑦ 李水城：《西北与中原早期冶铜业的区域特征及交互作用》，《考古学报》2005 年第 3 期；韩建业：《略论中国的"青铜时代革命"》，《西域研究》2012 年第 3 期。

体认为新疆早期铁器来源于费尔干纳盆地的楚斯特（Chust）文化①。考虑到公元前15世纪以后新疆彩陶西传费尔干纳等地，促成楚斯特文化形成②，则中亚南部地区铁器技术通过楚斯特文化反方向传入新疆地区也就很有可能。认为中国是早期铁器的独立发明地之一③，并无充分理由。

大约公元前1200年以后，新疆及以西地区铁器显著增加，新疆应当也是这样。进入公元前8世纪，中原最早出现铸铁，战国和西汉铸造铁器盛行，极大地促进了社会生产力的发展。铸铁技术至少在战国中晚期已经传入新疆，开始用于铸造铁鍑等容器。总体来说，相较于内地，新疆铁器出现虽早，但并不发达。当然，要更准确地回答新疆铁器的起源和发展，以及内地铸铁技术向新疆乃至于中亚地区的传播等重要问题，还需要进一步加强新疆的考古年代学和冶金考古学研究。

二 新疆地区的早期铁器时代

早期铁器时代，也就是铁器时代的早期阶段。被划在早期铁器时代的文化，当然应该包含铁器，但有多少数量才算进入铁器时代，很难一概而论，还要综合考虑文化格局的阶段性变化来确定。

20世纪80年代中期，根据日益增多的^{14}C测年数据，以及青铜器和铁器等的发现，陈戈纠正了以前将新疆包含彩陶的大部分遗存归之于新石器时代的谬误，并明确提出新疆地区和欧亚大陆西部一样，

---

① Donald B. Wagner, *Science and Civilisation in China*：Volume 5, Chemistry and Chemical Technology, Part 11：Ferrous Metallurgy, Cambridge University Press, 2008, pp. 91 – 97.

② ［苏］卢立·A. 札德纳普罗伍斯基：《费尔干纳的彩陶文化》，刘文锁译，《新疆文物》1998年第1期；韩建业：《新疆的青铜时代和早期铁器时代文化》，文物出版社2007年版；Han Jianye, "'The Painted Pottery Road' and Early Sino-Western Cultural Exchanges", *ANABSASIS-Studia Classica et Orientalia* 3, 2012, pp. 25 – 42。

③ 孔令平、冯国正：《铁器的起源问题》，《考古》1988年第6期。

也存在青铜时代和早期铁器时代，并且将早期铁器时代的起始年代定在公元前 1000 年左右①。而水涛、安志敏则将包含铁器的诸多遗存仍统归入"青铜时代"②。吕恩国既不同意早期铁器时代可以早到公元前 1000 年，也反对新疆不存在早期铁器时代的说法③。我于 2005年对新疆地区史前文化进行了较为系统的研究，肯定了陈戈的意见，并提出新疆的早期铁器时代或可早到公元前 2 千纪末④。郭物综合讨论了关于欧亚草原以及新疆地区青铜时代和早期铁器时代的各种观点，认为新疆早期铁器时代始于公元前 9 世纪⑤。

我当年提出新疆的早期铁器时代或可早到公元前 2 千纪末，除了此后在新疆开始出现铁器外，还有一个重要原因，就是此时焉不拉克文化诞生以后，新疆中南部的文化格局发生了重大变动，彩陶文化从东疆扩展至天山南北大部地区，形成苏贝希文化、察吾呼沟口文化、伊犁河流域文化等，文化影响和传播的大方向由先前的"从西而东"，转变为"从东到西"⑥。

由于缺乏资料，当年我没有考虑北疆的情况。近十多年以来，北疆新发现了公元前 2 千纪后半叶的所谓"库希遗存"⑦，公元前 1 千纪前叶的三道海子大型祭祀遗存⑧，以及大量公元前 1 千纪后半叶的

① 陈戈：《关于新疆地区的青铜时代和早期铁器时代文化》，《考古》1990 年第 4 期；陈戈：《新疆远古文化初论》，《中亚学刊》第四辑，北京大学出版社 1995 年版，第 5—72 页。

② 水涛：《新疆青铜时代诸文化的比较研究——附论早期中西文化交流的历史进程》，《国学研究》第一卷，北京大学出版社 1993 年版，第 447—490 页；安志敏：《塔里木盆地及其周围的青铜文化遗存》，《考古》1996 年第 12 期。

③ 吕恩国：《论新疆考古学研究中存在的几个问题》，《新疆文物》1995 年第 2 期。

④ 韩建业：《新疆的青铜时代和早期铁器时代文化》，文物出版社 2007 年版。

⑤ 郭物：《新疆史前晚期社会的考古学研究》，上海古籍出版社 2012 年版，第 18—27 页。

⑥ 韩建业：《新疆的青铜时代和早期铁器时代文化》，文物出版社 2007 年版，第 122 页。

⑦ 参见王博《切木尔切克文化初探》，《考古文物研究——纪念西北大学考古专业成立四十周年文集》，三秦出版社 1996 年版，第 274—285 页。

⑧ 中国社会科学院考古研究所新疆工作队、阿勒泰地区文物局、青河县文物局：《新疆青河县花海子三号遗址发掘简报》，《考古》2016 年第 9 期。

游牧文化墓葬①，文化序列大致和南西伯利亚大同小异。其中"库希遗存"当属于卡拉苏克文化②，三道海子主体遗存和阿尔然一、二号墓葬遗存大致属于同一文化系统③，有人称其为三道海子文化④，而公元前 1 千纪后半叶的墓葬应当属于巴泽雷克文化系统⑤。因此，从北疆地区，以至于西伯利亚草原地区来说，公元前 1000 年左右确为重大变革时期，也就是进入典型游牧文化的时期⑥。当然这一重大转变"空白"之处尚多，还有许多谜团未解。此时相对寒冷的气候环境，当为文化发生重大转变的深层背景。

由于南疆多绿洲、北疆多草原，南北疆文化发展的节奏就有可能略有不同，南疆由东至西，于约公元前 2 千纪末期以后彩陶文化盛行；北疆由北到南，于约公元前 1000 年以后游牧文化扩展。考虑到一般认为西亚地区进入早期铁器时代的年代在约公元前 1200 年⑦，而中亚进入早期铁器时代约在公元前 1000 年至前 800 年⑧，将新疆早

---

① 新疆文物考古研究所：《新疆阿勒泰地区考古与历史文集》，文物出版社 2015 年版。

② 邵会秋：《试论新疆阿勒泰地区的两类青铜文化》，《西域研究》2008 年第 4 期。

③ Michail Petrovič Grjaznov, Der Großkurgan von Aržan in Tuva, Südsibirien. München：Verlag C. H. Beck，1984；Konsgtantin, V. Čugunov, Hermann Parzinger, und Anatoli Nagler, Der Skythenzeitliche Fürstenkurgan Aržan2 in Tuva, *Archäologie in Eurasien Band* 26, *Steppenvölker Eurasiens Band* 3, Verlag Philipp Von Zabern・Mainz，2010.

④ 郭物：《三道海子文化初论》，《欧亚学刊》第七辑，中华书局 2007 年版。

⑤ 韩建业：《先秦时期阿尔泰及以西地区陶壶的来源——兼论公元前一千纪后半叶阿尔泰及以西地区和阴山—天山地区的文化交流》，《西域研究》2017 年第 2 期。

⑥ 马健：《公元前 8 ~ 前 3 世纪的萨彦—阿尔泰——早期铁器时代欧亚东部草原文化交流》，《欧亚学刊》第八辑，中华书局 2008 年版，第 38—84 页；于建军、马健：《哈巴河县东塔勒德墓地初步研究》，《新疆文物》2013 年第 1 期；杨建华、邵曙光：《俄罗斯图瓦和阿尔泰地区的早期游牧文化》，《西域研究》2014 年第 2 期。

⑦ Jane, C. Waldbaum, "The Coming of Iron in the Eastern Mediterranean：Thirty Years of Archaeological and Technological Research", *Archaeometallurgy of the Asian Old World*, 1999, pp. 27 - 57；Chris Scarre, *The Human Past：World Prehistory and the Development of Human Societies* (Thrid Edition), Thames & Hudson, 2013.

⑧ A. H. Dani, V. M. Masson eds., *History of Civilizations of Central Asia*, Volume I：The Dawn of Civilization：Earliest Times to 700 B. C., UNESCO Publishing, Paris, 1992, pp. 29 - 44；Christoph Baumer, *The History of Central Asia：The Age of the Steppe Warriors*, I. B. Tauris, London, 2012, p. 10.

期铁器时代的起始年代确定为公元前 2 千纪末期，似乎稍显过早。如果将公元前 2 千纪末期作为新疆青铜时代晚期末段，或者青铜时代向早期铁器时代的过渡期，将约公元前 1000 年作为新疆早期铁器时代的上限，或许更为稳妥。如果这样，整体意义上中国早期铁器时代的起始年代，也就应该在公元前 1000 年左右。

三 新疆地区早期铁器时代的文化开端

对新疆地区早期铁器时代文化的讨论，主要开始于 20 世纪 80 年代。陈戈在 80 年代中期，就简单讨论过"察吾呼沟口文化"等早期铁器时代文化[①]，90 年代以后，先后提出和论证过焉不拉克文化、察吾呼沟口文化、苏贝希文化、伊犁河流域文化等[②]。90 年代，水涛和陈光祖综合论述新疆史前时期，也涉及早期铁器时代文化[③]。吕恩国在 90 年代末专文讨论过"察吾呼文化"[④]，实即陈戈所说察吾呼沟口文化。为使地名与发掘报告一致[⑤]，以下统称"察吾呼沟口文化"。所谓伊犁河流域文化，也有被称为"索墩布拉克文化"[⑥]。2005 年和 2007 年，我先后对新疆的早期铁器时代文化谱系进行了较为系统的

---

① 陈戈：《关于新疆远古文化的几个问题》，《新疆文物》1985 年第 1 期。

② 陈戈：《略论焉不拉克文化》，《西域研究》1991 年第 1 期；陈戈：《新疆察吾乎沟口文化略论》，《考古与文物》1993 年第 5 期；陈戈：《新疆史前时期又一种考古学文化——苏贝希文化试析》，《苏秉琦与当代中国考古学》，科学出版社 2001 年版，第 153—171 页；陈戈：《新疆伊犁河流域文化初论》，《欧亚学刊》第二辑，中华书局 2002 年版，第 14—15 页。

③ 水涛：《新疆青铜时代诸文化的比较研究——附论早期中西文化交流的历史进程》，《国学研究》第一卷，北京大学出版社 1993 年版，第 447—490 页；［美］陈光祖：《新疆金属时代》，《新疆文物》1995 年第 1 期。

④ 吕恩国：《察吾呼文化研究》，《新疆文物》1999 年第 3、4 期。

⑤ 新疆文物考古研究所：《新疆察吾呼——大型氏族墓地发掘报告》，东方出版社 1999 年版。

⑥ 羊毅勇：《新疆古代文化的多样性和复杂性及其相关问题的探讨》，《新疆文物》1999 年第 3、4 期。

探讨，认为可以约公元前 500 年为界，将新疆早期铁器时代文化分为前后两大阶段①。差不多同时，郭物、邵会秋也先后有过较为全面的研究②。在近年考古资料急剧增多的情况下，我们对新疆地区早期铁器时代文化的形成过程和发展有了不少新的认识。其中最关键的，就是逐渐开始看清新疆的青铜时代晚期文化何以结束，早期铁器时代文化又如何开端的问题。

在公元前 2 千纪初叶的青铜时代中期，新疆和中亚一带最显著的文化现象，莫过于安德罗诺沃文化系统的强烈扩张，新疆西部、北部为其覆盖，影响及于全疆大部、甘青蒙以及中原地区。但至公元前 2 千纪中叶进入青铜时代晚期，形势逆转，陶圜底罐从阿勒泰、贝加尔等地区西向西南向扩展至新疆大部、中亚南北③，彩陶从东疆扩展至天山南北甚至中亚南部④，加上部分铜兽首、铃首或环首刀、剑等，大致从阴山河套地区西北向远距离影响至蒙古中西部、叶尼塞河上游、阿尔泰等地区⑤，显见文化大势由"西风压倒东风"演变为一定程度上的"东风压倒西风"。

具体到新疆的青铜时代晚期，可以大体分为两个文化系统。一为北疆的无彩陶文化系统。在北疆西部，伊犁和博尔塔拉地区为汤巴勒

① 韩建业：《新疆青铜时代—早期铁器时代文化的分期和谱系》，《新疆文物》2005 年第 3 期；韩建业：《新疆的青铜时代和早期铁器时代文化》，文物出版社 2007 年版。

② 郭物：《新疆天山地区公元前一千纪的考古学文化研究》，博士学位论文，中国社会科学院考古研究所，2005 年；郭物：《新疆史前晚期社会的考古学研究》，上海古籍出版社 2012 年版；邵会秋：《新疆史前时期文化格局的演进及其与周邻地区文化的关系》，博士学位论文，吉林大学，2007 年版。

③ 韩建业：《公元前 2 千纪中后叶亚洲中部地区的圜底陶罐》，《考古》2017 年第 9 期。

④ 韩建业：《再论丝绸之路前的彩陶之路》，《考古与博物馆学刊》2018 年第 1 期（待刊）。

⑤ 田广金、郭素新：《鄂尔多斯式青铜器的渊源》，《考古学报》1988 年第 3 期；乌恩岳斯图：《论青铜时代长城地带与欧亚草原相邻地区的文化联系》，《二十一世纪的中国考古学——庆祝佟柱臣先生八十五华诞学术文集》，文物出版社 2006 年版，第 558—586 页；杨建华：《商周时期中国北方冶金区的形成——商周时期北方青铜器的比较研究》，《边疆考古研究》第 6 辑，科学出版社 2007 年版，第 165—197 页。

萨伊早期①、吉仁台沟口早期类遗存，还残留着浓厚的安德罗诺沃文化传统，但自身特色已很明显；在北疆中北部，阿勒泰地区为库希类卡拉苏克文化，在石河子地区为水泥厂类遗存②，也近似于卡拉苏克文化。二为东疆和天山中东部地区的彩陶文化系统。在新疆东部，为哈密天山北路文化末期；在天山以北的木垒—奇台—乌鲁木齐一线，是四道沟文化③，天山以南的焉耆盆地是新塔拉类遗存④。两个文化系统中均包含或多或少的圜底陶罐。两个系统的经济方式都应该是半农半牧，只不过无彩陶文化系统畜牧业更发达，而彩陶文化系统农业成分更大。

至公元前 2 千纪末期，东疆至天山地区出现一系列彩陶文化，从东而西大致为焉不拉克文化、苏贝希文化、察吾呼沟口文化、伊犁河流域文化（索墩布拉克文化），这些基本都是在先前的彩陶系统基础上发展而来。北疆则整体进入一个文化"空白"或者"黑暗"时期。考虑到中亚北部大部地区此时也进入一个文化的相对"空白"期，就可推知这不仅是因为考古工作较少的缘故。可见，公元前 2 千纪之末确为北方草原发生巨变之际。北疆和中亚北部沉寂了一段时间，于约公元前 9 世纪以后，突然出现图瓦阿尔赞一、二号墓葬那样的大型墓葬，以及青河三道海子那样的大型祭祀遗存（图一），就如凤凰涅槃一样，不但完成了从畜牧业向发达游牧业的转变，而且形成高等级的游牧贵族阶层。

在北疆和中亚北部进入发达游牧阶段以后，也对天山地区诸彩陶

---

① 新疆文物考古研究所：《新疆伊犁尼勒克汤巴勒萨伊墓地发掘简报》，《文物》2012 年第 5 期。

② 新疆文物考古研究所等：《石河子市古墓》，《新疆文物》1994 年第 4 期。

③ 新疆维吾尔自治区文管会：《新疆木垒县四道沟遗址》，《考古》1982 年第 2 期；新疆维吾尔自治区博物馆考古队：《新疆奇台县半截沟新石器时代遗址》，《考古》1981 年第 6 期。

④ 新疆考古所：《新疆和硕新塔拉遗址发掘简报》，《考古》1988 年第 5 期。

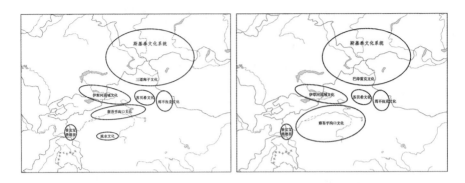

图一　新疆早期铁器时代文化的分布

左：前段（BCE1000-500）　　　右：后段（BCE500-CE24）

文化产生了看得见的影响。以马具为例。早期铁器时代偏早阶段，铜质马衔，铜、骨、木质马镳在新疆天山及附近地区出现，发现于哈密五堡等焉不拉克文化早期遗存①，乌鲁木齐萨恩萨伊墓地（第三期）②、鄯善洋海墓地（一号）③ 等苏贝希文化早期遗存，和静察吾呼沟口墓地（五号、四号、一号）④、拜勒其尔墓地⑤等察吾呼沟口文化早期遗存，于田流水墓地流水文化遗存⑥，在察吾呼沟口墓地（四号、一号）等还发现较多马头坑，表明约公元前1000年以后，天山南北已经开始普遍控制和使用马匹⑦，进入有一定绿洲农业存在的游

---

① 新疆文物考古研究所：《新疆哈密五堡墓地151、152号墓葬》，《新疆文物》1992年第3期。

② 新疆文物考古研究所：《新疆萨恩萨伊墓地》，文物出版社2013年版。

③ 新疆文物考古研究所、吐鲁番地区文物局：《鄯善县洋海一号墓地发掘简报》，《新疆文物》2004年第1期；新疆吐鲁番学研究院、新疆文物考古研究所：《新疆鄯善洋海墓地发掘报告》，《考古》2011年第1期。

④ 新疆文物考古研究所：《新疆察吾呼——大型氏族墓地发掘报告》，东方出版社1999年版。

⑤ 新疆文物考古研究所等：《和静拜勒其尔石围墓发掘简报》，《新疆文物》1999年第3、4期。

⑥ 中国社会科学院考古研究所新疆队：《新疆于田县流水青铜时代墓地发掘简报》，《考古》2016年第12期。

⑦ 水涛：《论新疆地区发现的早期骑马民族文化遗存》，《中国西北地区青铜时代》，科学出版社2001年版，第86—98页。

牧经济阶段，或者半农业半游牧阶段。

新疆最早的这些铜马衔，末端多为外侧大方环套内侧小圆环的"双环"形态，而马镳基本都是弧形弓状镳体上带数个穿孔，和以阿尔然冢墓为代表的萨彦阿尔泰、哈萨克斯坦等欧亚草原地带同期器物基本一致①，当为游牧文化从南西伯利亚南下扩展所致。由于考古发现的局限性，北疆地区罕见这个阶段的墓葬和马具，但从三道海子的大型祭祀遗存看②，游牧经济当比天山地区更为发达。

要之，公元前 1000 年左右新疆地区发生了重大文化变革，铁器遗存也明显增多。这正是我们将公元前 1000 年左右确定为新疆早期铁器时代开端的主要理由。

四 结束语

新疆地区已经发现的东汉以前的早期铁器至少有 600 多件，其中少数可早到约公元前 1500—前 1000 年。新疆的铁器技术当为从西方传入，并进一步东传至中国内地。新疆的早期铁器时代开始于公元前 1000 年左右，以北疆地区的游牧化和南疆地区彩陶文化中游牧色彩的显著增加为标志。至约公元前 500 年，进入新疆早期铁器时代后期阶段，北疆及其阿尔泰地区出现大量随葬陶壶和殉马的冢墓，或可统称之为"巴泽雷克文化"，陶壶存在从天山—阴山地区北向流播的趋势；同时，北疆及阿尔泰等地殉牲、后肢翻转动物形象等南向渗透，直至塔里木盆地南缘。偏晚墓葬中出现的五铢钱、汉式镜、丝织品和漆器，则无疑属于内地汉文化因素。多种文化从不同方向在新疆交流

---

① J. Davis-Kimball，V. Bashilov，etc.，*Nomads of Eurasian Steppes in the Early Iron Age*，Zinat Press，Berkeley，1995；郭物：《新疆史前晚期社会的考古学研究》，上海古籍出版社 2012 年版。

② 中国社会科学院考古研究所新疆工作队、阿勒泰地区文物局、青河县文物局：《新疆青河县花海子三号遗址发掘简报》，《考古》2016 年第 9 期。

融合，奠定了丝绸之路前后新疆的历史基础。

后记：感谢北京科技大学科技史与文化遗产研究院陈坤龙副教授提供有关铁器起源的英文文献，感谢我在北京联合大学的硕士研究生袁晓和曾宝栋统计新疆东汉以前出土铁器的资料。

关于中国的铜石并用时代和青铜时代

——从新疆的考古新发现论起

一

铜石并用时代和青铜时代，是考古学中使用非常广泛的两个重要概念。青铜时代作为著名的"三期说"里的中间一期，在 19 世纪前期由丹麦的汤姆森提出①。铜石并用时代是 19 世纪后期出现的概念，又称红铜时代，一般包含在广义的新石器时代当中②。

20 世纪 20 年代中国考古学在诞生之初就使用了这两个概念。在 1923 年出版的《中华远古文化》一书中，仰韶遗址的发掘者、瑞典学者安特生就认为仰韶文化属于铜石并用时代③。在 1925 年出版的《甘肃考古记》中，安特生将"甘肃之远古时代"分成了六期，认

---

① C. J. Thomsen, *Ledetraad til Nordisk Oldkundskab* (*Guide to Northern Archaeology*), 1836. published in English in 1848；［加拿大］布鲁斯·G·特里格：《考古学思想史》（第 2 版），陈淳译，中国人民大学出版社 2010 年版，第 98—103 页。

② Mark Pearce, "The 'Copper Age' —A History of the Concept", *Journal of World Prehistory*, 2019, 32 (3), pp. 229 –250.

③ "仰韶纪土层属于石器及金属时代之过渡期，与地中海左右之所谓石铜时代者相吻合"。见安特生《中华远古之文化》，袁复礼译，《地质汇报》第五号第 1 册，北京京华印书局 1923 年版，第 19 页。

为齐家、仰韶和马厂这前三期属于新石器时代末期到铜石并用时代，辛店、寺洼、沙井这后三期属于铜石并用时代到青铜时代初期①。1945 年，郭沫若在《青铜时代》一书中，提出中国青铜时代的下限是在"周秦之际"，而上限至少可以早到殷代②。1963 年，郭宝钧认为"中国青铜器时代"的上限在以二里岗为中心的"殷商前期"③。1979 年，北京大学历史系考古教研室商周组编著的《商周考古》教材除了认为齐家文化进入铜石并用时代，还明确提出二里头文化已进入青铜时代④。张光直持同样观点，并对中国青铜时代进行了专门论述⑤。20 世纪 80 年代，严文明系统分析了中国新石器时代以来铜器的发现，认为仰韶文化晚期属于铜石并用时代早期，龙山时代属于铜石并用时代晚期⑥；夏鼐指出中国的新石器时代末期也就是铜石并用时代⑦；李先登则提出"河南龙山文化"晚期已经进入青铜时代⑧。

时至今日，学术界普遍承认中国和亚欧大陆西部一样存在青铜时代，但对其年代上下限存在争议。多数学者认为中国青铜时代的上限始于二里头文化，下限在春秋战国之交⑨。由于测年研究的变化，二

---

① 安特生：《甘肃考古记》，乐森璕译，《地质专报》甲种第五号，1925 年版，第 19—20 页。
② 郭沫若：《青铜时代》，科学出版社 1957 年版，第 200—300 页。
③ 郭宝钧：《中国青铜器时代》，生活·读书·新知三联书店 1963 年版，第 3 页。
④ 北京大学历史系考古教研室商周组：《商周考古》，文物出版社 1979 年版，第 4 页。
⑤ 张光直：《中国青铜时代》，《中国青铜时代》，生活·读书·新知三联书店 1983 年版，第 1—2 页。
⑥ 严文明：《论中国的铜石并用时代》，《史前研究》1984 年第 1 期。
⑦ 夏鼐指出，文明起源"探索的主要对象是新石器时代末期或铜石并用时代的各种文明要素的起源和发展"。见夏鼐《中国文明的起源》，文物出版社 1985 年版，第 80 页。
⑧ 李先登：《试论中国古代青铜器的起源》，《史学月刊》1984 年第 1 期。
⑨ 李伯谦就说，"至约公元前 21 世纪中国开始进入青铜时代，经过夏代二里头时期的初始阶段，早商时期的发展阶段，晚商至西周前期的鼎盛阶段，西周后期至春秋的衰落阶段，到战国初最终被早期铁器时代所代替，大约经过了一千五六百年"。见李伯谦《中国青铜文化的发展阶段与分区系统》，《华夏考古》1990 年第 2 期。

里头文化的年代上限大幅后移①，导致多数人所认可的中国青铜时代的上限，也当由原先的约公元前 2000 年后移到约公元前 1750 年。至于中国的铜石并用时代，并未得到学术界普遍承认，有的学者甚至提出明确的否定意见②，更遑论其年代上下限的问题。

中国之所以和亚欧大陆西部一样存在铜石并用时代和青铜时代，主要是由于中西方之间很早就存在的包括冶金技术在内的文化交流所致，而广大的新疆则是早期中西文化交流的关键地区。但遗憾的是，由于考古资料的缺乏，以往对中国铜石并用时代和青铜时代的讨论，都基本没有考虑新疆在内。本文拟在亚欧视野下，从对新疆地区考古新发现的分析入手，结合其他地区的考古新资料，对中国铜石并用时代和青铜时代的年代范围和基本特征略作讨论，以期有助于早期中国文明化进程和早期中西文化交流研究的进一步开展。

二

2014 年以来，在新疆北部和西部的阿勒泰、塔城和伊犁地区，发现多处年代在公元前 3000—前 2500 年之间的墓葬③，这也是新疆发现的旧石器时代之外的最早文化遗存。其中在哈巴河县阿依托汗一号墓地的墓葬 M22 中发现了 4 件铜环，经对其中两件的检测分析，发现属于含有一定量砷的红铜或者类砷青铜④。在尼勒克县种羊场墓

---

① 张雪莲等：《新砦—二里头—二里冈文化考古年代序列的建立与完善》，《考古》2007 年第 8 期。

② 许宏：《从仰韶到齐家——东亚大陆早期用铜遗存的新观察》，《2015 中国·广河齐家文化与华夏文明国际研讨会论文集》，文物出版社 2016 年版，第 123—132 页。

③ 新疆文物考古研究所：《和布克赛尔县 219 国道松树沟墓地考古发掘报告》，《新疆文物》2018 年第 1—2 期；刘汉兴、特尔巴依尔等：《新疆伊犁州墩那高速尼勒克段考古收获及初步认识》，《西域研究》2018 年第 3 期。

④ 该墓人骨^{14}C 测年校正数据大约在公元前 2800—前 2500 年之间。见罗武干、胡兴军、张杰等《哈巴河县阿依托汗一号墓群出土铜器科技分析》，《新疆文物》2017 年第 1 期；新疆文物考古研究所《哈巴河县阿依托汗一号墓群考古发掘报告》，《新疆文物》2017 年第 2 期。

地的墓葬 IIIM5A、IIIM5B 中各随葬 1 件铜片饰①。另外，最近在新疆吉木乃县通天洞遗址发现了 1 件锡青铜铜管残件，结合与青铜器同层位的小麦 ^{14}C 测年数据，发掘者认为青铜器的年代不晚于公元前 3000 年②。

阿依托汗一号墓地 M22、种羊场墓地 IIIM5A、IIIM5B 等墓葬的圆形墓围、仰身屈肢葬式和尖圜底陶器，和亚欧草原中部叶尼塞河中游、阿尔泰和蒙古西部等地的阿凡纳谢沃（Afanasevo）文化近同。阿依托汗一号墓地 M22 发现的近方形铜环，和阿凡纳谢沃山附近发现的铜环形态基本一致，也应该是箍钉木桶或者树皮桶类器物的环扣③。因此这类遗存总体应该属于阿凡纳谢沃文化系统，但洞室墓等体现出新疆自身特色，或可称之为阿依托汗文化。通天洞的铜器很可能也属于这个文化。据研究，阿凡纳谢沃文化绝对年代也在大约公元前 3000—前 2500 年之间，有人认为属于铜石并用时代文化④，有人认为属于青铜时代早期⑤。考虑到该文化的刀、斧、短剑、镞、锥、扣等铜器大部分为红铜⑥，故总体以划归铜石并用时代文化为妥，具

---

① IIIM5A、IIIM5B 人骨 ^{14}C 测年校正数据，分别为公元前 2908—前 2771 年、公元前 2933—前 2872 年，同一墓围内的另一座墓葬 IIIM5C 两具人骨测年分别为公元前 2925—前 2871 年、公元前 2911—前 2756 年。见新疆文物考古研究所、中国人民大学考古文博系、伊犁州文物局、尼勒克县文物局《新疆伊犁州墩那高速公路尼勒克段沿线古代墓葬的发掘》，《考古》2020 年第 12 期。

② 《新疆通天洞遗址发现 5000 年前青铜器》，《人民日报海外版》2020 年 12 月 12 日第 2 版。

③ Вадецкая Э. Б., Поляков А. В., Степанова Н. Ф., *Свод памятников афанасьевскойкультуры*: монография/под ред. В. И. Молодина. -Барнаул：АЗБУКА，2014：214.

④ Кирюшин Ю. Ф., *Энеолит и ранняя бронза юга Западной Сибири*：Монография. -Барнаул: Изд-во Алт. ун-та，2002；Святко С. В., Поляков А. В. Новые радиоуглеродные даты памятников эпохи бронзы -начала железного века Среднего Енисея//Роль естественно-научных методов в археологических исследованиях. -Барнаул，2009：146 – 149；李水城：《从新疆阿依托汗一号墓地的发现谈阿凡纳谢沃文化》，《新疆文物》2018 年第 1—2 期。

⑤ E. N. Chernykh, *Ancient Metallurgy in the USSR*：The Early Metal Age，Transl. by Sarah Wright，Cambridge University Press，1992，pp. 83 – 91.

⑥ E. N. Chernykh, *Ancient Metallurgy in the USSR*：The Early Metal Age，Transl. by Sarah Wright，Cambridge University Press，1992，p. 183.

体当属铜石并用时代晚期或者具有铜石并用时代向青铜时代过渡阶段的性质。新疆的阿依托汗文化经检测的 3 件铜器都属于锡青铜或者类砷青铜范畴，自然也当如此。

从更大范围来看，西亚和东南欧地区铜器的出现可早到接近公元前 9000 年①，冶炼纯铜的年代至少可早到约公元前 5500 年②。西亚铜石并用时代大约在公元前 6000—前 3100 年③，东、南欧大约在公元前 5200—前 3500 年④。阿凡纳谢沃文化的来源被认为是在亚欧草原西部地区，也就是东欧草原地区⑤，阿依托汗文化也不例外，这两个亚欧草原中部铜石并用时代文化的年代比东欧要晚很多。

三

近些年还在新疆发现了较多公元前 2500—前 1000 年之间的文化遗存，包括北疆地区的切木尔切克文化、阿敦乔鲁文化、吉仁台沟口文化，东疆地区的天山北路文化，罗布泊地区的古墓沟—小河文化等。

切木尔切克文化目前仅发现有墓葬遗存，除新疆北部外还分布

---

① 伊拉克沙尼达尔墓地发现的一件自然铜的坠饰，测年约公元前 8700 年。R. S. Solecki, R. L. Solecki, A. P. Agelarakis, *The Proto-neolithic Cemetery in Shanidar Cave*, Texas A&M University Press, 2004, p. 53。

② 公元前 5500 年左右，冶炼金属铜的证据在塞尔维亚的贝鲁沃德（Belovode）和伊朗东南部的塔里伊布里斯（Tal-i Iblis）遗址发现。Miljana Radivojević, Thilo Rehren, Ernst Pernicka, et al., "On the origins of extractive metallurgy: new evidence from Europe", *Journal of Archaeological Science*, 2010, 37 (11), pp. 2775 – 2787; Frame, L., *Investigations at Tal-i Iblis: Evidence for copper smelting during the Chalcolithic period*, Massachusetts Institute of Technology, 2004.

③ Chris Scarre, *The Human Past: World Prehistory and the Development of Human Societies* (Third Edition), Thames & Hudson, 2013, pp. 433 – 438.

④ David W. Anthony, *The Horse, the Wheel and Language: How Bronze-Age Riders from the Eurasian Steppes Shaped the Modern World*, Princeton University Press, 2007, pp. 125, 162.

⑤ David W. Anthony, *The Horse, the Wheel and Language: How Bronze-Age Riders from the Eurasian Steppes Shaped the Modern World*, Princeton University Press, 2007, pp. 274 – 276, 307 – 311.

于蒙古西部和哈萨克斯坦东部等地，绝对年代约在公元前 2500—前 1400 年①。在阿勒泰市切木尔切克（克尔木齐）的一处长方形石板墓围 M17 中，发现了 2 座石棺墓，出土了 3 件铜镞、1 件铜刀和 2 件石范，石范一为有銎铲范，一为刀、锥范②。在布尔津县阔帕尔墓葬中出土了 1 件铜剑③。这些铜器均未经科技检测。从切木尔切克 M17 的圆肩有銎铲范来看，与安德罗诺沃文化系统的方肩有銎铲范有相似性，推测该墓葬的年代已晚到安德罗诺沃文化时期④。周围地区与切木尔切克文化面貌最为相似者，当属俄罗斯叶尼塞河中游的奥库涅夫（Okunev）文化⑤，比如两者都有长方形石墓围、墓前人形石碑、石棺墓及墓壁画、屈肢葬、平底筒形陶器等。奥库涅夫文化的绝对年代大约为公元前 2500—前 1800 年⑥，所出较多短剑、刀、矛、锥、鱼钩、耳环等铜器，既有红铜，也有锡青铜⑦。奥库涅夫文化和安德罗诺沃文化分别属于青铜时代早、中期，切木尔切克文化早、晚期分别

---

① ［俄］A. A. 科瓦廖夫：《公元前第三千纪早期切木尔切克人从法兰西向阿尔泰的大迁徙》，贺婧婧译，《吐鲁番学研究》2015 年第 1 期。

② 新疆社会科学院考古研究所：《新疆克尔木齐古墓群发掘简报》，《文物》1981 年第 1 期。

③ 张玉忠：《布尔津县发现的彩绘石棺墓》，《新疆文物》2005 年第 1 期；张玉忠：《新疆布尔津县出土的橄榄形陶罐》，《文物》2007 年第 2 期；阿勒泰地区文物局（博物馆）：《切木尔切克文化》，新疆人民出版总社、新疆科学技术出版社 2016 年版，第 26 页。

④ 我曾经说过，切木尔切克 M17 "从其铸造铜铲等的合范与安德罗诺沃文化的相似性来看，该类遗存的下限或许可晚至安德罗诺沃文化时期"。林沄则认为 M17 的铲范銎柄长而圆肩，与安德罗诺沃文化的无銎柄或短銎柄的方肩铲有很大差别。韩建业：《新疆的青铜时代和早期铁器时代文化》，文物出版社 2007 年版，第 46 页；林沄：《关于新疆北部切木尔切克类型遗存的几个问题——从布尔津县出土的陶器说起》，《林沄学术文集》（二），科学出版社 2008 年版，第 143—161 页。

⑤ 邵会秋：《试论新疆阿勒泰地区的两类青铜文化》，《西域研究》2008 年第 4 期。

⑥ Святко С. В.，Поляков А. В.，Новые радиоуглеродные даты памятников эпохи бронзы-начала железного века Среднего Енисея//Роль естественно-научных методов в археологических исследованиях. -Барнаул，2009：146 – 149；邵会秋：《新疆史前时期文化格局的演进及其与周邻文化的关系》，科学出版社 2018 年版，第 254—258 页。

⑦ E. N. Chernykh，*Ancient Metallurgy in the USSR：The Early Metal Age*，Transl. by Sarah Wright，Cambridge University Press，1992，pp. 184 – 185.

和奥库涅夫文化、安德罗诺沃文化年代相当，理应也属于青铜时代早、中期。此外，在公元前 2000 年左右的若羌县古墓沟墓地，发现过不多几件铜卷、珠、片等①，也未经科技检测。

阿敦乔鲁文化以温泉县的阿敦乔鲁遗址主体遗存为代表②，还包括温泉县呼斯塔③和尼勒克县的吉仁台沟口④和汤巴勒萨伊同期遗存等⑤，分布在北疆中西部等地，绝对年代约公元前 1800—前 1400 年，属于安德罗诺沃文化系统⑥，流行屈肢葬和鼓肩陶罐，阿敦乔鲁、呼斯塔和吉仁台沟口等遗址的大型石围墙聚落和大型石墙基房屋颇具特色。阿敦乔鲁文化青铜器发达，有管銎斧、矛、短剑、刀、镰、铲、锛、凿、锥、喇叭口耳环等多种，对阿敦乔鲁出土的 55 件铜器的检测结果，显示其均属锡青铜⑦。在吉仁台沟口以及双河市泉水沟遗址，还发现了铜矿石、铜锭、鼓风管、坩埚、陶范和炼渣等与冶炼青铜器有关的遗存⑧。阿敦乔鲁文化时当青铜时代中期，吉仁台沟口遗址发现的面积 374 平方米的单体房屋，边长 120 米的方形高台大墓，显示其社会复杂化到了相当程度，应该已到了所谓高级"酋邦"阶段。

---

① 王炳华：《古墓沟》，新疆人民出版社 2014 年版。

② 中国社会科学院考古研究所、博尔塔拉蒙古自治州博物馆、温泉县文物局：《新疆温泉县阿敦乔鲁遗址与墓地》，《考古》2013 年第 7 期。

③ 贾笑冰：《新疆温泉县呼斯塔遗址发掘的主要收获》，《西域研究》2019 年第 1 期。

④ 新疆文物考古研究所、伊犁哈萨克自治州文物局、尼勒克县文物局：《新疆尼勒克县吉仁台沟口遗址》，《考古》2017 年第 7 期；袁晓、罗佳明、阮秋荣：《新疆尼勒克县吉仁台沟口遗址 2019 年发掘收获与初步认识》，《西域研究》2020 年第 1 期。

⑤ 新疆文物考古研究所：《新疆伊犁尼勒克汤巴勒萨伊墓地发掘简报》，《文物》2012 年第 5 期；新疆文物考古研究所：《尼勒克县汤巴勒萨伊墓地（2016 年）考古发掘报告》，《新疆文物》2017 年第 4 期。

⑥ 阮秋荣：《新疆发现的安德罗诺沃文化遗存研究》，《西部考古》，科学出版社 2013 年版，第 125—154 页；丛德新等：《阿敦乔鲁：西天山地区青铜时代遗存新类型》，《西域研究》2017 年第 4 期。

⑦ 谭宇辰等：《新疆温泉县阿敦乔鲁遗址出土早期铜器的初步科学分析》，《西域研究》网络首发时间：2020 - 12 - 02。

⑧ 韩建业、陈晓露：《新疆双河市泉水沟青铜时代遗存的发现及初步认识》，《西域研究》2019 年第 1 期；王永强、袁晓、阮秋荣：《新疆尼勒克县吉仁台沟口遗址 2015—2018 年考古收获及初步认识》，《西域研究》2019 年第 1 期。

西风东渐与文化变革

　　天山北路文化以哈密市的天山北路墓地（又称林雅办墓地）为代表①，分布在哈密地区，绝对年代约为公元前 2000—前 1300 年②，和阿敦乔鲁文化年代大体相当，上下限略长。所出铜器多达 3000 多件，包括刀、短剑、矛、管銎斧、锛、凿、锥、镰、镞、镜、牌饰、耳环、手镯、铃、泡、扣、珠、管等，大多为锡青铜，砷青铜其次，红铜少量③。铜器的种类和以锡青铜为主的情况，都与阿敦乔鲁文化接近，但流行彩陶的情况则与河西走廊的四坝文化近似。天山北路文化主体自然当属青铜时代中期。此外，在若羌县小河墓地也发现了少量铜镞、管、耳环、片等，经检测多为锡青铜，少量为红铜④。小河墓地上部第 1、2 层年代约为公元前 1650—前 1450 年⑤，在阿敦乔鲁文化的时间范围内。

　　吉仁台沟口文化以吉仁台沟口遗址"青铜时代晚期"的第 2、3 期遗存为代表⑥，房屋变小，出现较多圜底陶器⑦，分布于北疆大部地区，绝对年代约为公元前 1400—前 1000 年，和叶尼塞河中游的卡拉苏克文化年代大致相当。吉仁台沟口文化的铜器及其冶铸情况和阿敦乔鲁文化近似。约公元前 1300—前 800 年，在哈密市的巴里坤盆

　　① 吕恩国、常喜恩、王炳华：《新疆青铜时代考古文化浅论》，《苏秉琦与当代中国考古学》，科学出版社 2001 年版，第 179—184 页。

　　② 韩建业：《新疆的青铜时代和早期铁器时代文化》，文物出版社 2007 年版，第 39—40 页；Jianyi Tong, Jian Ma, Wenying Li, et al., Chronology of The Tianshanbeilu Cemetery in Xinjiang, Northwestern China, *Radiocarbon*（IF 1.975）Pub Date：2020 – 10 – 12, DOI：10.1017/rdc.2020.96。

　　③ 北京科技大学冶金与材料史研究所、新疆文物考古研究所、哈密地区文物管理所：《新疆哈密天山北路墓地出土铜器的初步研究》，《文物》2001 年第 6 期。

　　④ 梅建军等：《新疆小河墓地出土部分金属器的初步分析》，《西域研究》2013 年第 1 期。

　　⑤ 新疆文物考古研究所：《2002 年小河墓地考古调查与发掘报告》，《新疆文物》2003 年第 2 期；新疆文物考古研究所：《新疆罗布泊小河墓地 2003 年发掘简报》，《文物》2007 年第 10 期。

　　⑥ 王永强、袁晓、阮秋荣：《新疆尼勒克县吉仁台沟口遗址 2015—2018 年考古收获及初步认识》，《西域研究》2019 年第 1 期。

　　⑦ 韩建业：《公元前 2 千纪中后叶亚洲中部地区的圜底陶罐》，《考古》2017 年第 9 期。

地出现南湾文化①，发现石围聚落和较大的石墙基房屋，也有圜底陶器，铜器情况和天山北路文化接近。吉仁台沟口文化时期当属青铜时代晚期阶段。约公元前 1000 年后，新疆地区铁器逐渐增多，文化和社会发生很大变化，进入早期铁器时代②。

四

黄河和西辽河流域最早的铜器，当属陕西临潼姜寨和渭南北刘、甘肃东乡林家、山西榆次源涡镇、辽宁凌源牛河梁等几处。姜寨遗址发现铜片和铜管各 1 件，均为黄铜，其中铜片嵌入姜寨一期房屋 F29 的房基面，铜管出土于同期文化层③。由于 F29 埋藏较深，被姜寨二期的遗迹 F25、W77—79 所叠压，扰乱混入的可能性很小。姜寨一期属于仰韶文化半坡类型早期，绝对年代大约在公元前 4500—前 4200 年之间④。北刘遗址的铜笄发现于"庙底沟时期地层"⑤，绝对年代就应在公元前 4000—前 3100 年之间，经检测也是黄铜⑥。林家遗址的房址 F20 出土 1 件锡青铜刀，灰坑 H54 的底部出土 1 块青铜锈蚀渣，

---

① 吕恩国、常喜恩、王炳华：《新疆青铜时代考古文化浅论》，《苏秉琦与当代中国考古学》，科学出版社 2001 年版，第 184—187 页；新疆文物考古研究所、西北大学文化遗产与考古学研究中心：《新疆巴里坤县东黑沟遗址 2006—2007 年发掘简报》，《考古》2019 年第 1 期；西北大学文化遗产学院、新疆文物考古研究所、哈密市文物局等：《新疆巴里坤海子沿遗址 2017 年发掘简报》，《文物》2020 年第 12 期。

② 陈戈：《关于新疆地区的青铜时代和早期铁器时代文化》，《考古》1990 年第 4 期；韩建业：《新疆地区的早期铁器和早期铁器时代》，《社会科学战线》2018 年第 7 期。

③ 半坡博物馆、陕西省考古研究所、临潼县博物馆：《姜寨——新石器时代遗址发掘报告》，文物出版社 1988 年版，第 18、19、148 页。

④ 姜寨 F29 炭化木椽的测年校正数据为公元前 4790—前 4530 年，应该有所偏老。见中国社会科学院考古研究所编《中国考古学中碳十四年代数据集（1965—1991）》，文物出版社 1991 年版，第 262 页。

⑤ 西安半坡博物馆、渭南市博物馆、陕西省考古研究所：《渭南北刘遗址第二、三次发掘简报》，《史前研究》1986 年第 1、2 期合刊。

⑥ 韩汝玢、柯俊主编：《中国科学技术史·矿冶卷》，科学出版社 2007 年版，第 175—190 页。

房址和灰坑都属于马家窑文化的马家窑类型，测年约在公元前 2900—前 2500 年之间①。源涡镇遗址一陶片上附有红铜炼渣②，严文明认为陶片本身当属于仰韶文化晚期的义井类型③，那么其年代就应在公元前 3000 多年。此外，在辽宁凌源牛河梁遗址第 2 地点的墓葬 N2Z4-85M3 中随葬 1 件红铜环，发掘者认为属于红山文化晚期，年代就应该不晚于公元前 3000 年④。

上述早期铜器虽然数量有限，但多有确切的地层根据，不能轻易否定。公元前 4500—前 3100 年之间用铜锌共生矿经固体还原工艺获得黄铜⑤，和公元前 3000 年之后出现的锡青铜合金技术，属于两个不同的技术体系。约公元前 3000—前 2500 年，黄河上中游和西辽河流域都开始零星发现铜器甚至出现锡青铜，而且此时恰好也是中国大部地区走向文明社会的关键时期，有的区域已经迈进文明社会。严文明曾基于铜器的发现和社会的变革这两项事实，提出仰韶文化后期（包括一般所说仰韶文化晚期和庙底沟二期）已经进入铜石并用时代，他并根据当时的测年数据，将这个阶段的年代推定为约公元前 3500—前 2600 年⑥。但根据近年的新测年数据，这个阶段被压缩在了公元前 3100—前 2500 年这个范围之内⑦。这个时期基本就和新疆地

---

① F20 炭化木柱的测年校正数据为公元前 3369—前 3098 年，可能偏老。同期的 F21 罐内的炭化粟测年为公元前 2882—前 2504 年，可能与实际年代更接近。见甘肃省文物工作队等《甘肃东乡林家遗址发掘报告》，《考古学集刊》第 4 集，中国社会科学出版社 1984 年版，第 111—161 页。

② 安志敏：《中国早期铜器的几个问题》，《考古学报》1981 年第 3 期。

③ 严文明：《论中国的铜石并用时代》，《史前研究》1984 年第 1 期。

④ 辽宁省文物考古研究所：《牛河梁——红山文化遗址发掘报告（1983—2003 年度）》，文物出版社 2012 年版，第 207—208 页。

⑤ 韩汝玢、柯俊：《姜寨第一期文化出土黄铜制品的鉴定报告》，《姜寨——新石器时代遗址发掘报告》，文物出版社 1988 年版，第 544—548 页；王昌燧：《科技考古进展》，科学出版社 2013 年版，第 51—70 页。

⑥ 严文明：《中国新石器时代聚落形态的考察》，《庆祝苏秉琦考古五十五年论文集》，文物出版社 1989 年版，第 24—37 页；严文明：《略论中国文明的起源》，《文物》1992 年第 1 期。

⑦ 张雪莲等：《仰韶文化年代讨论》，《考古》2013 年第 11 期；韩建业：《龙山时代：新风尚与旧传统》，《华夏考古》2019 年第 4 期。

区的铜石并用时代晚期或者铜石并用时代向青铜时代过渡阶段同时。将新疆和黄河流域等地综合起来考虑，可以肯定中国在公元前3000年左右的确已经进入铜石并用时代。这个时期西亚等地和中国一样迈入文明社会，但考古学上却已经跨进青铜时代。

问题是，如果认为黄河流域等地的铜器是通过新疆从西方传入，那么北疆目前发现的最早铜器只能早到公元前3000年，而黄河流域等地的铜器又怎么能早到公元前4000多年？这有两种可能。一是新疆尤其是南疆可能存在更早的遗存，只是尚未发现；二是黄河流域等地最早的冶铜技术本来就是本土发明，只是后来才受到西方冶金技术影响①。需要引起注意是，中国和西方的早期文化交流大多数时候都必须通过中亚和新疆，但却不止中亚北部—北疆这样一条草原通道，还应该有中亚南部—南疆这样另一条绿洲通道。曾在青海民和阳洼坡遗址发现过1件属于庙底沟时代晚期的彩陶盆，上饰锯齿纹组成的菱形图案②，与土库曼斯坦纳马兹加二期晚段和三期彩陶有较大相似性，这说明中亚南部彩陶文化在公元前3500年左右就可能已经通过南疆影响到甘青地区③。稍后的公元前3000多年在甘肃武山傅家门、天水师赵村等属于马家窑文化石岭下类型或者仰韶文化晚期的遗存中，发现多件源自西方的羊和黄牛的骨骼④；考虑到中亚北部和北疆地区目前发现的这类家养动物遗存只能早到公元前3000年，而在中

---

① 白云翔：《中国的早期铜器与青铜器的起源》，《东南文化》2002年第7期；柯俊、王昌燧：《青铜冶金考古的一些问题》，《科学时报》2006年8月7日第1版。

② 青海省文物考古队：《青海民和阳洼坡遗址试掘简报》，《考古》1984年第1期。

③ 韩建业：《马家窑文化半山期锯齿纹彩陶溯源》，《考古与文物》2018年第2期。

④ 中国社会科学院考古研究所：《师赵村与西山坪》，中国大百科全书出版社1999年版，第53页；中国社会科学院考古研究所甘青工作队：《武山傅家门遗址的发掘与研究》，《考古学集刊》第16集，科学出版社2006年版，第380—454页；袁靖：《中国动物考古学》，文物出版社2015年版，第93—99页；吕鹏、袁靖、李志鹏：《再论中国家养黄牛的起源——商榷〈中国东北地区全新世早期管理黄牛的形态学和基因学证据〉一文》，《南方文物》2014年第3期；蔡大伟、孙洋、汤卓炜：《中国北方地区黄牛起源的分子考古学研究》，《第四纪研究》2014年第34卷第1期。

亚南部地区却可以早到公元前 6000 年左右①，所以它们更可能是从中亚南部—南疆一线传入甘青地区。另外，中亚南部进入铜石并用时代的年代可以早到公元前 4200 年左右，也是远早于中亚北部。

五

公元前 2500—前 1800 年间的龙山时代，尤其是公元前 2200—前 1800 年间的龙山后期，河西走廊至黄河、长江流域发现的铜器数量显著增加，并且出现了冶铸遗存。也正是从这个时候开始，形成了中国铜器铸造的两大技术系统。

第一个是以二合石范铸造工具、武器和装饰品等铜器的技术系统，分布在中国西北广大地区，这也同样是亚欧草原常见的铜器铸造技术传统。铜器及其冶铸遗存主要发现在甘青地区，包括永登蒋家坪②、酒泉照壁滩和高苜蓿地③等马家窑文化马厂类型的刀、锥等铜器，张掖西城驿遗址马厂类型的铜炼渣④；西城驿等遗址所谓西城驿

① 土库曼斯坦南部地区的哲通文化（Jietun，约公元前 6200—前 4200 年）属于新石器时代文化，安诺—纳马兹加一期文化（Anau-Namzga I，约公元前 4200—前 3500 年）和纳马兹加二至四期文化（Namazgae II-IV，约公元前 3500—前 2600 年）属于铜石并用时代文化，这些文化的人群都饲养牛、羊。A. H. Dani, V. M. Masson eds., *History of Civilizations of Central Asia*, Volume I: The Dawn of Civilization: Earliest Times to 700 B. C., UNESCO Publishing, Paris, 1992；Harris D. R., Masson V. M., Berezkin Y. E., et al., "Investigating early agriculture in Central Asia: new research at Jeitun", Turkmenistan, *Antiquity*, 67, 1993, pp. 324 – 338；Philip L. Kohl, "The Namazga Civilization: An Overview", in *The Bronze Age Civilization of Central Asia*, M. E. Sharpe Inc., Armonk, New York, 1981, pp. vii – xl；L. B. Kircho, G. F. Korobkova, V. M. Masson, *The Technical and Technological Potential of the Eneolithic population of Altyn-Depe as the Basis of the Rise of an early Urban Civilization*, European House, St. -Petersburg, 2008, p. 71；Christoph Baumer, *The History of Central Asia: The Age of the Steppe Warriors*, I. B. Tauris, London, 2012, pp. 60 – 62。

② 蒋家坪的铜刀为锡青铜。北京钢铁学院冶金史组：《中国早期铜器的初步研究》，《考古学报》1981 年第 3 期。

③ 照壁滩的铜锥和高苜蓿地的铜块，均为红铜。甘肃省文物考古研究所、北京大学考古文博学院：《河西走廊史前考古调查报告》，文物出版社 2011 年版，第 225—253 页。

④ 甘肃省文物考古研究所等：《甘肃张掖市西城驿遗址 2010 年发掘简报》，《考古》2015 年第 10 期。

文化的锥、环、泡等铜器，炉壁残块、鼓风管、镜范、矿石和炉渣等冶铸遗存①；武威皇娘娘台②、互助金禅口③、同德宗日④等齐家文化中期的刀、锥、指环、耳环、泡等铜器。这些铜器以红铜居多，砷青铜其次，也有锡青铜。在陕西神木石峁遗址还发现老虎山文化晚期的刀、锥、镞、齿环等铜器和刀范⑤。

　　第二个是以复合泥范铸造铜容器的技术系统，属于中原地区的发明。在山西襄汾陶寺遗址发现陶寺晚期文化的铃、容器残片、齿环、环等铜器⑥，在河南登封王城岗⑦、新密新砦⑧遗址发现王湾三期文化后期的铜容器残片、刀等铜器，在河南汝州煤山⑨、郑州牛砦⑩等遗

　　① 西城驿二期出土锥、环、泡、条状器、管等铜器21件，以红铜为主，也有砷青铜和锡青铜。甘肃省文物考古研究所、北京科技大学冶金与材料史研究所、中国社会科学院考古研究所等：《甘肃张掖市西城驿遗址》，《考古》2014年第7期；陈国科、李延祥、潜伟等：《张掖西城驿遗址出土铜器的初步研究》，《考古与文物》2015年第2期。

　　② 皇娘娘台遗址发现齐家文化的刀、环等陶器30件，其中经检测的13件均为红铜。甘肃省博物馆：《甘肃武威皇娘娘台遗址发掘报告》，《考古学报》1960年第2期；甘肃省博物馆：《武威皇娘娘台遗址第四次发掘》，《考古学报》1978年第4期；孙淑云、韩汝玢：《甘肃早期铜器的发现与冶炼、制造技术的研究》，《文物》1997年第7期。

　　③ 金禅口遗址发现齐家文化的指环、耳环、泡等铜器6件，包括砷青铜3件、红铜2件、锡青铜1件。测年校正数据在公元前2000年左右。王倩倩：《青海互助县金禅口遗址的考古发现及其意义》，《青海社会科学》2013年第5期。

　　④ 宗日遗址发现齐家文化环等铜器10多件，经检测的3件均为砷青铜。青海省文物管理处、海南州民族博物馆：《青海同德县宗日遗址发掘简报》，《考古》1998年第5期；徐建炜、梅建军、格桑本等：《青海同德宗日遗址出土铜器的初步科学分析》，《西域研究》2010年第2期。

　　⑤ 陕西省考古研究院等：《陕西神木县石峁城址皇城台地点》，《考古》2017年第7期。

　　⑥ 陶寺的铃和环为红铜，容器残片和齿环为砷青铜。中国社会科学院考古研究所山西工作队、临汾地区文化局：《山西襄汾陶寺遗址首次发现铜器》，《考古》1984年第12期；中国社会科学院考古研究所山西队、山西省考古研究所等：《山西襄汾县陶寺城址发现陶寺文化中期大型夯土建筑基址》，《考古》2008年第3期；高江涛、何努：《陶寺遗址出土铜器初探》，《南方文物》2014年第1期。

　　⑦ 王城岗的容器残片为锡铅青铜。河南省文物研究所、中国历史博物馆考古部：《登封王城岗与阳城》，文物出版社1992年版，第99—100、327—328页。

　　⑧ 新砦的容器残片和刀为红铜。北京大学震旦古代文明研究中心、郑州市文物考古研究院：《新密新砦——1999—2000年田野考古发掘报告》，文物出版社2008年版，第223—224、608—616页。

　　⑨ 中国社会科学院考古研究所河南二队：《河南临汝煤山遗址发掘报告》，《考古学报》1982年第4期。

　　⑩ 李京华：《关于中原地区早期冶铜技术及相关问题的几点看法》，《文物》1985年第12期。

址发现王湾三期文化后期的附有铜渣的炼铜坩埚片。这些铜器除陶寺的容器残片、齿环为砷青铜，王城岗的容器残片为锡铅青铜，其余为红铜，炼铜坩埚片上的也属红铜。此外，在属于造律台文化的河南杞县鹿台岗①和淮阳平粮台②等遗址出土刀形残铜器、铜渣，在山东胶州三里河③、栖霞杨家圈④龙山文化遗存发现黄铜锥、铜条，在属于肖家屋脊文化的湖北天门罗家柏岭⑤、阳新大路铺⑥等遗址发现有铜器残片。可见铜器及其冶铸技术已经扩散至黄河下游和长江中游地区。

总起来看，龙山时代河西走廊至黄河、长江流域普遍发现铜器及冶铸遗存，红铜和青铜共见，和同时期新疆地区的切木尔切克文化甚至叶尼塞河中游奥库涅夫文化的情况近似。龙山时代也是文化格局和社会形态进一步发生剧烈变革的时期，长江流域本土文化逐步走向衰落，北方和中原文化强盛，出现陶寺、石峁等超级中心聚落。因此，从铜器及相关遗存的发现和社会变革两个方面，我们可以认为中国在公元前 2500 年以后确已进入青铜时代早期。

公元前 1800—前 1000 年之间，除新疆外的中国西北地区仍然为二合石范技术系统。齐家文化晚期、四坝文化、卡约文化等当中，工具、武器和装饰品等青铜器数量大为增加；中原地区的复合泥范技术系统发扬光大，以鼎为核心的成套的锡铅青铜礼器成为主流，先后出

---

① 郑州大学文博学院、开封市文物工作队：《豫东杞县发掘报告》，科学出版社 2000 年版，第 71 页。

② 河南省文物研究所、周口地区文化局文物科：《河南淮阳平粮台龙山文化城址试掘简报》，《文物》1983 年第 3 期。

③ 中国社会科学院考古研究所：《胶县三里河》，文物出版社 1988 年版，第 5、6、21 页。

④ 北京大学考古实习队、山东省文物考古研究所：《栖霞杨家圈遗址发掘报告》，《胶东考古》，文物出版社 2000 年版，第 198 页。

⑤ 湖北省文物考古研究所、中国社会科学院考古研究所：《湖北石家河罗家柏岭新石器时代遗址》，《考古学报》1994 年第 2 期。

⑥ 陈树祥、龚长根：《湖北新石器时代遗址出土铜矿石与冶炼遗物初析——以鄂东南和鄂中地区为中心》，《湖北理工学院学报》（人文社会科学版）2015 年第 32 卷第 5 期。

现偃师二里头、郑州商城和安阳殷墟等全国性的中心都邑。其他如长江流域的三星堆文化、吴城文化等以复合泥范技术系统为主，北方地区的夏家店下层文化、朱开沟文化、李家崖文化等以二合石范技术系统为主，两个系统有明显的融合趋势。总体上这个时期青铜器发达，进入夏代晚期和商代所代表的成熟文明社会阶段，和新疆一样应当属于青铜时代的中、晚期。大约公元前1000年进入西周，黄河、长江流域的青铜文化仍然保持了一段时间的繁荣，但由于新疆地区已经进入早期铁器时代，从全局角度出发，理应认为中国此时已经进入了早期铁器时代。

总之，包括新疆、河西走廊以至于黄河、长江和西辽河流域在内的中国广大地区，都和亚欧大陆西部一样存在铜石并用时代和青铜时代。其中铜石并用时代大致在公元前3000—前2500年，青铜时代大致在公元前2500—前1000年，青铜时代本身还有早（前2500—前1800）、中（前1800—前1400）、晚（前1400—前1000）之分。中西方文化之间自公元前3000多年以来的互动交流①，是中国铜石并用时代和青铜时代形成和发展的重要原因。

① 李水城：《西北与中原早期冶铜业的区域特征及交互作用》，《考古学报》2005年第3期；杨建华、邵会秋、潘玲：《欧亚草原东部的金属之路——丝绸之路与匈奴联盟的孕育过程》，上海古籍出版社2017年版；韩建业：《再论丝绸之路前的彩陶之路》，《文博学刊》2018年第1期（创刊号）。

中国古代屈肢葬谱系梳理

　　屈肢葬指墓主人不同程度屈曲下肢的一种葬式。现在能够观察到的屈肢葬均掩埋于地下，且基本属于一次葬范畴。中国 20 世纪前期就已在黄河流域发现屈肢葬，并引起高去寻先生的注意①。20 世纪后期至今，长江中游、华南、甘青、燕山南北、新疆、西藏也都陆续发现流行这种葬式的墓地，学者们对其含义进行了较多讨论，对各地屈肢葬的起源、传承、演变和相互关系等基本问题反而关注不够。有鉴于此，本文拟在分析屈肢葬细部特征和时空关系的基础上，结合所属考古学文化的情况，对新石器时代至汉唐时期万余年时间内中国古代屈肢葬的谱系略做梳理（图一，彩图四）。

一

　　中国境内最早的屈肢葬见于华南新石器时代早期，目前的发现主要集中于广西北部的柳江、漓江流域。桂林庙岩发现 2 具蹲踞式屈肢

---

　　① 高去寻：《黄河下游的屈肢葬问题》，《中国考古学报》1947 年第 2 期。

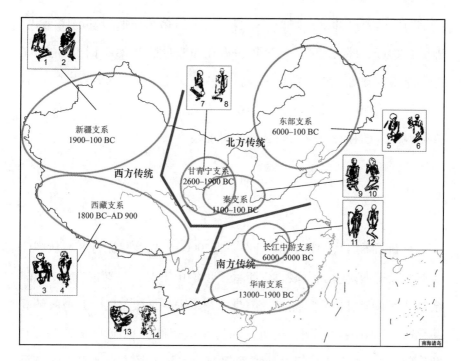

图一　中国古代屈肢葬谱系

葬，共存陶片的年代超过公元前13000年①。柳州大龙潭贝丘遗址下层发现过至少6具蹲踞式屈肢人骨②，年代在公元前9500—前8500年之间③。桂林甑皮岩发现的18具人骨，大部分都是蹲踞式屈肢葬，也有侧身屈肢葬和二次葬④，年代约为公元前8000—前7000年⑤。这

---

　　① 阳吉昌：《桂林新石器时代遗址的调查与试掘》，《桂林文博》1994年第2期；湛世龙：《桂林庙岩洞穴遗址的发掘与研究》，《中石器文化及有关问题研讨会论文集》，广东人民出版社1999年版。

　　② 柳州市博物馆等：《柳州市大龙潭鲤鱼咀新石器时代贝丘遗址》，《考古》1983年第9期。

　　③ 黎兴国等：《柳州大龙潭贝丘遗址年代及其与邻近地区的对比》，《第四纪冰川与第四纪地质论文集》第4集，地质出版社1987年版。

　　④ 广西壮族自治区文物工作队等：《广西桂林甑皮岩洞穴遗址的试掘》，《考古》1976年第3期。

　　⑤ 北京大学历史系考古专业¹⁴C实验室等：《石灰岩地区碳—14样品的可靠性与甑皮岩遗址的年代问题》，《考古学报》1982年第2期；王维达：《河姆渡和甑皮岩陶片热释光年代的测定》，《考古学集刊》第4集，中国社会科学出版社1984年版，第321—327页。

些早期屈肢葬虽仰身、侧身、俯身不定，但多为屈曲很甚的蹲踞式，即股骨贴近腹部的形式，这恐怕只有在埋葬时加以捆绑才行。他们又都与绳纹陶釜等遗物共存，应当属于一个文化系统。据研究，甑皮岩的人骨与当地旧石器时代晚期的柳江人有密切的亲缘关系①，因此不排除柳江人已存在蹲踞式屈肢葬的可能性。

二

至新石器时代中期（前7000—前5000），屈肢葬流行区域从广西北部扩大至西南邕江流域。广西邕宁顶蛳山第二、三期遗存发现100余屈肢葬，又有仰身、侧身、俯身以及蹲踞等细微差别，并与肢解葬共存②。广西临桂大岩第五期发现的8座屈肢葬也应大致属于该时期③。南宁的豹子头贝丘遗址群发现100多具人骨，绝大多数为蹲踞式屈肢葬，也有仰身直肢葬，主体年代也可能属于新石器时代中期④。这些屈肢葬绝大部分仍屈曲较甚，共存陶器仍以绳纹圜底釜为主，无疑还是当地早期传统的延续。不过，仰身直肢葬与肢解葬的出现，表明当地葬俗也在发生变异。

值得提出的是，此时长江中游洞庭湖周围及峡江地区的彭头山文化也有流行屈肢葬的可能性，只是该文化的墓葬发现较少，且人骨多已不存，所以具体情况不很明了。例如，澧县八十垱发现有百余座竖穴土坑墓葬，墓坑多小于1米；个别有人骨者被推断为二次葬，也不

① 张子模等：《桂林甑皮岩新石器时代遗址的人骨》，《广西民族研究》1994年第3期。
② 中国社会科学院考古研究所广西工作队等：《广西邕宁县顶蛳山遗址的发掘》，《考古》1998年第11期。
③ 陈远璋：《广西考古的世纪回顾与展望》，《考古》2003年第10期。
④ 广西壮族自治区文物考古训练班等：《广西南宁地区新石器时代贝丘遗址》，《考古》1975年第5期。

排除是屈曲较甚的屈肢葬的残迹；整个墓地有可能以蹲踞式屈肢葬为主①。澧县彭头山的情况与此相同②。彭头山文化也流行绳纹圜底陶釜，所在洞庭湖地区又临近广西北部，其与华南新石器时代早、中期遗存属于一个大的文化系统应当没有多大问题；同华南一样流行屈肢葬也是情理之中的事情。陕西临潼白家村遗址属于白家文化的 2 例屈肢葬，也不排除是受到彭头山文化屈肢葬影响的可能③。

东北地区也有屈肢葬。内蒙古林西白音长汗遗址发现兴隆洼文化偏晚时期的墓葬 14 座，多为宽短的积石土坑墓，可判明葬式者有仰身屈肢 5 例、"仰身叠肢" 2 例、仰身直肢 2 例④。屈肢者有的屈曲较甚呈跪坐式，即胫骨后折而与股骨压在一起，也应当是捆绑的结果，与华南不同的是多数股骨距腹部稍远；这里还有在华南基本不见的下肢略屈的屈肢葬。所谓"仰身叠肢"葬，大概属于"肢解葬"或二次葬，也可视做是屈肢葬的一种变体。显然，林西兴隆洼文化墓葬以屈肢葬为主体。不过，偏南赤峰—阜新一线兴隆洼文化的葬式却主要是仰身直肢葬。可见，新石器时代中期东北地区的屈肢葬主要流行于西拉木伦河上游及其以北地区。

中国南方屈肢葬多为蹲踞式，属圜底釜文化系统，北方多为跪坐式、属筒形罐文化系统，二者判然有别。实际上南北方屈肢葬属于两个不同的传统，可分别称为"南方传统"和"北方传统"。进一步来说，南方传统还可细分为"华南支系"和"长江中游支系"；林西兴隆洼文化所代表的屈肢葬可称为北方传统的"东部支系"。

---

① 湖南省文物考古研究所：《湖南澧县梦溪八十垱新石器时代早期遗址发掘简报》，《文物》1996 年第 12 期。
② 湖南省文物考古研究所等：《湖南澧县彭头山新石器时代早期遗址发掘简报》，《文物》1990 年第 8 期。
③ 中国社会科学院考古研究所：《临潼白家村》，巴蜀书社 1994 年版，第 45 页。
④ 内蒙古自治区文物考古研究所：《白音长汗——新石器时代遗址发掘报告》，科学出版社 2004 年版，第 200—209 页。

三

新石器时代晚期和铜石并用时代早期（前5000—前2600），屈肢葬的分布范围在保持先前格局的基础上稍有扩展。

南方传统华南支系的屈肢葬，见于广西百色革新桥[①]、广东高要蚬壳洲遗址[②]，其下肢屈曲较甚，保持了更多古老成分。属长江中游支系的大溪文化的屈肢葬颇为流行。除仍有蹲踞式者外，不少已将下肢伸展至略弯曲，这大概反映出传统习俗的日渐淡化。具体来说，湖南安乡汤家岗大溪文化早期发现有可能为蹲踞式的屈肢葬[③]，湖北宜昌三斗坪[④]、中堡岛[⑤]、湖南澧县丁家岗[⑥]等遗址发现有中期屈肢葬，湖北长阳桅杆坪[⑦]、松滋桂花树遗址发现有晚期屈肢葬[⑧]；尤其是中、晚期的澧县城头山遗址，已发掘的900余座墓葬绝大多数为屈肢葬[⑨]，由此可见屈肢葬在长江中游的盛行程度。不过至大溪文化晚期，屈肢葬渐趋衰落，湖南岳阳车轱山墓葬多为仰身直肢、少数为侧身屈肢葬[⑩]；四川巫山大溪墓地第三次发掘的133座墓葬中，仰身直

---

① 陈远璋：《广西考古的世纪回顾与展望》，《考古》2003年第10期。

② 广东省博物馆等：《广东高要县蚬壳洲发现新石器时代贝丘遗址》，《考古》1990年第6期。

③ 湖南省博物馆：《湖南安乡县汤家岗新石器时代遗址》，《考古》1982年第4期；张驰：《长江中下游地区史前聚落研究》，文物出版社2003年版，第48页。

④ 湖北省文物考古研究所：《1985—1986三峡坝区三斗坪遗址发掘简报》，《江汉考古》1999年第2期。

⑤ 国家文物局三峡考古队：《朝天嘴与中堡岛》，文物出版社2001年版，第102页。

⑥ 湖南省博物馆：《澧县东田丁家岗新石器时代遗址》，《湖南考古辑刊》第1辑，1982年版，第2—18页。

⑦ 湖北省清江隔河岩考古队等：《清江考古》，科学出版社2004年版，第37—39页。

⑧ 湖北省荆州地区博物馆：《湖北松滋县桂花树新石器时代遗址》，《考古》1976年第3期。

⑨ 湖南省文物考古研究所：《澧县城头山古城址1997—1998年度发掘简报》，《文物》1999年第6期；张驰：《长江中下游地区史前聚落研究》，文物出版社2003年版，第51页。

⑩ 湖南省岳阳地区文物工作队：《华容车轱山新石器时代遗址第一次发掘简报》，《湖南考古辑刊》第3辑，1986年版，第1—18页。

肢葬达 59 座之多，各种屈肢葬不过 40 座①；宜昌白狮湾墓地则基本不见屈肢葬②，至于汉水以东地区则更属仰身直肢葬流行区域。至屈家岭文化阶段，在长江中游虽还有屈肢葬残俗，但基本已让位于仰身直肢葬。

北方传统东部支系的范围显著扩展，包括呼伦贝尔高原、西辽河流域、燕山南北、冀西北、内蒙古中南部在内的北方偏东区域都发现有以屈肢葬为主体的墓地。相当于仰韶文化前期（新石器时代晚期），屈肢葬流行于呼伦贝尔的铜钵好赉等哈克文化遗址③，也见于林西白音长汗等红山文化遗存④。相当于仰韶文化晚期（铜石并用时代早期），屈肢葬扩展至燕山南北、冀西北和内蒙古中南部。在属于雪山一期文化小河沿类型的翁牛特旗大南沟⑤、昭乌达盟石羊石虎山⑥，属于午方类型的阳原姜家梁等墓地⑦，甚至属于仰韶文化海生不浪类型的察右前旗庙子沟聚落⑧，都发现有跪坐式的仰身或侧身屈肢葬。这类墓葬多为较宽短的土坑竖穴墓，少量为偏洞室墓；还存在下葬前火烧墓穴、下葬后继续焚烧的火葬习俗。哈克文化、红山文化、小河沿类型与兴隆洼文化有着千丝万缕的联系，海生不浪类型庙子沟亚型与红山文化—小河沿类型又存在密切交流，可见

① 四川省博物馆：《巫山大溪遗址第三次发掘》，《考古学报》1981 年第 4 期。
② 湖北省文物考古研究所：《长江三峡工程坝区白狮湾遗址发掘简报》，《江汉考古》1999 年第 1 期。
③ 赵越：《哈克文化研究》，《呼伦贝尔文物》2001 年第 6 期。
④ 内蒙古自治区文物考古研究所：《白音长汗——新石器时代遗址发掘报告》，科学出版社 2004 年版，第 394 页。
⑤ 辽宁省文物考古研究所、赤峰市博物馆：《大南沟——后红山文化墓地发掘报告》，科学出版社 1998 年版。
⑥ 内蒙古自治区昭乌达盟文物工作站：《内蒙古昭乌达盟石羊石虎山新石器时代墓葬》，《考古》1963 年第 10 期。
⑦ 河北省文物研究所：《河北阳原县姜家梁新石器时代遗址的发掘》，《考古》2001 年第 2 期。
⑧ 内蒙古文物考古研究所：《内蒙古察右前旗庙子沟遗址考古纪略》，《文物》1989 年第 12 期。

该阶段东部支系屈肢葬与早先林西兴隆洼文化屈肢葬存在一定的继承关系。

四

铜石并用时代晚期（即龙山时代，前2600—前1900），屈肢葬的空间格局发生了重大变化。除南方传统的华南支系继续存在且西向影响到云南滇池附近外①，南方传统的长江中游支系基本消失，北方传统的东部支系则极度衰弱。

富于戏剧性的是，在上述两个支系消失或衰弱的同时，甘青宁地区却开始流行屈肢葬。据研究，半山—马厂类型以侧身屈肢葬为主体的区域，从宁夏的固原、海原一带，延伸到甘青交界的永登、民和一线；在永登以西的河西走廊为流行仰身直肢葬的区域，青海共和盆地为流行俯身直肢葬的区域②。与屈肢葬存在联系的洞室墓的流行区域也大致与屈肢葬区域重合③。偏西的兰州土谷台④、康乐边家林、广河地巴坪⑤、景泰张家台⑥等墓地，屈肢葬的比例多在70%左右，并伴有洞室墓。而菜园切刀把、瓦罐嘴、寨子梁、二岭子湾诸墓地，基本全部为屈肢葬，洞室墓也更盛行⑦。显见在半山类型区，东区比西区更流行屈肢葬和洞室墓。至齐家文化时期，甘青宁东部地区屈肢葬

① 云南省考古研究所等：《通海海东贝丘遗址发掘报告》，《云南文物》1999年第2期。

② 陈洪海：《甘青地区史前墓葬中的葬式分析》，《古代文明》（第2卷），文物出版社2003年版。

③ 陈洪海：《宗日遗存研究》，博士学位论文，北京大学，2002年，第118页。

④ 甘肃省博物馆等：《兰州土谷台半山—马厂文化墓地》，《考古学报》1983年第2期。

⑤ 甘肃省博物馆文物工作队：《广河地巴坪"半山类型"墓地》，《考古学报》1978年第2期。

⑥ 甘肃省博物馆：《甘肃景泰张家台新石器时代的墓葬》，《考古》1976年第3期。

⑦ 宁夏文物研究所、中国历史博物馆考古部：《宁夏菜园——新石器时代遗址、墓葬发掘报告》，科学出版社2003年版。

占绝对优势的情况不复存在，屈肢葬在所有的墓地仅占少数①。值得注意的是，原先流行仰身直肢葬的区域屈肢葬的比例反而增加，如甘肃永靖秦魏家②、武威皇娘娘台墓地等③，而且往往为女性侧身屈肢而男性仰身直肢的形式，这大概是两种葬式传统深入交融的结果④。

甘青宁地区从半山类型开始流行的跪坐式屈肢葬，恰与东部雪山一期文化和海生不浪类型的屈肢葬形式相同。他们之间还共见宽短墓坑及洞室墓，共见火葬习俗⑤，共见锯齿纹、折线纹、鳞纹、棋盘格纹、菱格纹等彩陶纹饰，共见黑、红彩搭配，共见"卍"字纹和八角星纹，共见陶鸭形壶（鸮面罐）和双口壶等。实际上，半山类型可能就是在马家窑类型的基础上，接受大量东部文化因素而形成⑥。这样，我们就有理由将甘青宁地区屈肢葬也纳入北方传统，并称之为"甘青宁支系"。

五

青铜时代和早期铁器时代（前1900—前100），屈肢葬的格局又有显著变化。这时华南地区转变为仰身直肢葬占据主体，表明南方传统已基本退出历史舞台。甘青宁地区的辛店文化、寺洼文化、卡约文化当中，仰身直肢葬已成为主流，屈肢葬仅在永靖姬家川⑦、民和核

---

① 谢端琚：《略论齐家文化墓葬》，《考古》1986年第2期。

② 中国科学院考古研究所甘肃工作队：《甘肃永靖秦魏家齐家文化墓地》，《考古学报》1975年第2期。

③ 甘肃省博物馆：《甘肃武威黄娘娘台遗址发掘报告》，《考古学报》1960年第2期。

④ 以往一般将此现象解释为与父系氏族社会有关的男尊女卑，实际上有可能是男女属于不同族而拥有不同葬式传统的反映。

⑤ 陈洪海：《甘青地区史前期的火葬墓举例》，《考古与文物》2002年增刊。

⑥ 韩建业：《论雪山一期文化》，《华夏考古》2003年第4期；韩建业：《半山类型的形成与东部文化的西迁》，《考古与文物》2007年第3期。

⑦ 中国社会科学院考古研究所甘肃工作队：《甘肃永靖张家嘴与姬家川遗址的发掘》，《考古学报》1980年第2期。

桃庄小旱地①等辛店文化墓地有少量遗留，显然北方传统的甘青宁支系也接近尾声。同时，北方传统的东部支系又开始焕发出活力。黑龙江依兰倭肯哈达②、沈阳新民高台山③等青铜时代遗址，吉林骚达沟④、通化万发拨子⑤等春秋战国遗址，其葬式都以侧身或仰身屈肢为主。虽然他们所属文化彼此间的传承演变关系还不很明了，与小河沿类型所代表的铜石并用时代文化之间还存在较大缺环，但屈肢葬的跪坐式特征仍为当地古老传统。

最重大的变化当属关中地区秦文化和新疆、西藏地区土著文化当中屈肢葬的崛起。秦文化早期墓葬仅分布于天水地区，以甘肃甘谷毛家坪 A 组遗存所包含的约当商末周初的屈肢葬时代最早⑥。至春秋早中期，随着秦文化的确立和扩展，屈肢葬扩大到长陇和宝鸡地区，以陇县店子⑦、宝鸡谭家村⑧与福临堡⑨、凤翔八旗屯⑩等几处墓地为代表，但在这些墓地已有个别直肢葬出现。春秋晚期，屈肢葬扩展至关中平原大部地区，以长安客省庄⑪、铜川枣庙墓地⑫为代表，直肢葬

---

① 青海省文物考古研究所等：《民和核桃庄》，科学出版社 2004 年版，第 17 页。

② 李文信：《依兰倭肯哈达的洞穴》，《考古学报》第七册，1954 年版，第 61—75 页。

③ 沈阳市文物管理办公室：《沈阳新民县高台山遗址》，《考古》1982 年第 2 期；董新林：《高台山文化研究》，《考古》1996 年第 6 期。

④ 段一平等：《吉林市骚达沟石棺墓整理报告》，《考古》1985 年第 10 期。

⑤ 吉林省文物考古研究所等：《吉林通化市万发拨子遗址二十一号墓的发掘》，《考古》2003 年第 8 期。

⑥ 甘肃省文物工作队、北京大学考古学系：《甘肃甘谷毛家坪遗址发掘报告》，《考古学报》1987 年第 3 期。

⑦ 陕西省考古研究所：《陇县店子秦墓》，三秦出版社 1998 年版。

⑧ 宝鸡市考古工作队：《宝鸡市谭家村春秋及唐代墓》，《考古》1991 年第 5 期。

⑨ 中国科学院考古研究所宝鸡发掘队：《陕西宝鸡福临堡东周墓葬发掘记》，《考古》1963 年第 10 期。

⑩ 陕西省雍城考古工作队：《陕西凤翔八旗屯秦国墓葬发掘简报》，《文物资料丛刊》（3），文物出版社 1980 年版，第 67—85 页；陕西雍城考古工作队：《一九八一年凤翔八旗屯墓地发掘简报》，《考古与文物》1986 年第 5 期。

⑪ 中国科学院考古研究所：《沣西发掘报告》，文物出版社 1962 年版，第 131—140 页。

⑫ 陕西省考古研究所：《陕西铜川枣庙秦墓发掘简报》，《考古与文物》1986 年第 2 期。

继续增多。战国晚期至秦代，陇东、关中地区基本均为屈肢葬流行区，以咸阳塔儿坡①、大荔朝邑墓地②最具代表性。随着秦文化的大规模对外扩张，屈肢葬还扩展至三晋两周、巴蜀和江陵地区③，以山西侯马乔村墓地的屈肢葬区最具代表性④。秦屈肢葬至西汉中期逐渐消失。秦文化屈肢葬的跪坐式特点仍略同于甘青宁支系，极可能与甘青宁支系存在渊源关系⑤，故仍可纳入北方传统范畴；但其屈曲较甚、整齐划一，又颇具自身特点，可称之为"秦支系"。

新疆地区青铜时代和早期铁器时代盛行屈肢葬。属于青铜时代者有哈密盆地的天山北路墓地、巴里坤草原的南湾墓地⑥，阿勒泰地区的克尔木齐墓地⑦，帕米尔高原塔什库尔干的下坂地Ⅱ号墓地等⑧；属于早期铁器时代者有哈密盆地的焉不拉克⑨、艾斯克霞尔⑩、五堡⑪、寒气沟墓地⑫，吐鲁番盆地至乌鲁木齐附近的鄯善苏贝希⑬、洋

---

① 咸阳市文物考古研究所：《塔儿坡秦墓》，三秦出版社 1998 年版。

② 陕西省文管会、大荔县文化馆：《朝邑战国墓葬发掘简报》，《文物资料丛刊》（2），文物出版社 1978 年版，第 75—91 页。

③ 滕铭予：《秦文化：从封国到帝国的考古学观察》，学苑出版社 2002 年版，第 126—134 页。

④ 山西省考古研究所：《侯马乔村墓地（1959—1996）》，科学出版社 2004 年版。

⑤ 只是甘青宁地区青铜时代以后屈肢葬已衰落，与秦屈肢葬的关系尚不很清楚。见滕铭予《秦文化：从封国到帝国的考古学观察》，学苑出版社 2002 年版，第 54 页。

⑥ 吕恩国、常喜恩、王炳华：《新疆青铜时代考古文化浅论》，《苏秉琦与当代中国考古学》，科学出版社 2001 年版，第 179—184 页。

⑦ 新疆社会科学院考古研究所：《新疆克尔木齐古墓群发掘简报》，《文物》1981 年第 1 期。

⑧ 新疆文物考古研究所：《塔什库尔干县下坂地墓地考古发掘报告》，《新疆文物》2004 年第 3 期。

⑨ 新疆维吾尔自治区文化厅文物处等：《新疆哈密焉不拉克古墓地》，《考古学报》1989 年第 3 期。

⑩ 新疆文物考古研究所等：《新疆哈密市艾斯克霞尔墓地的发掘》，《考古》2002 年第 6 期。

⑪ 新疆文物事业管理局、新疆文物考古研究所：《新疆维吾尔自治区文物考古五十年》，《新中国考古五十年》，文物出版社 1999 年版，第 482—483 页；新疆文物考古研究所：《新疆哈密五堡墓地 151、152 号墓葬》，《新疆文物》1992 年第 3 期。

⑫ 新疆文物考古研究所等：《新疆哈密市寒气沟墓地发掘简报》，《考古》1997 年第 9 期。

⑬ 新疆文物考古研究所等：《新疆鄯善县苏贝希遗址及墓地》，《考古》2002 年第 6 期。

海墓地①，塔里木盆地南北缘的和静察吾呼沟②、轮台群巴克③、拜城克孜尔吐尔墓地等④。虽然这些屈肢葬本身有仰身、侧身、俯身的区别，但多数下肢的屈曲特点一致，即股骨既不贴近腹部胫骨又不与股骨压在一起，显得更加"自然"一些。其墓葬多见石室或坯室，地表常见土石堆（圈）标志，有焚烧墓口或埋置骨灰等火葬习俗。由于其特征不同于上述两大传统又与之缺乏直接关联，因此应当属于一个新的传统，可称之为"西方传统"的"新疆支系"。

西藏墓葬被分为三期⑤，第一期约在公元前 2000—前 1000 年，屈肢葬见于昌都小恩达⑥、拉萨曲贡⑦等遗址。其文化与甘青、川西地区存在一定关联，同时不能排除与新疆地区也可能存在联系。第二期在公元前 1000 至公元前后的西周至西汉时期，屈肢葬见于拉萨曲贡、贡觉香贝⑧、札达皮央·东嘎⑨等遗址。东部的曲贡石室墓有带流圜底壶等陶器，大约与塔里木盆地南缘的察吾呼沟口文化扎滚鲁克

① 新疆文物考古研究所、吐鲁番地区文物局：《鄯善县洋海一号墓地发掘简报》，《新疆文物》2004 年第 1 期；新疆文物考古研究所、吐鲁番地区文物局：《鄯善县洋海二号墓地发掘简报》，《新疆文物》2004 年第 1 期；新疆文物考古研究所、吐鲁番地区文物局：《鄯善县洋海三号墓地发掘简报》，《新疆文物》2004 年第 1 期。

② 新疆文物考古研究所：《新疆察吾呼——大型氏族墓地发掘报告》，东方出版社 1999 年版。

③ 中国社会科学院考古研究所新疆队等：《新疆轮台群巴克古墓葬第一次发掘简报》，《考古》1987 年第 11 期；中国社会科学院考古研究所新疆队等：《新疆轮台县群巴克墓葬第二、三次发掘简报》，《考古》1991 年第 8 期。

④ 新疆文物考古研究所：《新疆拜城县克孜尔吐尔墓地第一次发掘》，《考古》2002 年第 6 期；新疆文物考古研究所：《新疆拜城县克孜尔水库墓地第二次发掘简报》，《新疆文物》2004 年第 4 期。

⑤ 霍巍：《西藏高原古代墓葬的初步研究》，《文物》1995 年第 1 期。

⑥ 西藏文管会文物普查队：《西藏小恩达新石器时代遗址试掘简报》，《考古与文物》1990 年第 1 期。

⑦ 中国社会科学院考古研究所等：《拉萨曲贡》，中国大百科全书出版社 1999 年版，第 185—215 页。

⑧ 西藏文管会文物普查队：《西藏贡觉县香贝石棺墓葬清理简报》，《考古与文物》1989 年第 6 期。

⑨ 四川大学中国藏学研究所等：《西藏札达县皮央·东嘎遗址古墓群试掘简报》，《考古》2001 年第 6 期。

类型存在关联[①]；怒江、澜沧江、金沙江上游的屈肢葬或许也与此属于一个系统[②]。西部的皮央·东嘎墓群伴有火葬、殉牲等习俗，与帕米尔塔什库尔干地区西周春秋时期的香宝宝墓地[③]，以及更早的下坂地 II 号墓地的情况接近，推测之间存在联系。总体看来，西藏（包括云南西部、四川西部）地区的屈肢葬早晚相继、自成系统，又常与二次葬共存，或许属于西方传统和北方传统的融合体。我们暂时将其归入西方传统，称之为"西藏支系"。

西藏第三期墓葬中仍有屈肢葬存在，见于乃东结桑[④]、普努沟[⑤]等地，其时代约从公元前后延续至公元 9 世纪。9 世纪以后，屈肢葬俗在西藏才基本趋于消亡。

六

以上我们将中国古代屈肢葬分成了南方、北方、西方三大传统。南方传统出现和衰亡的时间都最早，从新石器时代早期的公元前 1 万多年，延续至新石器时代晚期的公元前 1900 年左右。又分华南支系（前 13000—前 1900）和长江中游支系（前 6000—前 3000）。北方传统出现稍晚，从新石器时代中期的公元前 6000 年左右，延续至汉代前后的公元前 1 世纪。又分东部支系（前 6000—前 100）、甘青宁支系（前 2600—前 1900）和秦支系（前 1100—前 100）。西方传统出现和消失的时间都最晚，从青铜时代的公元前 1900 年左右，延续至公元

---

①　新疆维吾尔自治区博物馆等：《新疆且末扎滚鲁克一号墓地发掘报告》，《考古学报》2003 年第 1 期。

②　王大道：《云南青铜文化及其与越南东山文化、泰国班清文化的关系》，《考古》1990 年第 6 期。

③　新疆社会科学院考古研究所：《帕米尔高原古墓》，《考古学报》1981 年第 2 期。

④　西藏自治区文物普查队：《西藏乃东结桑村发现古墓葬》，《考古》1985 年第 12 期。

⑤　西藏文管会文物普查队：《西藏乃东普努沟古墓群清理简报》，《文物》1985 年第 9 期。

9 世纪。又分新疆支系（前 1900—前 100）和西藏支系（前 1800—公元 900）。

如果我们放大眼光，会发现这三大传统其实正好对应整个欧亚大陆的三大屈肢葬传统。南方传统至少还可包括越南北部在内，目前仍以广西北部的屈肢葬为最早。北方传统至少还可包括外贝加尔和蒙古东部地区。外贝加尔的诺日湖、阿伦·扎尔加、莫洛多夫斯克、达拉孙等墓地都发现有侧身屈肢葬，年代或许在公元前 4000 年以前①。日本绳纹时代的屈肢葬或许也与此相关。该传统暂以林西兴隆洼文化的屈肢葬年代最早。西方传统范围更加广阔，包括欧亚草原偏西大部地区，公元前 5000 至前 1000 年的特里波列耶—库库泰尼文化、纳马兹加 I-III 期文化、颜那亚文化、阿凡纳谢沃文化、辛塔什塔—彼德罗夫斯卡文化、安德罗诺沃文化都流行屈肢葬，而新疆地区青铜时代—早期铁器时代文化的形成和发展也正与后三种文化的强烈影响直接相关。

三大传统之间也不见得全无联系。尤其是东西横贯欧亚大陆中高纬度地区的北方传统和西方传统，多流行饰刻划、压印几何形纹饰的筒形罐类陶器，常有墓上石堆（圈）标志、石室（石棺）墓、火葬等特征相伴，很可能共同属于一个更大的传统。有趣的是，旧大陆西部旧石器时代晚期已发现的较为明确的葬式也以屈肢为主，见于法国、意大利、俄罗斯②、肯尼亚等地③。如果晚期智人从非洲走向世界的观点基本可取，则屈肢葬或许竟为现代人类最早流行的葬式也未可知。如果现代人类的屈肢葬俗的共同起源真能追溯到旧石器时代晚期的非洲，那么首先应探讨的就是非洲最早的晚期智人屈肢葬的含义。后来的屈肢葬，不管如何分化交融、演变发展，总体上都不过是

---

① 冯恩学：《俄国东西伯利亚与远东考古》，吉林大学出版社 2002 年版，第 171、180、181 页。
② 高去寻先生早就提出中国和俄罗斯屈肢葬之间可能存在联系，见高去寻《黄河下游的屈肢葬问题》，《中国考古学报》1947 年第 2 期。
③ 杨虎、刘国祥：《兴隆洼文化居室葬俗及相关问题探讨》，《考古》1997 年第 1 期。

早期传统的延续，不过这个传统的真实含义恐怕很难逾万年还能口耳相传下来。古今实行屈肢葬的人群自身可以对这种习俗有各种解释，当代学者也可依据早期文献的相关记载或民族志资料对其含义多所推测①，实际上或许永远难有定论。

中国古代屈肢葬习俗的衰落，与黄河中下游和长江下游地区仰身直肢葬传统的逐步渗透和扩展有直接关系，这实际上从一个侧面反映出古代中国文化的整合过程。具体来说，屈肢葬南方传统长江中游支系的消亡，主要缘于大溪文化被屈家岭文化的替代；而屈家岭文化是在汉江东部油子岭类型的基础上，吸收黄河中下游仰韶文化、大汶口文化等的因素而形成。随着长江流域仰身直肢葬传统的持续向南渗透，屈肢葬的华南支系也渐趋末路。北方屈肢葬传统的消亡也经历了类似的过程。西辽河支系西迁形成甘青宁支系，该支系至齐家文化时期已与直肢葬传统有很多融合，这可能与源自陕甘宁交界地带的齐家文化本来就流行直肢葬传统有关。北方传统的东部支系、秦支系以及西方传统新疆支系的屈肢葬在西汉中期渐趋消失，显然与以中原为核心的汉文化直肢葬传统的强烈渗透有关。由于汉文化对西藏支系影响稍弱，故其屈肢葬延续最晚，至公元 9 世纪吐蕃王朝衰败后才逐渐被天葬等习俗代替。至于屈肢葬残俗，至今还见于独龙族②、珞巴族③、纳西族、普米族、瑶族、壮族④、裕固族、门巴族⑤等少数民族当中。

---

① 韩伟：《试论战国秦的屈肢葬仪渊源及其意义》，《中国考古学会第一次年会论文集》，文物出版社 1979 年版，第 204—211 页；王子今：《秦人屈肢葬仿象"窑卧"说》，《考古》1987 年第 12 期；戴春阳：《秦墓屈肢葬管窥》，《考古》1992 年第 8 期。

② 宋兆麟：《云南永宁纳西族的葬俗——兼谈对仰韶文化葬俗的看法》，《考古》1964 年第 4 期。

③ 宋兆麟等：《中国原始社会史》，文物出版社 1983 年版，第 478 页。

④ 覃彩銮：《南宁地区新石器时代墓葬剖析》，《考古》1984 年第 11 期。

⑤ 戴春阳：《秦墓屈肢葬管窥》，《考古》1992 年第 8 期。

中国先秦洞室墓谱系初探

    洞室墓是一种特殊的墓葬形式。中国先秦时期洞室墓只发现于北方地区，一般由竖穴墓道和横向洞室两部分组成，又被称为"早期土洞墓"[①]。其分布区域有三个，一是西辽河至桑干河流域的内蒙古东南部和河北西北部，二是以甘青宁为中心的黄土高原至河西走廊一带，三是新疆的天山地区。由于受资料的限制，以往的研究把关注焦点集中在第二个区域，并认为中国早期土洞墓发源于黄河上游地区，然后向四周扩展，且其最初的出现可能是仿窑洞式房屋的结果[②]。这样的看法就第二区域本身来说，自然有其合理的一面，但结合新发现的其他两区的资料，就不见得能够成立。有鉴于此，本文拟在分析洞室墓细部特征和时空框架的基础上，结合所属的考古学文化，对中国先秦洞室墓的谱系进行初步探索（图一）。

一

    中国洞室墓最早出现在第一个区域，见于内蒙古翁牛特旗大南沟

---

    ① 谢端琚：《试论我国早期土洞墓》，《考古》1987 年第 12 期。

    ② 俞伟超：《古代"西戎"和"羌"、"胡"考古学文化归属问题的探讨》，《先秦两汉考古学论集》，文物出版社 1985 年版，第 180—192 页；谢端琚：《试论我国早期土洞墓》，《考古》1987 年第 12 期。

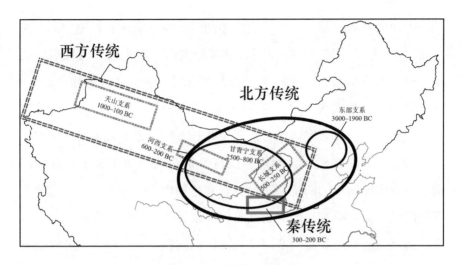

图一　中国先秦洞室墓谱系

墓地①和河北阳原姜家梁墓地②，分别属于雪山一期文化晚期的小河沿类型和午方类型，绝对年代约在公元前3000年左右，时当铜石并用时代早期③。大南沟墓地经清理发掘的83座墓葬中，大部分为长方形竖穴土坑墓，仅有19座明确属于洞室墓；还有个别墓葬原来可能也是洞室墓，但洞室部分已遭破坏而难以辨别。这样看来，洞室墓占该墓地全部墓葬的比例至少当在1/4左右。姜家梁墓地仅有7座洞室墓，占全部墓葬的比例不足10%。两个墓地的洞室墓都是在长方形竖穴墓道的长边一侧掏洞，洞底略低于墓道底部，拱形顶或平顶，洞的长边和墓道长边相等或接近相等，属于横式，可以归入"曰"字形洞室墓类④。

---

①　辽宁省文物考古研究所、赤峰市博物馆：《大南沟——后红山文化墓地发掘报告》，科学出版社1998年版。

②　河北省文物研究所：《河北阳原县姜家梁新石器时代遗址的发掘》，《考古》2001年第2期。

③　雪山一期文化的绝对年代约为公元前3600—前2900年，见韩建业《论雪山一期文化》，《华夏考古》2003年第4期。

④　谢端琚：《试论我国早期土洞墓》，《考古》1987年第12期。

　　中国最早的窑洞式建筑的确大体同时出现在陇东和晋中的仰韶文化当中①，却并不见于最早发明洞室墓的雪山一期文化，可见洞室墓不大可能为仿窑洞式房屋而来。从大南沟墓地来看，洞室墓虽不少，但和竖穴土坑墓浑然一体，没有明显的空间分异；其洞室长边和墓道长边完全相等，二者底面组合成一个宽长方形，也未发现封堵洞口现象（图二，1）。显然，大南沟并没有特别强调洞室墓和竖穴墓的区别，可以推测这里的洞室墓不过是竖穴墓稍加变异的产物。与此稍有不同的是，姜家梁墓地的少数几座洞室墓却主要集中在墓地中部，洞室长边略短于墓道长边，墓道呈长方形而洞室呈长圆形，二者底面有明显分界，还存在封堵洞口的迹象（图二，2），推测其来源于西辽河流域并有变异。总之，西辽河和桑干河流域拥有中国最原始的"曰"字形洞室墓，洞室内置有仰身屈肢葬式的人骨，可以称其为洞室墓"北方传统"的"东部支系"。

二

　　洞室墓真正得到发扬光大是在第二区域。从铜石并用时代晚期早段，也就是龙山时代前期（前2500—前2200）开始，洞室墓大量出现于甘青宁地区。最流行洞室墓者当属宁夏南部和甘肃东部地区的菜园文化，在宁夏海原菜园遗址群的切刀把、瓦罐嘴、寨子梁、二岭子湾等墓地中，绝大部分墓葬都是洞室墓②。与此同时，在甘肃兰州土

---

①　庆阳地区博物馆：《甘肃宁县阳坬遗址试掘简报》，《考古》1983年第10期；山西大学历史系考古专业、忻州地区文物管理处、五台县博物馆：《山西五台县阳白遗址发掘简报》，《考古》1997年第4期。

②　《宁夏菜园》发掘报告所谓"竖穴侧龛墓"实即洞室墓，所谓"竖穴土坑墓"绝大部分形制和"竖穴侧龛墓"基本相同，可能属于破坏更加严重而顶部基本不存的洞室墓，见宁夏文物研究所、中国历史博物馆考古部《宁夏菜园——新石器时代遗址、墓葬发掘报告》，科学出版社2003年版。

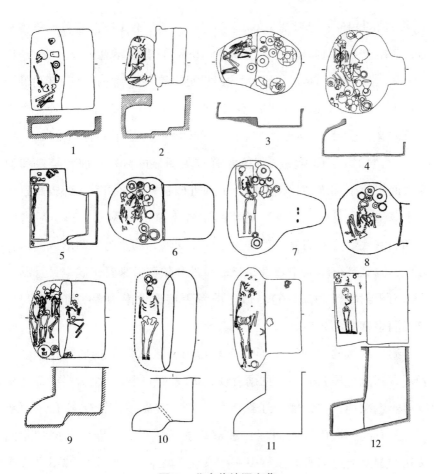

图二　北方传统洞室墓

1—3、5、6、9—12. "曰"字形类（翁牛特旗大南沟 M52、阳原姜家梁 M29、海原菜园 QM38、扶风刘家 M11、兰州土谷台 M57、伊金霍洛旗白敖包 M41、民和核桃庄 M111、湟中潘家梁 M52、长安张家坡 M136）　4、7、8. "凸"字形类（海原菜园 WM3、乐都柳湾 M1250、兰州土谷台 M33）

谷台①、焦家庄、十里店②以及青海循化苏呼撒③等马家窑文化半山类型的墓地中，也发现洞室墓。其中土谷台发现 31 座半山类型洞室墓，占

①　甘肃省博物馆等：《兰州土谷台半山—马厂文化墓地》，《考古学报》1983 年第 2 期。

②　甘肃省博物馆文物工作队：《甘肃兰州焦家庄和十里店的半山陶器》，《考古》1980 年第 1 期。

③　青海省考古研究所：《青海循化苏呼撒墓地》，《考古学报》1994 年第 4 期。

墓葬总数的 91%；苏呼撒的 65 座墓葬中，则仅有 1 座洞室墓。总体来看，存在着宁夏南部和兰州附近两个中心。这些洞室墓可以分为"曰"字形和"凸"字形两类，前者早先已经见于第一区域，后者为新出的洞室长边明显宽于墓道者，都是穹窿顶或弧形顶①。如果仔细比较，会发现菜园文化和半山类型的"凸"字形洞室墓基本相同（图二，4、8），而"曰"字形洞室墓则彼此有较为明显的区别：前者竖穴和洞室底面组成不甚规则的椭圆形，个别近似长方形，洞室底部较高且略小于墓道，人骨位于洞室，随葬品则置于墓道（图二，3）；后者竖穴和洞室底部分界明显，墓道为方形或梯形，洞室为半圆形或圆角长方形，洞室部分略大于墓道部分，人骨和随葬品都置于洞室，且洞口多以石板封堵（图二，6）。似乎前者更接近大南沟者，而后者与姜家梁洞室墓更为相似。

第二区域的"曰"字形洞室墓与第一区域洞室墓形制相似，二者还共同流行屈肢葬，共见锯齿纹、折线纹、鳞纹、棋盘格纹、菱格纹等彩陶纹饰，共具黑、红彩搭配风格，共见"卍"字纹和八角星纹，共有陶鸭形壶（鸮面罐）和双口壶等。可见，半山类型和菜园文化的洞室墓应当来源于雪山一期文化②。当然，两个区域不是没有差别，首先从洞室墓占墓葬总数的比例来看，在第二区域就远高于第一区域；其次，两区域的"曰"字形洞室墓仍然各有特点，尤其第二区域还新出"凸"字形洞室墓，这说明洞室墓传播到甘青宁地区后发生了相当程度的变异。菜园文化和半山类型流行窑洞式房屋，其形制的不甚规整性和这些洞室墓近似，尤其房屋门道正好对应"凸"字形墓的墓道，有理由推测洞室墓所发生的变化与模仿当地房屋的观念有关。这样，我们就可以将甘青宁地区洞室墓也纳入北方传统，并称

---

① 谢端琚：《试论我国早期土洞墓》，《考古》1987 年第 12 期。

② 韩建业：《半山类型的形成与东部文化的西迁》，《考古与文物》2007 年第 3 期。

之为"甘青宁支系"。

铜石并用时代晚期晚段，也就是龙山时代后期（前2200—前1900），洞室墓继续流行于甘青地区的马家窑文化马厂类型，见于甘肃省的兰州土谷台、皋兰糜地岘①、永昌鸳鸯池②，青海省的乐都柳湾③、民和马牌④等墓地。其中土谷台洞室墓占墓葬总数的56%，柳湾、马牌洞室墓在45%左右，仍然以兰州附近最为发达。在柳湾齐家文化墓葬中仍有洞室墓，仅占墓葬总数的13%。可见随着时间的推移，洞室墓习俗有淡化趋势。这些洞室墓仍不出"曰"字形和"凸"字形的范畴，与半山类型洞室墓显然一脉相承，仍属甘青宁支系。比较特殊的是，柳湾基本都是"凸"字形洞室墓，洞口以木棍或木板封堵，常见木棺，人骨绝大多数为仰身直肢葬（图二，7）。这应当是洞室墓传播到青海后与当地传统融合的结果。

此外，在山西五台阳白龙山后期的老虎山文化遗址中也发现有洞室墓⑤，形制和大南沟"曰"字形墓一致，当属于北方传统东部支系的遗留，只是其分布范围还不甚清楚。

三

公元前1900年以后进入青铜时代，"曰"字形洞室墓呈现向四周大范围扩散的态势，而"凸"字形洞室墓则消失。甘青地区仍是洞室墓的

① 陈贤儒等：《兰州皋兰糜地岘新石器时代墓葬清理记》，《考古通讯》1957年第6期。
② 甘肃省博物馆文物工作队等：《甘肃永昌鸳鸯池新石器时代墓地》，《考古学报》1982年第2期。
③ 中国社会科学院考古研究所：《青海柳湾》，文物出版社1984年版。
④ 青海省文物管理处：《青海民和马牌马厂墓葬发掘简报》，《史前研究》辑刊，1990—1991年。
⑤ 山西大学历史系考古专业、忻州地区文物管理处、五台县博物馆：《山西五台县阳白遗址发掘简报》，《考古》1997年第4期。

大本营，但分布中心已西移至青海和河西走廊。甘肃玉门火烧沟四坝文化墓地①和青海湟中下西河潘家梁卡约文化墓地中②，大多数为洞室墓，是当时最流行洞室墓的两处墓地。此外，在青海贵德山坪台③、大通上孙家寨④等卡约文化墓葬，青海民和核桃庄⑤、互助总寨⑥等辛店文化墓葬中，也都存在少量洞室墓。这些洞室墓的年代约在公元前1900—前800年，流行二次扰乱葬和仰身直肢葬，有的以木板或木棍封堵洞口。以资料较清楚的潘家梁和核桃庄墓地来说，前者既有洞室和竖穴等长者，也有洞室长于竖穴者（图二，11），而后者仅见洞室和竖穴等长者（图二，10）。由于甘青地区的这些青铜时代文化均与此前流行洞室墓的马厂类型和齐家文化有千丝万缕的联系，因此完全可以仍将这些洞室墓归入北方传统的甘青宁支系。

关中和鄂尔多斯地区也新出现"凸"字形洞室墓。扶风刘家墓地的16座形制清楚的墓葬中，有15座为洞室墓，占93％⑦。内蒙古准格尔白敖包朱开沟文化墓地中发现30座洞室墓，占墓葬总数的43％⑧。长安张家坡西周墓地有21座洞室墓，但占该墓地墓葬总数的比例不过5％左右⑨。此外，长安大原村⑩和长武碾

① 甘肃省博物馆：《甘肃省文物考古工作三十年》，《文物考古工作三十年（1949—1979）》，文物出版社1979年版。

② 青海省文物考古研究所：《青海湟中下西河潘家梁卡约文化墓地》，《考古学集刊》第8集，科学出版社1994年版，第28—86页。

③ 青海省文物考古队等：《青海贵德山坪台卡约文化墓地》，《考古学报》1987年第2期。

④ 许新国：《试论卡约文化的类型与分期》，《青海文物》1988、1989年第1、2期。

⑤ 青海省文物考古研究所等：《民和核桃庄》，科学出版社2004年版。

⑥ 青海省文物考古队：《青海互助土族自治县总寨马厂、齐家、辛店文化墓葬》，《考古》1986年第4期。

⑦ 陕西周原考古队：《扶风刘家姜戎墓葬发掘简报》，《文物》1984年第7期。

⑧ 内蒙古文物考古研究所、伊金霍洛旗文物管理所、鄂尔多斯博物馆：《伊金霍洛旗白敖包墓地》，《内蒙古文物考古文集》（第2辑），中国大百科全书出版社1997年版，第327—337页。

⑨ 中国社会科学院考古研究所：《张家坡西周墓地》，中国大百科全书出版社1999年版。

⑩ 中国社会科学院考古研究所沣西发掘队：《1984年沣西大原村西周墓地发掘简报》，《考古》1986年第11期。

子坡①西周墓葬中，也有个别洞室墓。白敖包洞室墓的年代约在公元前1900—前1700年，其余约在公元前1400—前800年。这些洞室墓的共同特点，是长方形墓道底部稍高于洞室底部，且流行仰身直肢葬。具体来说，白敖包洞室墓洞室多为长圆形，有的长于墓道，有的短于墓道，显得较为随便（图二，9）；刘家洞室墓的洞室作长方形，在竖穴墓道的一边或两边有台阶，洞室某一端略长出墓道，多以土块封堵洞口（图二，5）；张家坡、大原村和碾子坡的洞室墓洞室作长方形或梯形，洞室一律短于墓道，多以木板和苇席封口（图二，12）。朱开沟文化早期曾受到晚期齐家文化颇多影响②，刘家文化主体来源于兰州附近的董家台类型③，张家坡等西周墓地的洞室墓又与刘家洞室墓存在关联④。可见，青铜时代关中和鄂尔多斯地区的洞室墓，当为甘青地区洞室墓东向流播的产物。由于其在关中和鄂尔多斯地区并没有得到直接延续，故仍以归入北方传统的甘青宁支系为宜。

四

公元前1000多年，新疆地区已经率先进入早期铁器时代，同时在第三区域西端的伊犁河流域文化中开始流行洞室墓⑤。伊犁河流域文化大体可以分为三期，在早期（约前1000—前800）的尼勒克穷科

---

① 中国社会科学院考古研究所泾渭工作队：《陕西长武碾子坡先周文化遗址发掘记略》，《考古学集刊》第6集，中国社会科学出版社1989年版，第123—142页。

② 田广金、韩建业：《朱开沟文化研究》，《考古学研究》（五），文物出版社2003年版，第227—259页。

③ 李水城：《刘家文化来源的新线索》，《远望集——陕西省考古研究所华诞四十周年纪念文集》，陕西人民美术出版社1998年版，第193—199页。

④ 梁星彭：《张家坡洞室墓渊源与族属探讨》，《考古》1996年第5期。

⑤ 韩建业：《新疆青铜时代—早期铁器时代文化的分期和谱系》，《新疆文物》2005年第3期。

克墓地①，中期（约前 800—前 500）的尼勒克奇仁托海②、察布查尔索墩布拉克③、巩留山口水库④、石河子南山墓地⑤，以及晚期（约前500—前 100）的新源铁木里克⑥、七十一团一连鱼塘等墓葬中⑦，都发现有洞室墓。早期的穷科克墓地共有 32 座洞室墓，占该墓地墓葬总数的 58%。中期南山墓地中洞室墓占总数的比例高达 90%，其余墓地在 25%—45% 之间。晚期每个墓地仅见数座洞室墓。除去南山墓地，洞室墓比例总体趋于下降。这些洞室墓绝大多数可以归属"曰"字形偏室类，建造方法是先挖长方形竖穴至底，然后在一侧留出生土二层台，在对面一侧继续下挖并横向略掏形成很浅矮的弧顶半洞室；半洞室内置仰身直肢葬式的人骨（平行于竖穴），有时洞口斜搭圆木或石板封盖，二层台上也搭铺圆木、石板加固（图三，1—3）。还有一类洞室墓仅在巩留山口水库墓地发现 9 座，洞室位于墓道短边一侧，竖穴墓道仍为长方形，洞室低下且多为较深的长圆形，内置仰身直肢葬式的人骨和牲畜的头蹄骨殖。这类洞室墓属于纵式，或可称为"日"字形，可能是"曰"字形洞室墓的一种变体（图三，4）。无论是"半洞室"的"曰"字形，还是洞室较深的"日"字形偏洞室墓，都有不同于甘青地区洞室墓的鲜明特点。此外，这些洞室墓多有圆形土石堆或石圈等地上设施，并常见一个封堆下设双或三墓室的现象，这也是与甘青有别的地方。

---

① 新疆文物考古研究所：《尼勒克县穷科克一号墓地考古发掘报告》，《新疆文物》2002年第 3、4 期。

② 新疆文物考古研究所：《伊犁州尼勒克县奇仁托海墓地发掘简报》，《新疆文物》2004年第 3 期。

③ 新疆文物考古研究所：《新疆察布查尔县索墩布拉克古墓群》，《考古》1999 年第 8 期。

④ 新疆文物考古研究所：《2005 年度伊犁州巩留县山口水库墓地考古发掘报告》，《新疆文物》2006 年第 1 期。

⑤ 新疆文物考古研究所等：《新疆石河子南山古墓葬》，《文物》1999 年第 8 期。

⑥ 新疆文物考古研究所：《新疆新源铁木里克古墓群》，《文物》1988 年第 8 期。

⑦ 新疆维吾尔自治区博物馆文物队：《新疆新源县七十一团一连渔塘遗址发掘简报》，《考古与文物》1991 年第 3 期。

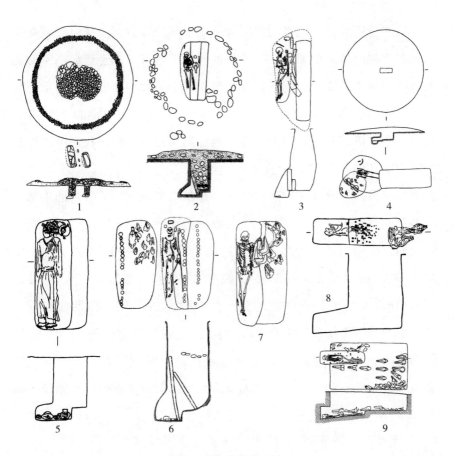

图三　西方传统洞室墓

1—3、5—7. "曰"字形类（尼勒克穷科克 M13、察布查尔索墩布拉克 M6、石河子南山 M2、鄯善洋海 M329、永昌蛤蟆墩 M15、包头西园 M4）　4、8、9. "日"字形类（巩留山口水库 M6、固原于家庄 M12、彭阳张街 M3）

由于新疆最早的洞室墓自具特点，又出现在伊犁河流域而非东疆，我们就很难将其与更早的甘青地区洞室墓联系。实际上，邻近伊犁河流域的中亚地区早就流行这种二层台加"半洞室"的偏洞室墓，见于阿姆河流域的萨帕利文化、贝希肯特文化和瓦克什文化，年代至少可早至公元前 2 千纪中叶①。只是中亚洞室墓有的洞室部分较为宽

----

① ［巴基斯坦］A. H. 丹尼、［俄］V. M. 马松主编：《中亚文明史》第一卷，芮传明译，中国对外翻译出版公司 2002 年版，第 254、287—291 页。

大，且流行屈肢葬，这是与伊犁河流域不同的地方。伊犁河流域文化的洞室墓理应源自中亚地区，更早的渊源甚至可追溯至里海—黑海北部地区的洞室墓文化。洞室墓文化的年代上限大约在公元前3千纪末叶，可能由竖穴墓文化演变而来①，其洞室的出现与窑洞式建筑无关。总之，伊犁河流域洞室墓源于西方而又自具特色，我们可以称其为"西方传统"的"天山支系"。

新疆另一个存在洞室墓的文化，是从乌鲁木齐至吐鲁番的中部天山地区的苏贝希文化。该文化也可以分为大致与伊犁河流域文化对应的三期，在中期的鄯善洋海二号墓地②、苏贝希三号墓地③、三个桥墓地④和乌鲁木齐柴窝堡墓地⑤，晚期的鄯善洋海三号墓地⑥、苏贝希一号墓地⑦和吐鲁番交河故城沟北⑧、沟西墓地中⑨，都发现有洞室墓。中期的三个桥墓地中有10座洞室墓，占墓葬总数的37%；晚期的交河故城沟北一号墓地中有12座洞室墓，占总数的21%；其余各墓地仅各有数座洞室墓。可见苏贝希文化的洞室墓不但出现稍晚，而

---

① 莫润先：《洞室墓文化》，《中国大百科全书·考古学》，中国大百科全书出版社1986年版，第110页。

② 新疆文物考古研究所、吐鲁番地区文物局：《鄯善县洋海二号墓地发掘简报》，《新疆文物》2004年第1期；新疆文物考古研究所、吐鲁番地区文物局：《新疆鄯善县洋海墓地的考古新收获》，《考古》2004年第5期。

③ 新疆文物考古研究所等：《新疆鄯善县苏贝希遗址及墓地》，《考古》2002年第6期。

④ 新疆文物考古研究所等：《新疆鄯善三个桥墓葬发掘简报》，《文物》2002年第6期。

⑤ 新疆文物考古研究所等：《乌鲁木齐柴窝堡古墓葬发掘报告》，《新疆文物》1998年第1期；新疆文物考古研究所：《1993年乌鲁木齐柴窝堡墓葬发掘报告》，《新疆文物》1998年第3期；新疆文物考古研究所等：《乌鲁木齐柴窝堡林场Ⅱ号点墓葬》，《新疆文物》1999年第3、4期；新疆文物考古研究所等：《乌鲁木齐市柴窝堡林场ⅠⅢⅣ号点墓葬的发掘》，《新疆文物》2000年第1、2期。

⑥ 新疆文物考古研究所、吐鲁番地区文物局：《鄯善县洋海三号墓地发掘简报》，《新疆文物》2004年第1期。

⑦ 新疆文物考古研究所等：《新疆鄯善县苏贝希遗址及墓地》，《考古》2002年第6期。

⑧ 联合国教科文组织驻中国代表处、新疆文物事业管理局、新疆文物考古研究所：《交河故城——1993、1994年度考古发掘报告》，东方出版社1998年版，第15—74页。

⑨ 新疆文物考古研究所：《1996年新疆吐鲁番交河故城沟西墓地汉晋墓葬发掘简报》，《考古》1997年第9期。

且总体也不如伊犁河流域发达。这些洞室墓绝大多数为二层台加半洞室的"曰"字形类（图三，5），在三个桥墓地还有个别"日"字形类，显然应当来源于伊犁河流域，同属"西方传统"的"天山支系"。只是交河故城沟北一号墓地还有个别双洞室墓，或者有个别洞室底高于竖穴底的现象，显得较为特殊。

五

从公元前 8 世纪（两周之际）开始，新疆以东的中国内地也进入早期铁器时代。由于西方传统的东进，洞室墓的谱系变得复杂起来。

河西走廊的沙井文化流行洞室墓，见于永昌蛤蟆墩[1]、西岗和柴湾岗墓地[2]，分别有洞室墓 12、286、48 座，占各墓地墓葬总数的比例在 42—63％之间。这些洞室墓均为二层台加半洞室的"曰"字形偏室墓，有的甚至设两层台阶；人骨仰身直肢葬于偏室内，下垫白灰、铺芨芨草，上盖芨芨草或芦苇席，洞口斜立圆木封堵，二层台上也搭圆木加固；竖穴墓道中多殉葬牛、羊、马的头骨及蹄趾骨，有的牲头多达 20 余具（图三，6）。沙井文化洞室墓大约出现在该文化的偏晚阶段，约当春秋战国时期，稍晚于天山地区洞室墓的出现，与甘青地区青铜时代洞室墓则存在较长的时间缺环；其墓葬基本特征与殉牲习俗等都和天山地区大同小异，甚至随葬的单耳直腹杯也和苏贝希文化者神似，而与洞室较深的甘青洞室墓存在较大差别。可见，沙井文化洞室墓并非来源于甘青地区，而是天山地区洞室墓向东传播的产

---

① 甘肃省文物考古研究所：《永昌三角城与蛤蟆墩沙井文化遗存》，《考古学报》1990 年第 2 期。

② 甘肃省文物考古研究所：《永昌西岗柴湾岗——沙井文化墓葬发掘报告》，甘肃人民出版社 2001 年版。

物，可称为"西方传统"的"河西支系"。

春秋战国之交至战国时期，在宁夏南部和陇东地区的杨郎文化中也开始盛行洞室墓。在正式发掘的宁夏固原于家庄①、马庄墓地②和彭阳张街村墓地③，大多数都是洞室墓。其中马庄墓地形制清楚的29座墓葬中，28座都是洞室墓。继菜园文化消失千余年后，宁夏南部一带再次成为洞室墓比例最高的地区。这些洞室墓均较为规整，是在竖穴墓道的较短的一边，挖建与墓道长边平行的底部更低的墓室：墓室一半为洞室，一半为竖穴，底部里低外高。竖穴和洞室均为长方形，只是多数情况下前者明显宽于后者：其中洞室偏于竖穴窄边某一侧者近似刀形，位于竖穴窄边正中者近似"凸"字形（图三，9）。也有个别墓道和竖穴等宽的"日"字形墓葬（图三，8），总体属于纵式洞室墓。在墓室内置头里足外、头低足高的仰身直肢葬的人骨，墓室或墓道中还殉葬大量牛、马、羊的头颌骨和蹄趾骨，多者头、颌骨总数近200具。杨郎文化洞室墓无论从年代和二层台加"半洞室"的基本特征方面，都和天山、河西地区接近，而与甘青青铜时代洞室墓有较大差异，其主要来源应当在天山、河西地区。具体来说，其纵式墓葬结构和头里足外的葬式接近天山地区的"日"字形洞室墓，殉牲习俗更像河西，而宽大规整的竖穴、头低足高的姿势等则属于自身特色。由于其位于长城沿线，我们可称之为"西方传统"的"长城支系"。再往东，在内蒙古中南部桃红巴拉文化当中，也有战国早中期阶段的洞室墓。集中见于包头西园④、凉城小双古城等墓地⑤，

---

① 宁夏文物考古研究所：《宁夏彭堡于家庄墓地》，《考古学报》1995年第1期。
② 宁夏文物考古研究所：《宁夏固原杨郎青铜文化墓地》，《考古学报》1993年第1期。
③ 宁夏回族自治区文物考古研究所等：《宁夏彭阳县张街村春秋战国墓地》，《考古》2002年第8期。
④ 内蒙古文物考古研究所等：《包头西园春秋墓地》，《内蒙古文物考古》1991年第1期。
⑤ 杨星宇：《凉城县小双古城东周时期墓地》，《中国考古学年鉴》（2004），文物出版社2005年版，第137—138页。

都是些二层台加"半洞室"的"曰"字形偏洞室墓（图三，7）。虽然形制和杨郎文化的"日"字形墓有所不同，但殉牲习俗和随葬品都彼此类似，与潘家梁卡约文化洞室墓也有相似的一面。其主要来源应在天山、河西至宁夏南部一线，可仍归入"西方传统"的"长城支系"。

六

战国中晚期和秦代，在陇东和关中地区秦文化中也开始出现洞室墓[①]。见于甘肃省的武山东旱坪[②]、合水九站[③]，陕西省的陇县店子[④]、韦家庄[⑤]、宝鸡晁峪[⑥]、凤阁岭[⑦]、凤翔高庄[⑧]、西村[⑨]、黄家庄[⑩]，扶风刘家[⑪]、西安半坡[⑫]、山门口[⑬]、咸阳任家嘴[⑭]、塔儿坡[⑮]、黄家沟[⑯]，

① 滕铭予：《论关中秦墓中洞室墓的年代》，《华夏考古》1993年第2期。
② 甘肃省文物考古研究所：《甘肃武山县东旱坪战国秦汉墓葬》，《考古》2003年第6期。
③ 北京大学考古学系、甘肃省文物考古研究所等：《甘肃合水九站遗址发掘报告》，《考古学研究》（三），科学出版社1997年版，第300—477页。
④ 陕西省考古研究所：《陇县店子秦墓》，三秦出版社1998年版。
⑤ 宝鸡市考古队、陇县博物馆：《陕西陇县韦家庄秦墓发掘简报》，《考古与文物》2001年第4期。
⑥ 陕西省考古研究所：《陕西宝鸡晁峪东周秦墓发掘简报》，《考古与文物》2001年第4期。
⑦ 王红武、吴大焱：《陕西宝鸡凤阁岭公社出土一批秦代文物》，《文物》1980年第9期。
⑧ 雍城考古工作队：《凤翔县高庄战国秦墓发掘简报》，《文物》1980年第9期；雍城考古队等：《陕西凤翔高庄秦墓地发掘简报》，《考古与文物》1981年第1期。
⑨ 雍城考古队等：《陕西凤翔西村战国秦墓发掘简报》，《考古与文物》1986年第1期。
⑩ 陕西省考古研究所雍城考古队等：《陕西凤翔黄家庄秦墓发掘简报》，《考古与文物》2002年增刊（先秦考古）。
⑪ 周原博物馆：《扶风刘家发现战国双洞室墓》，《文博》2003年第2期。
⑫ 金学山：《西安半坡的战国墓葬》，《考古学报》1957年第3期。
⑬ 王久刚：《西安南郊山门口战国秦墓清理简报》，《考古与文物》1994年第1期。
⑭ 咸阳市文物考古研究所：《任家咀秦墓》，科学出版社2005年版。
⑮ 咸阳市文物考古研究所：《塔儿坡秦墓》，三秦出版社1998年版。
⑯ 秦都咸阳考古队：《咸阳市黄家沟战国墓发掘简报》，《考古与文物》1982年第6期。

临潼刘庄①、零口②，渭南市区③，蓝田泻湖④，以及大荔朝邑⑤等诸多墓地。最流行洞室墓的数战国晚期至秦代的半坡和塔儿坡墓地，前者发现 101 座洞室墓，占该墓地墓葬总数的 90%；后者发现 281 座洞室墓，占墓葬总数的近 74%。其次，黄家沟墓地有 20 座洞室墓，占该墓地墓葬总数的 58%；在任家嘴墓地有 11 座洞室墓，仅占该墓地墓葬总数的 4.5%，但占同时期墓葬总数的约 28%。店子墓地有 14 座洞室墓，约占同时期墓葬总数的 15%。其余墓地仅各发现 1 座或数座洞室墓。从早至晚，洞室墓的比例在逐步提高，而且东部比西部更为发达。这些洞室墓多数为纵式（图四，1、3），少数为横式（图四，2、4），但由于长方形墓道均明显宽大于长方形洞室，故都呈"凸"字形。其纵式结构早先见于天山和宁夏地区，似乎与西方传统有更多联系；但洞室底齐于或高于墓道底、洞室深长而能够容纳整个人骨、人骨多头外足内等特点，都与西方传统存在差异；竖穴口大底小且三面有二层

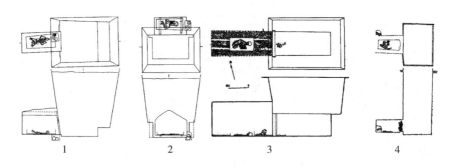

图四　秦传统洞室墓

1、2. 咸阳塔儿坡（M25099、M18052）　3. 陇县店子（M278）　4. 西安半坡（M68）

---

① 陕西省考古研究所秦陵工作站、临潼县文物管理委员会：《陕西临潼刘庄战国墓地调查清理简报》，《考古与文物》1989 年第 5 期。

② 陕西省考古研究所：《陕西临潼零口战国墓葬发掘简报》，《考古与文物》1998 年第 3 期。

③ 崔景贤、王文学：《渭南市区战国、汉墓清理简报》，《考古与文物》1998 年第 2 期。

④ 中国社会科学院考古研究所陕西六队：《陕西蓝田泻湖战国墓发掘简报》，《考古》1988 年第 12 期。

⑤ 陕西省文管会、大荔县文化馆：《朝邑战国墓葬发掘简报》，《文物资料丛刊》(2)，文物出版社 1978 年版，第 75—91 页。

台、流行木棺和屈肢葬、墓底铺卵石架圆木、墓葬规整划一等，更明确与秦文化自身的竖穴墓特点一致。由于自身特色突出，可以认为秦文化已经创造出了一个属于自己的洞室墓传统——秦传统。

七

总起来看，中国先秦洞室墓主要有北方、西方和秦三大传统。北方传统出现和衰亡的时间都最早，从铜石并用时代早期的公元前3000多年，延续至青铜时代的公元前800年左右。又分东部支系（前3000—前1900）和甘青宁支系（前2500—前800）。该支系与屈肢葬北方传统的东部支系和甘青宁支系有密切关系[1]，所属文化为农业经济和半农半牧经济。北方传统的洞室墓可能由竖穴墓发展而来，传播到甘青宁地区后，受到当地窑洞式建筑思路的启发，表现出许多与窑洞式建筑相似的特点，并得以发扬光大，向西最远传播到河西走廊西部。西方传统出现稍晚，仅限于早期铁器时代（前1000—前100）。又分天山支系（前1000—前100）、河西支系（前600—前200）和长城支系（前500—前250），更多与仰身直肢葬传统和畜牧—游牧经济相联系，其起源也与竖穴墓有关。从洞室墓文化算起，西方传统从顿河、伏尔加河下游起，经阿姆河流域、天山、河西地区，东至长城沿线，基本呈线型持续东进，跨越万余里空间。与屈肢葬传统联系在一起的还有洞室墓的秦传统（前300—前200），虽出现最晚，但却规范讲究，开汉代以后中国洞室墓的先河。

---

① 韩建业：《中国古代屈肢葬谱系梳理》，《文物》2006年第1期。